# 心理学ラボの内外

## 課題研究のためのガイドブック

辻 敬一郎 編著

ナカニシヤ出版

# まえがき

　心理学の教科書や啓蒙書の出版がこのところ盛んである。実際に調べてみたわけではないが，これまで私自身が執筆に加わった点数から推しても，学問諸分野の中で心理学関係の出版は群を抜いているのではなかろうか。

　しかし，これだけの出版物が世に出ている割に，そしてまた多くの大学で心理学の授業が開設されてきたにもかかわらず，この学問分野は世間で正しく理解されているようには思えない。

　一方，心理学専攻の学生諸君の中には，卒業研究を手がける段になって，どういう課題を選ぶか，その課題にどう取り組めばいいのかに戸惑いを感じ，教科書からテーマを探し，そこに紹介されている代表的研究を無批判に受け入れたり，必要な方法や手順を理解しないまま我流で作業を進めたりする例が少なくない。これでは，課題達成の感動を味わうことなしに卒業していくことになってしまう。

　教科書にしても専門書にしても，最終的な研究成果に重点を置いて書かれていて，そこに至る過程にはふれられていないことが多い。専攻生の諸君に研究活動の「楽屋」を披露すれば，自身で卒業研究を進める上の示唆となるであろうし，同時にまた心理学の性格も理解しやすくなるにちがいない。かねてからそう考えていたことが今回の出版の趣旨となった。

　何事によらず，作業の経過には苦労がつきものである。しかし，苦労を体験するからこそ，首尾よく事が運んだときの喜びが大きい。科学は現象の背後に潜む秩序を解き明かす営為であるが，とりわけ心理学の場合，いかにして「常識」の呪縛を脱するかが勝負となる。

　心理学を専攻する学生諸君が，自分の問題意識に従って課題を見つけ，適切な方法によってそれを解決していく上に，ガイド役を果たす書物を作りたい。それがか

ねてから考えていたことであった。それには，若い研究者にそれぞれ自身の研究をできるだけ体験的に述べていただくのがいいだろう。彼らの研究に対する取り組みが読者の共感を呼ぶはずだからである。

　本書の出版は，私が学生時代から通算45年の歳月を過ごした名古屋大学を2000年3月停年により辞するのを機に，文学部心理学教室のスタッフの方々がそういう私の希望を叶えてくださって実現したものである。執筆は名古屋大学文学部心理学教室の教官・大学院生と教室出身者の方々にお願いした。そのために取り上げるテーマが限られることになったが，概説ものやハンドブック・講座の類とは違う性格の書物なのだからお許しいただけると思う。

　こうして本書を皆さんにお届けすることができたのは，広瀬幸雄教授・石井澄教授・高橋晋也助教授が事実上の編者としてお世話くださったおかげである。また，このような企画に基づく出版をお引き受けくださったナカニシヤ出版の中西健夫社長にも御礼を申し上げたい。

　当初，2000年3月刊行を予定し，執筆いただいていた。ところが，私の担当部分の執筆が遅れた上に，それが罰当たりとなったのか海外の滞在先から送った原稿が途中で紛失するというアクシデントが起こり，しかもそれが判明するまでに数か月を費やすという不手際が重なってしまった。この間お待ちいただいた執筆者の方々，編集担当の宍倉由高氏のご寛容に痛み入る次第である。

　本書が多くの方々に喜んでいただけるとしたら，すべてはそれらの方々のおかげである。他方，改善すべき点はもっぱら私がその責を負うべきものである。読者の皆さんからご批判をいただき今後に活かしたいと思っている。

　　　　　　　　　　　　2000年11月　滞在先のロザンヌにて　　辻　敬一郎

# 目次

まえがき *i*

**第Ⅰ章 「心理」を解く** （辻 敬一郎） ………………… *1*

**第Ⅱ章 「意識」を科学する** ………………… *21*

    1  ガンツフェルトにおける印象の分析：
       視空間の原初的様相を探る （辻 敬一郎） *23*

    2  自動運動の記述 （高橋啓介） *31*

    3  感覚間の相互関連：明るさの継時比較に及ぼす聴覚刺激
       の影響 （久世淳子） *38*

    4  錯視と個人差：あなたの見ているものは，私には見えて
       いるのだろうか？ （大屋和夫） *46*

    5  主観的輪郭の微小生成過程の分析 （高橋晋也） *54*

    6  短時間呈示のもとでヒトはどれくらいの視覚情報処理が
       できるのか？ （羽成隆司） *62*

    7  ネガティブ・プライミング：
       反応時間を指標とする （小針弘之） *69*

    8  「おやなんだ？」と「あっこれだ！」の生理学的心理学：
       定位反応とは何か （今井 章） *76*

## 第Ⅲ章　動物行動の背後を知る　……………………… 85

1. スンクスのキャラバン行動の規定因とその機能
（松尾貴司）　*87*
2. 放射状迷路におけるラットの採餌行動　（芳賀康朗）　*95*
3. ラットの系統比較研究：
行動と遺伝との関連を探る　（松尾美紀）　*103*
4. スンクスの攻撃行動　（河野和明）　*109*
5. 動物の遊び行動について科学的に検討する：
系列分析を用いて　（山田裕子）　*117*
6. ラットの食物選択の個体間伝達：
動物における社会的学習　（菱村　豊）　*126*
7. 連合学習の機構を探る：ラットの味覚嫌悪条件づけから
わかること　（石井　澄）　*134*

## 第Ⅳ章　「社会」を探る　……………………… 143

1. 実験室観察における観察評定項目の作成過程
（奥田達也）　*145*
2. フィールドワークにおける非定型的な観察法：家族同伴
でのハノイの路地のフィールドワークから
（伊藤哲司）　*154*
3. 現場からの要請に基づく環境関連の社会調査事例：下水
道をもっと知ってもらうために　（大沼　進）　*163*
4. 文化による違いを探る：
国際比較のむずかしさと意義　（安藤香織）　*174*
5. 社会心理学における野外実験：擬似実験によるリサイク
ル普及プロセスの解明　（杉浦淳吉）　*183*
6. 統制された日常：
実験室における要因操作　（野波　寛）　*191*
7. ゲームシミュレーションによる集団研究：模擬世界のな
かのリーダーシップ　（広瀬幸雄）　*200*

第Ⅴ章　研究成果をどう活かすか　　（辻　敬一郎）　　……… *211*

文　献　　*217*
索　引　　*231*

# 第Ⅰ章
# 「心 理」を 解 く

辻　敬一郎

## 第1節
## 心理とはなにか

### 1．脳活動の研究

　神経科学（ニューロサイエンス；neuroscience）がめざましい進展を遂げつつある昨今である。脳の研究が進むにつれて，心理学（psychology）はその分野に吸収され消えていくのではないか。そのことを心配する人たちもいる。はたして心理学はそういう運命にあるのだろうか。
　こういう懸念はなにも今に始まったことではない。1940年代後半，脳の電気現象を脳波としてリアルタイムでとらえ，それを分析することが容易になりはじめたときにも，一部の心理学者の間で同じ話が持ち上がった。
　1950年代，私が学んでいた研究室でもいち早く脳波計を設置し，心理現象と脳波の関係を明らかにするという試みに着手したのであった。確かに，視覚イメージや精神疲労などの意識現象は，被験者の言語報告だけに頼って調べるのがむずかしい。脳の活動をより直接にとらえることができるならば飛躍的な成果が挙がる，という期待があった。
　しかし，実際に脳波を分析していくうち，その見通しが甘かったことを思い知らされるようになった。その後，自発脳波に加えて，誘発電位（evoked potentials,

事象関連電位 event-related potentials ともいう）や脳磁場（MEG）などの多様な計測法が開発されるに及び，脳活動の様相がさらに詳細にとらえられるようになり，そのために脳の科学は大いに進歩したのであるが，それらの脳活動の分析法といえども，心理現象の解明には限界をもっていたのである。そのことを理解するために，心理学が対象としている「心」やそのふるまいである「心理」について，まず考えてみることにしよう。

## 2．心の科学と脳の科学

言うまでもなく 生理学や解剖学など「脳の科学（brain science）」は，脳それ自体の構造や機能の解明を目指す神経科学である。それに対して，心理学は，心の発生・機構・機能に迫ろうとする「心の科学」である。その際，脳をどれほど詳しく調べても，けっして直接そこに「心」が見えるわけではない。

脳の科学が対象としているのは身体器官としての脳であり，それはこの眼で存在を確かめることができる実体であるが，他方，心の科学の対象である心はその存在を直接に知ることができない。では，そのふるまいの様相，つまり「心理」はどうとらえられるのだろうか。

図1-1は，そのことを比喩的に表現したものである。図の「心」の部分は暗箱（ブラックボックス）の中にあって外から見ることができない。そこで，それを調べようとすれば，箱の中を通過する特殊な光を当てて，それが作り出す影を手がか

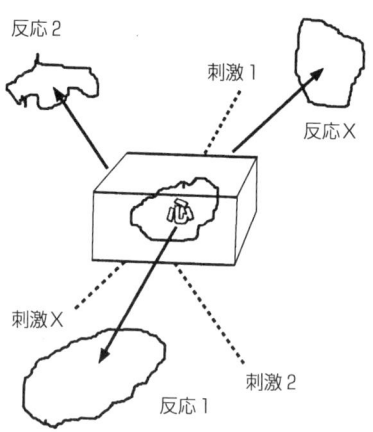

図1-1 比喩的に示した「心」のとらえ方

りにして推し量るほかに方法がない。しかも心はきわめて複雑であるから，いろいろな方向から光を当ててみないことには，その姿を正確に知ることがむずかしい。

実際に研究する場合，ここで光に喩えたのは被験者に与えられる「刺激」であり，影がそれに対する「反応」である。ちなみに，反応には被験者の言語報告や表出動作のほかに，上に述べた脳波などの生理的応答も含まれる。脳の活動を直接にとらえたからといって，それが言語や動作などの反応に比べて，心を知る上に特別に意味のある影だというわけではない。この点が誤って理解されがちであるので，とくに注意を促しておきたい。

それはともかく，このような操作を通じて刺激と反応の間にみられる複雑で多様な関係を明らかにした上で，それらを簡潔かつ整合的に説明するために論理的に導き出されたのが「心」なのである。その意味で心は実体ではなく，あくまでも構成概念つまり「論理的構成体（logical construct）」なのである。

こうみてくると，心理学において実験や調査が欠かせないのはなぜか，心理検査の対象である性格や知能が身体検査の対象である胃や心臓とどう違うのかなどについて，理解しやすくなるのではなかろうか。

### 3．常識的な心理のとらえ方

心理学の世界には，常識に基づく安易な解釈が入りこみやすい。そこで，話のついでに，一時期の流行語にもなった「ココロジー」についてふれておこう。

「サイコロジー（心理学）」をもじったこの言葉は，あたかもそういう学問分野が存在するかのような錯覚を与えがちであるが，実際はそんな学問は存在しない。確かに誰もが心をもっているし意識もできるから，それを自分なりに分析したり解釈したりすることができると考えるかもしれない。しかし，そのような私的体験についての自己分析やそれに基づく解釈は，別の人がその当否を確かめることができない。このように公共的客観性を欠いたのでは，そのような理解が科学としての資格をもつと認めるわけにはいかない。それどころか，この種の「学問もどき」の言説が流布することによって，心理学について誤ったイメージが形成されるのは非常に残念なことである。

上にも述べたように，心とは外から観察可能な意識や行動を整合的に説明するために構成されたものであり，心理学は正統な手続きに従ってその法則性を解き明かそうとする科学なのである。真の科学性を得るためには，常識の入りこむ危険性を避け，明確な操作に基づく事実の解明や厳格な概念の運用に基づく理論の展開に努めなければならない。

# 第2節
# 心理学の基本的課題はなにか

## 1.「適応」というキーワード

　今日，心理学は多くの課題領域に分かれているが，分野の違いを超えて心理学にとって共通の基本的課題はなにかといえば，それは「適応」を明らかにするということであろう。簡単に言えば，適応とは，「生体が環境とのかかわりを通じて生存を達成し，個あるいは種を維持するはたらき」なのである。

　もっとも，この定義には，心理学・生物学・生理学の間で多少のニュアンスの違いがある。つまり，生物学では進化やそれにともなう遺伝的変化，生理学では生体内部の調節機能を意味する概念として使用されるが，ふつう心理学では，意識や行動のレベルで起きる，環境への積極的な対処を指す。

　このことからも明らかなように，適応は，心理学を含む広範な生物科学に共通するキーワードであり，表1-1に示すように種々の水準の事象を包括している。

　表1-1では，遺伝的適応を最も低次の，意識的適応を最も高次の水準として示したが，適応が下から上に一方的に進行するとか，高次の適応が下位のそれに依存しているという意味ではない。適応は，異なる水準の過程が相互に作用しあう重層的な過程だと考えるのが妥当であろう。

表1-1 多元的な適応水準

| 水準 | 適応的変化過程 | 学問分野 |
| --- | --- | --- |
| 意識的 | 認知・推理・思考などの意識過程 | 心理学 |
| 行動的 | 走性・反射・本能・学習などの行動表出過程 | 心理学・行動生物学 |
| 生理的 | 体温調節・内分泌などの生理過程 | 生理学・生態学 |
| 形態的 | 身体サイズ・器官重量などの形態決定 | 形態学・解剖学 |
| 遺伝的 | 特定の発現遺伝子の継承 | 遺伝学・分子生物学 |

## 2．心理的適応

このように重層性をもつ適応過程のうち，心理学がかかわるのは主として意識的水準および行動的水準で起きる適応の問題である。ほとんどすべての心理事象は環境との相互作用の中で起きるが，かならずしも意識や行動の水準に限られるのではなく，生理やときには遺伝などの水準の事象と相互に関連しながら進行することが少なくない。

20世紀後半には，異なる水準の適応の相互関連に着目した学際的研究が盛んになってきた。たとえば，行動遺伝学（behavior genetics）は主として1960年代以降，行動形質と遺伝子組成との対応関係を追究してきたし，生理心理学（physiological psychology）および心理生理学（psychophysiology）は，意識や行動と生理事象との相関関係を明らかにしてきた。いずれにせよ，今後それぞれの水準の適応の様相や水準相互の関連性がさらに詳細に解明され，初めて適応の様相が全体として正しく理解できることになる。

# 第3節
# 心理にどう迫るか

## 1．「ロングショット」の心理学と「クローズアップ」の心理学

　これまでの話で，皆さんがいままで思い描いていたものとは違った心理学の姿が浮かび上がってきたのではないだろうか。むろん，心理学にも様々な性格をもつ領域があり，かならずしも単純にとらえることはできない。研究対象別に分類すると，知覚心理学・学習心理学・人格心理学・社会心理学・発達心理学などが挙げられるし，他方，研究方法に着目すれば，実験心理学と臨床心理学に，研究目的に照らせば，基礎心理学と応用心理学に，それぞれ大別することができよう。これらのうち，対象別や目的別の領域の詳細については概説書を読んでいただくことにし，ここでは方法に基づいて大別される実験心理学と臨床心理学を取り上げ，両者を比較対照してみることにしよう。

　ところで，絵の好きな読者ならご存じのスーラ（Georges Seurat, 1859-1891）らの作品でおなじみの点描画を想い起こしていただきたい。点描画の作品は，細かな色粒を散りばめるという画法によって描かれているので，画面に眼を近寄せて見るとそれぞれに違った形や色合いの点の集まりであることがわかるが，少し距離を置いて見ると点の存在がわからなくなり，柔らかな色調を帯びた全体的な形が浮かび上がってくる。中学の美術の授業で初めてこの作品に出会ったとき，その美しさとともに，点描法を生み出した画家たちの観察眼に感動したのを今でも憶えている。

　このように，クローズアップとロングショットで眺めたときで世界が違って見えるというのは日常的にしばしば経験することである。この喩えに従えば，クローズアップで「心」に迫るのが「臨床心理学（clinical psychology）」であり，ロングショットで心をとらえようとするのが「実験心理学（experimental psychology）」だということになる。

　一人一人の適応支援をめざす臨床心理学にとっては，「個別性」の理解が重要になってくる。クローズアップで見ると人間は皆それぞれ違うし，同じ個人でも生活史の中でまったく同じ経験をするということがない。だから，個々の心理事象を個人に起きる一回限りの経験として取り扱い，同一個人の多様な心理的側面や違う時

期の経験を,面接や検査の方法を用いて,相互に関係づけて理解することがその課題となる。

それとは対照的に,実験心理学は,ロングショットで見たときに似たものが共通項としてまとまり,個を超えて浮かび上がってくるという心理の「一般性」すなわち「法則性」の定立を課題としている。その場合,違う人であっても同じ条件の下では似たような心理的経験をするものだと仮定して,条件(刺激)を積極的に操作し,その結果生じる変化(反応)を計測するという観察や実験の方法を採用することが多い。

このように,臨床心理学と実験心理学の違いは,対象である人間へのスタンスの取り方,つまり心理事象に対する距離の置き方,の差にあるということができる。言うまでもなく,両者が互いに補いあう役割を担って調和ある発展を目指すことこそが真の人間理解に欠かせないのだが,心理学の領域が細分化されるにつれて分野相互の関係が薄らいでくると,心理に迫る方法が一つではないという認識がともすれば乏しくなりがちである。心理学を学ぶ者の間でも,そのような無理解から偏った見方に陥ることのないように心がけたいものである。

## 2．心理の理解のステップ

本書は主として実験心理学の立場で研究を進めるためのガイドブックである。したがって,いま述べた臨床心理学と実験心理学の二つのうち,実験心理学が心理をどのように解き明かそうとするのかを,図1-2に模式的に表現したステップに従って,詳しくみていくことにしたい。話がいくぶん抽象的になるが,ひとつじっくり考えながら説明を読んでいただきたい。

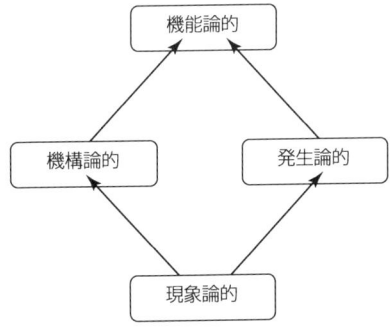

図1-2　心理の理解を目指す研究のステップ

**（1） 事象特性の記述―現象論的ステップ―**　　研究は，ある現象がどういう条件下でどのように起きるのかなど，事象それ自体の特性を明らかにすることから始めなければならない。いま仮にそれを「現象論的」ステップと呼んでおこう。

それは，「どのように？」（How?）という問いに答える段階，と言ってよい。まずは，条件を統制してそこで生じたことを偏りなく記述することが必要であり，そのために余計な先入見を排除し，冷静な眼で現象をとらえるという態度が大切である。

先に述べたように，心理事象の多くが私的に体験できるものであるので，あらためて調べて記述するまでもなくその特性はすでに解っていると思いこみがちである。しかし，常識はしばしば一面的であって客観性に欠けるので，それを科学的知見と混同してこの段階に必要な作業を怠ると，大きな過誤をもたらすことになりかねない。

研究者の中には，種々の条件を設定して事象を再現し，その特性の記述を試みることによって，この段階ですでに現象の背後に潜む法則性を鋭く見通すことに成功したという例が少なくない。

**（2） 機構の解明―機構論的ステップ―**　　事象の特性が明らかになったら，次には，それが「なぜ？」起きるのかを明らかにするという課題が待ち受けている。この問いに答えるには，事象の基礎にある機構（メカニズム）を解き明かすというやり方と事象の発生・発達の様相を描き出すというやり方の二つがある。ここでは，それぞれを「機構論的」ステップ，「発生論的」ステップと呼ぶことにする。

機構論的ステップでは，どのような仕組みで事象が起きるのかを明らかにし，基礎にあるメカニズムによる事象の説明を目指す。前にもふれたように心は実体として扱うことができないものであるから，刺激と反応の両側からそれを探っていくほかない。こうして，両者の関係をうまく説明できれば，そこから新たな事象の予測も可能になる。

ところで，この段階でメカニズムを考える場合，おおまかに二つの立場がある。一つは，心理事象の基盤にある脳の神経生理過程に着目し，心理事象と生理事象の相関を明らかにして，最終的に心理事象を生理事象に「還元」して説明しようとするものである。生理心理学・心理生理学はそれを課題としているが，その領域に限らず，意識や行動を神経科学の諸分野で得られた成果に基づいて理解しようとする立場をとる研究者は多い。

その一方，このような生理還元主義ををとることなしに心理事象を理解しようとする立場がある。そこでは，いくつかの基本的な媒介概念を仮定した「心理モデル」を立て，このモデルに基づいて事象を説明する。1940年代に新行動主義者の

一人，ハル（Hull, C. L.）が提唱した行動の原理や体系，あるいは最近ではコンピュータを念頭に置いた情報処理モデルなどがその例である。

次章に紹介する個別研究のいくつかは，機構論的ステップにおいてこのいずれかの立場で事象の説明を試みている。ついでながら，この機会に科学における「モデル」の役割について考えてみることも有意義であろう。

（3） **進化・発達の追跡―発生論的ステップ―**　「なぜ？」という問いに対しては，機構論的立場とは別に，事象の由来を明らかにするという発生論の視点から解を求めることもできる。それがここにいう「発生論」的ステップである。機構論では，心理事象が起きている時点ではたらいているメカニズムを問題にしているが，発生論では特定事象を時間軸に沿って起きる様々な事象との関連で理解しようとする。つまり，先行する事象によって後続の事象を説明するというもので，ふつう機構論のような還元主義をとらない。

いうまでもなく，発生論的な問題提起は，心理学を含む生物系の学問分野に固有のものであり，物理学・化学などの物質系の学問分野にはありえない。意識や行動の発生・発達の過程を明らかにし，それを通じて個々の事象を理解することも重要である。

生活史の初期，とりわけ幼児期の体験が後の人格形成に及ぼす影響を重視したフロイト（Freud, S.）の考えはよく知られているし，事件が起きたとき犯人の生い立ちから行為を理解しようとするのも，広い意味では発生論的な見方だと言える。

一般に，心理事象は系統発生（進化）と個体発生（発達）という二つの歴史に規定されている。それぞれを「種の歴史」「個の歴史」と呼んでもいいであろう。前者は比較心理学や行動生物学（ethology）が，後者は発達心理学や学習心理学が，それぞれ主として扱ってきたが，最近ではこの両者を相互に関連づけようとする動きも盛んである。

（4） **意味の理解―機能論的ステップ―**　最後に残るのは，「なんのために？」という問いに答えることであり，前にふれた「適応」の問題にかかわる段階である。すなわち，生物が生きる上でそれぞれの事象が果たしている役割（機能）を明らかにし，その適応的意義すなわち事象の意味を理解することである。それを「機能論」的ステップと呼ぶことにする。

この段階には，「なぜ？」に答える機構論と発生論のいずれからでも進むことができる。したがって，どちらから機能論を導くかは個々の研究者の選択の問題だといってもよい。ただ，機構論はしばしばそれ自体として完結した説明の形式を採用することが多いのに対し，発生論は事象をより広範な時間的枠組でとらえようとする傾向が強いので，どちらかといえば後者から機能論に接近する場合が多いように

思われる。

　ここで注意しておきたいのは，充分な実証の手続きを経ることなしに機能論的ステップに進もうとすると，とかく解釈が先に立って，かつて「目的論」が陥ったと同じ誤りを繰り返すことになりかねない，ということである。

　事象の体系的な記述から出発し，そのメカニズムや発生過程が充分に明らかになれば，おのずから事象の意味が浮かび上がってくるはずである。表面的には無意味にみえる事象や予想外に思われる事実であっても，その特性・メカニズム・発生過程を探究していくうちに，それが個体あるいは種として適応に積極的な役割を果たしていることが解るという例は過去に少なくない。そして，そのとき初めて常識を超えた深い洞察が可能になるのである。

# 第4節
# 初学者として心理学的問題に
# どう取り組むか

## 1. 問題意識を明確にする

　心理学を専攻するには，誰にもそれなりの動機があるにちがいない。心理学が面白そうだからという漠然としたイメージ，具体的課題について研究したいという希望，社会で活かせる職を得たいという期待など，人によって動機は様々であろうが，大切なのはそれを出発点として自分自身の問題意識を明確にするということである。

　志望する専攻を決めるとき，少なくとも心理学のどこが面白いのか，どういう問題に関心があるのかを自問してみることが必要である。単に人気があるとか就職に有利だとかということを理由に心理学を専攻しても，興味がもてないままに卒業研究の時期を迎えてしまう。

　他方，いじめを解決したいというような具体的な課題意識をもって心理学を専攻しようという人の場合，その課題の解決に心理学がどのように貢献できるのかを考えてみていただきたい。昨今の環境問題にしても教育問題にしても，それらをどれか一つの学問分野だけの力で解決できるなどということはありえないからである。

　あるとき，高校生諸君を対象に大学の説明をした折に，参加者の一人から「自分は絶滅危惧動物の保護の仕事に就きたいのだが，どの学部に入ればいいか」という質問を受けたことがある。この質問はここで述べたいことと関連が深いので，そのときの私の返答を紹介しよう。

　まず，質問にある絶滅危惧動物の保護という仕事であるが，考えてみるとそれは一つではない。そもそもこのような課題を解決しようとすると，現に絶滅の危機にある動物種の遺伝子の保存，稀少動物を保護するための法的措置，生態系に関する社会的認識の向上，地域開発の在り方の再検討など，様々な角度から取り組みが可能であり，またそれが必要である。それぞれの役割を担うのが，遺伝学・法律学・教育学・工学などの学問分野であり，それらが相互に連携・協力しあってこそ，この課題が達成できるのである。

　同じことが「いじめ」についても「ごみのリサイクル」についても言える。社会が現実に抱えている問題の解決は，このように違う学問分野のチームプレーなしに

はとうてい不可能である。だから，どのような側面からの取り組みが求められるか，つまりチームにどのようなプレーヤーが必要であり，それぞれがどのようなポジション（役割）を担うのかを正しく認識することが大切である。

それはすなわちチームプレーのためには他のプレーヤーについて知ることが不可欠だということである。自分の専攻した分野だけでなく，他の学問分野の性格について理解することも怠ってはならない。大学教育において，専攻以外の分野に関連した授業科目が共通教育あるいは一般教育として設けられているのは，そのような理由によるものである。

## 2．自分の取り組む課題領域を選ぶ

自分の問題意識が明確になったら，次に進もう。

現代の心理学は多くの課題領域に分かれている。ちなみに日本心理学会の『大会プログラム』や『発表論文集』を参照してみれば，主なものだけでも知覚・学習・行動・発達・人格・社会・産業などの対象領域に分類されているし，また，理論・実験・臨床など広い意味の方法に基づく分類も可能である。だから，自分が関心をもつ問題がどの領域に該当するのか，まずそれを見極めなければならない。心理学の概説書や概論講義を通じて心理学のおおまかな「地図」が浮かぶようにすることが大切である。

領域が決まると，それがどのような下位領域から構成されているのかを把握し，自分の関心に合った課題についてさらに詳しく調べてみなければならない。いま社会心理学を例にとると，集団・対人関係・リーダーシップなど多くの課題があり，知覚心理学や学習心理学など他の領域にもそれぞれの課題がある。

## 3．過去の成果の蓄積を知る

課題領域が絞り込まれたら，そこでこれまでにどのような課題が検討され，どのような成果が得られているのかを明らかにすることが必要になる。この段階では，先行研究について専門書の解説や学術誌の展望論文が参考になるので，指導担当者からそのことについて助言を得るのがよい。

その上で，文献データベースから必要な情報を収集する。幸いなことに，近ごろではインターネットを通じて文献ファイルにアクセスすることが簡単にできるので，以前のように分厚い『アブストラクト』（心理学の学術論文のリストを内容とする定期刊行物で，心理学の場合には"$Psychological\ Abstract$"がある）のページを繰

って文献を探していたのに比べれば，ずいぶん楽になった。

とはいえ，その作業のためには，適切なキーワーズを見つけることが不可欠である。求める情報を得るには心理学の領域地図や基本的概念がしっかりと頭に入っていなければ見当違いの検索をすることになりかねない。

## 4．自分のテーマを決めて研究をデザインする

さて，最初は漠然としていたかもしれない問題関心から，過去の成果を知ると，残されている課題がはっきりしてくるにちがいない。そこで，自分のテーマを決め，研究目的を明確にし，それを達成するのにどのような方法を用いればいいのか，どう課題を追究していけばいいのかを考える段階にまで到達したことになる。

ここからは自分の独創性を大いに発揮できる領分である。独創性といっても，ただの思いつきで我流に進めればいいというわけではないし，だからといって先行研究を無批判に受け入れてその真似をするというのもよくない。先行研究がどういう方法で問題を扱ってきたのかを正しく理解すれば，それを参考にして自身の研究目的に適した方法を考え出すことができるであろう。

研究の成果は研究を計画した時点で決まるといっても過言ではない。じっくり時間をかけて先行研究の長所・短所を的確に把握し，自分の研究に必要な条件を充たすような改善を加えるようにしたいものである。

# 第5節
# 心理現象をどう扱うか

## 1. 実験室と野外—研究の舞台—

　基礎心理学領域の研究は実験室で行われることが多い。しかし，そうでなければならないというわけではなく，後の具体的研究例にみるように，現場（フィールド）もまた研究の舞台となりうる。

　実験室で行われる研究に対しては「現実場面からかけ離れている」という批判，他方のフィールド研究に対しては「条件が統制されていない」という批判がそれぞれあるが，たとえそのような難点があったとしても，これら二つの研究の場はそれぞれの利点をもっている。ここでは，私たちの研究を例にして，両者を比較してみよう。

　その研究とは，本書の第Ⅲ章第1節にあるスンクスのキャラバン行動の解析である。順序が逆になるが，その部分を参照しながら読んでいただきたい。そこに述べてあるように，スンクス（Suncus murinus）は，これまで心理学実験によく用いられてきたラットやマウスとは違って，系統発生の基幹的位置にある食虫目の仲間の種である。ヒトの意識や行動の起源をこのような発生的に古い動物に探るというのは，先に説明したロングショットの心理学にとって一つの基本的な課題となりうる。そういう理由で，私たちはスンクスに興味を抱いたわけである。

　スンクスの母親と幼仔の間にみられる「キャラバン」は，個体史初期における生存を保障する上で重要な意義をもつと考えられる行動である。私たちは，このキャラバンをまず実験室内のオープンフィールドで観察してみた。オープンフィールドというのは，円形または方形に囲いを設けただけのもので，極度に単純で等質な環境である。その内部には動物が生存するために必要な餌場・水場やねぐらがなく，また季節や日内の環境変動もない。その意味で生息環境とは似ても似つかない特殊な空間である。なぜこういう「非現実的」環境で研究をするのかという疑問が浮かんでくるであろうが，その答はもう少し待っていただきたい。

　このオープンフィールドで生じるキャラバン行動は，図3-1-2（88ページ参照）に示したように，5〜22日齢の仔にみられ，最も盛んに出現するのは12〜14日齢

である。しかもその期間に，スンクスの幼仔は感覚や運動の能力の発達に応じて違ったパターンでキャラバンを形成する。

ところが，場面を変え，餌場・水場や隠れ場所などを設けて生息環境に近い条件にした野外放飼場で同じ観察を行うと，結果が同じようにはならなかった。すなわち，野外放飼場では出現するキャラバン行動は，オープンフィールドで出現したのに比べてかなり限定されたものだったのである。出現は15～22日齢の期間に限られ，観察された形成パターンの種類も少ない。

ではいったい，このように場面によって行動の出現が異なるという事実をどう理解すればいいのであろうか。

## 2．「シミュレーション」と「リダクション」―事象の再現―

心理学では二つの基本的な操作によって，実験的に事象を再現する。その二つとはすなわち，「シミュレーション（simulation）」と「リダクション（reduction）」である。

シミュレーション（近似）とは，文字どおり現実場面に近似させた場面を設定して事象を扱う方法であり，対照的に，リダクション（還元）は，できるかぎり影響要因を排除し単純化した場面で事象を調べる方法である。表1-2は，両者を比較対照したものである。

上に述べたキャラバン行動の観察場面のうち，野外放飼場は前者，オープンフィールドは後者の例である。しかし，心理学における行動研究の標準的場面の一つであるオープンフィールドについては，それが「現実」とかけ離れており，空間構造が単純であるとの理由で，行動生物学や行動生態学，あるいは生物哲学の側から，観察の意義や所見の妥当性を疑問視する声が強まってきた。とくに近年，生態学的

表1-2　シミュレーション（近似）とリダクション（還元）の比較対照

| 方法 | シミュレーション（近似） | リダクション（還元） |
|---|---|---|
| 目的 | 準フィールドワーク | 非現実的ラボワーク |
| 操作 | 刺激を積極的に制御 | 刺激を剝奪 |
| 課題例（領域） | ゲームシミュレーション（社会・環境心理学） | ガンツフェルトにおける意識（知覚心理学） |
| 所見 | 現実的様相の把握 | 根源的様相の把握 |
| 理解 | 適応の実態 | 適応の可能性 |
| 本書記載 | 第IV章第7節 | 第II章第1節 |

立場からの研究の重要性が叫ばれる中で,そのような批判が強まる一方,生息環境を再現した野外放飼場における観察については,現場研究(フィールド・スタディ)に代わるものとして評価されている。

はたして,リダクションの方法による事象の再現についてのこのような批判は当たっているのだろうか。私は,次のような根拠に基づいて,リダクションとシミュレーションは相互に補い合うものであり,二つの場面で得られた所見が共に行動事象の理解に欠かせないものだ,と考えている。

たしかにオープンフィールドは,餌場・水場や隠れ場など生存に必要な空間構造を剥奪された環境である。しかも,新奇な場面である。そこに置かれた動物は,安定を求めて環境を探索し,その環境に適応を試みる過程で,彼らのプログラムに書き込まれてはいるが,ふつうは顕在化されることのない行動レパートリを表出することになる。他方,野外放飼場のほうは動物にとってなじみの環境であり,プログラムのうちで彼らが生息環境で現に示している行動の再現によって対処できる。

リダクションは,現象の背後に潜む過程を明らかにするのに有効であり,その所見は現象の発生や機構を探る上に貴重な情報をもたらす。他方,シミュレーションは,現実生活において生じている現象を再現する方法として,その所見は現象の特性を知るのに有用である。言い換えれば,前者は意識や行動の能力つまり「可能性(potentiality)」,後者はその「実態(reality)」をそれぞれ明らかにする方法である。そして,両者の所見を関連づけることによって,初めて事象の深い理解に到達することができる。

このように,キャラバン行動は,リダクションによって等質化され非構造化された環境下でその発現が最大化され,逆に生息環境にシミュレートされた環境下ではその一部しか発現しない。面白いことに,単純な場面では観察される行動も限られるという先入見が見事に覆されたというわけである。いずれにせよ,ある心理事象の意味を理解するには,その可能性と実態の双方を解き明かすことが不可欠であることを,あらためて心に留めておく必要があろう。

第II・III・IV章に紹介する個別研究のいくつかでは,ここに紹介したシミュレーションまたはリダクションの方法で事象を再現し,その分析を試みている。おおまかに言えば,意識・行動の研究領域ではリダクション型の実験,社会・環境の研究領域ではシミュレーション型の実験が多い。

## 3. 特性記述型と仮説検証型―研究のねらい―

観点を変えて,研究のねらいのことにふれておこう。

個々についてみると，事象の特性を明らかにする目的の研究もあれば，その機構や発生を探るという目的で行われる研究もある。それぞれを「記述型」「検証型」と呼ぶことができる。ふつう後者のタイプの研究では，あらかじめ「仮説（hypothesis）」を立て，その当否を実験や調査の所見によって吟味する。

検証型研究において仮説を導くには，事象の特性がある程度まで明らかになっていなければならないから，記述型研究の成果を踏まえたものであり，その意味で記述型研究よりも進んだ段階にあると言うことができる。ただ，心理学では，厳密な特性記述を踏まえることなしに，私的体験や社会的通念から仮説めいた命題を導き，それを「仮説」であるかのように扱っている例がしばしば見受けられる。しかし，このような作業を積み重ねても，一般性をもつ知的体系を築き上げることができないばかりか，その結果「似非科学」に陥る危険性すらはらんでいるので，注意しなければならない。

## 4．観察・調査・測定—研究の方法—

記述型であれ検証型であれ，データなしには研究が進まない。研究の成否は，いかにして「いいデータ」を得るかにかかっている。ここに言う「いいデータ」とは，自分の立てた予想に合致したものだということではけっしてない。事象を扱う上に妥当で信頼できる資料という意味なのである。

観察・調査・測定が実験的研究におけるデータ収集のための方法（method）であり，それぞれにいくつかの技法（technique）が考案され改良されてきた。それらについて説明するのは本書の目的ではないので，皆さんは心理学の方法・技法に関する講義・実習の授業や関連する書物によって理解を深めていただきたい。また，先行研究で使用された方法について，その長所や短所を的確に把握し，自身の研究に活かすことを奨めたい。

ところで，データには定性的なものと定量的なものがある。物質科学の諸分野においては，ふつう定量的分析が定性的分析よりも進んだ段階にあるとされる。しかし，多くの心理事象については，定量化に拘泥することなく組織的なデータ分析を試みることが大切である。いたずらに定量的分析を急ぐあまり，事象の全容をとらえ損なうことのないようにしなければならない。

## 5．データの読み—結果と考察—

残念ながら，学生諸君の実験レポートの中には，せっかく苦労して得たデータを

充分に活かしていないものがある。指示された手順を形式的にたどって図表を作ったり統計的処理をしたりしていて，作業過程においてデータが語るものを読み取ろうとする姿勢に欠けるというケースである。

　私事になるが，ここで一つの想い出話を披露しておこう。中学時代の部活動で天文部に所属していた私は，ある夜，木星を望遠鏡でとらえてその精確なスケッチをするという課題を上級生から与えられた。仕上げたスケッチを差し出したところ，「これだけしか描けないのか」という冷たい一言とともに突き返されてきた。やり直せと言われても，それ以上のものは見えないからどうすることもできない。途方に暮れていると「こう見えるだろう？」と，上級生は私のスケッチに手を加えたのだった。そのとき私は，彼が大口径の望遠鏡で撮影された写真をただ真似ただけだと思っていた。ところが，2年経って，自分が下級生に同じ課題を与えたとき，かつて上級生から聞いたと同じ科白が思わず口に出て，そのことにハッとさせられた。「同じものが同じに見えるとはかぎらない」という知覚的事実を，そのとき初めて知ることになったのである。

　話を本題に戻すと，データの読みもこれと似ている。同じデータからどれだけの情報を引き出せるかは，その人の力量にかかっている。データがすなわち所見だと誤って考えている人がいるかもしれないが，正しくは「データを読んだ結果」，それが所見つまりファインディング（finding）なのである。

　統計的処理についても，一言ふれておこう。データを読むといっても，代表値の間に差があるとか，二つの変数が相関しているとかの所見を裏づけなしに論じることは危険である。だから，検定などの統計的処理が必要になる。ただ，事前の実験計画があってこそ統計的処理が意味をもつのであり，それはあくまでも所見の保証を得るためである。そのことをいま一度強調しておきたい。

# 第6節
# 本書をどう活用するか

## 1．本書のねらい

「まえがき」に述べたように，学生諸君の中には，卒業研究を手がける段になって，どのような課題を選ぶか，その課題にどう取り組んだらよいかを決めかね，いたずらに時間を浪費する人がいる。逆にまた，教科書に載っていたり講義で取り上げられたテーマを安易に受け入れて，興味のないままに作業を進めるという例も見受けられる。これでは，せっかく希望して専攻生になっても，心理学に対する興味が失われてしまうし，達成感も得られないであろう。

そういうことにならないよう，本書は卒業研究への適切なガイド役を果たそうとしている。もとより教科書とも専門書とも性格を異にしているから，自分の研究課題を見つけるのに本書を利用しようとしても無駄である。成果が生み出される道筋を正しく理解し，自信をもって課題に取り組んでいただきたい。

むろん，本書は「ハウツウもの」ではない。これを読んだからといって，卒論への近道が見つかるわけではない。先人の誰もが研究の過程で悩みをもち，それを解決したときの感動を味わっているのだということを解っていただきたいのである。そうすれば，たとえ自身の作業が思い通りに進まなかったとしても，落胆することなく研究に打ち込むことができるはずである。

## 2．構　　成

本章（第Ⅰ章）は研究を位置づける枠組を示したもので，その内容から心理学の性格を把握することができるにちがいない。

続く第Ⅱ章から第Ⅳ章では，個別課題を取り上げている。第Ⅱ章では，感覚・知覚・認知などの「意識」事象について，実験的手法によるその分析を紹介する。第Ⅲ章では，学習・行動などの「行動」事象を扱い，種々の条件統制下の観察・測定の例を示す。第Ⅳ章では，環境・集団・文化などの「社会」事象について，フィールド調査やシミュレーション実験などの方法に基づく研究を述べる。

これら個々の課題研究について，どのような問題意識に基づいているか，方法をどう決めてどのようにデータを収集するか，そこからどのような所見を得るか，そこから問題をどう展開していくのかなど，具体例に即して理解できるよう配慮した。

第V章では，ふたたび全体的な視点に立ち，研究成果をどう活かして，心理学の進展や社会貢献を図るかを考えるもので，そこに述べた問題は，大学院や実務分野において研究をさらに展開する上に役立つと思う。

## 3．活用法

言うまでもなく，卒業研究は大学における学修のファイナル・プロダクトである。自身の問題意識に従って選んだ課題に，それまで授業を受けたり専門書を読んだりして得たものを総動員して取り組むことが求められる。

近ごろ，大学によっては卒論を必修としないところもあると聞くが，私の経験では，学生諸君が卒業研究を通じて問題の論理的展開，厳密な概念把握，データの深い読み，所見の明快な記述などの点で，確実に力量を高めることを実感し，大学の教育課程において卒論の効果がきわめて大きいことを確信してきた。

以前に教養（一般教育）課程で開設されていた授業は，心理学・法律学・物理学など学問分野に基礎をおいて編成されていたが，それが近年，たとえば「情報と社会」など主題を掲げた授業科目が中心のものに変わってきた。それにはプラス面もないわけではないが，心理学の基礎を修得する機会，とりわけ実習形式の授業を受ける機会が少なくなった。また，3年次編入学など新たな制度の導入によって途中から心理学を専攻するようになったという場合も増えている。

本書の刊行にあたっては，そのような最近の大学事情も考慮に入れた。多くの皆さんに役立てていただければ幸いである。

# 第II章
# 「意識」を科学する

　ヴント（Wundt, W.）による実験心理学の創始から現在に至るまで，心理学は人間の意識の解明を目指してきた。あるいは，「あの人は何を考えているのか」，「どのように感じているのか」といった素朴な疑問は，人類誕生以来の最大の知的関心事であったともいえよう。情報メディアが格段に進歩し，必要な情報を容易に手に入れることができるようになった現代社会においても，人間がもっとも知りたい情報は自分自身を含めた人間の意識であることに変わりはない。

　「意識（consciousness）とは何か」という問題は簡単に解決しそうにない難問であるが，ここでいう意識心理学とは，具体的には，感覚知覚心理学，認知心理学，感情心理学など，おもに内的個人体験としての意識事象の解明を目指す学問領域を指している。このうちとくに感覚知覚心理学は，物理世界と心理世界の架け橋を標榜した精神物理学（psychophysics）の伝統をも引き継ぎ，百数十年にわたる実証主義心理学の歴史の中で，つねにその一つの主役を演じてきた。20世紀前半，アメリカ心理学界を中心に巻き起こった行動主義（behaviourism）の猛威に押され，「意識の心理学的探究」は一時期やや停滞したものの，その後情報処理的アプローチという新たな武器とともに登場した認知心理学の隆盛の中で，意識の問題は再度スポットライトを浴びることになった。現在では，認知心理学は，情報工学，神経生理学，言語学，哲学などの隣接分野と学際的に連携し，認知科学という新たな学問潮流へ発展している。

　知的探究の出発点はいつも観察と発見であった。本章で扱う意識の問題についても，たとえば知覚心理学が関心を寄せる様々な知覚現象の研究の出発点は，人為的統制のない場面（自然場面）における偶然の発見であったケースが多い。一例を挙げれば，本章第2節で紹介される自動運動錯視は，200年ほど前，地理学者フンボ

ルトが，航海中に見たフラフラとした星の動きを"星のさまよい"と名付けたことが最初の記述とされている．

しかし，とくに知覚心理学あるいは認知心理学の領域に限っていえば，研究の主流は現象発見の段階から現象探究の段階へ移っている．すなわち，「様々な関連条件の変化に対応して現象の現れ方がどのように変わるか」（条件分析），「現象を生じさせる（生理学的）基盤はどのようなものか」（モデル構築），「人間の適応行動に対してどのような意義を担っているか」（機能論的検討）などの問題の解明が目指されている．もちろん，近年でも新しい現象の発見がまったくないわけではないが，少なくとも自然場面の観察でそれを期待することは効率的ではない．したがって，現在この領域の研究は，もっぱら，統制された実験場面における計画的なデータ収集というかたちで進められている．

実験室研究というと，何やらマニアックで自然場面・日常場面とかけ離れたものというイメージをもつ読者がいるかもしれないが，決してそうではない．実験場面の意義は，自然場面では到底統制できない関連変数を研究目的に見合うように制御・操作することにある．つまり，それは「単純化された自然場面」である．その意味で，実験場面で見出された知見は自然場面・日常場面への連続性をもっているのであり，研究者としての立場に立てば，そのような自覚なしに研究を進められるものではない．

本章では，おもに感覚知覚心理学と認知心理学の領域で研究を進めている8名の執筆者が，それぞれのテーマとそれぞれのアプローチによる「意識を科学する」試みを紹介している．第1節では自由観察・自由報告によるガンツフェルトの現象記述，第2節では背景要因操作による自動運動錯視の現象類型的分析，第3節では精神物理学的測定法を用いた感覚間相互関連の検討，第4節では多人数データからみた幾何学的錯視における個人差の問題の検討，第5節では刺激図形の瞬間呈示法による主観的輪郭の微小生成過程の分析，第6節では部分報告課題を応用した初期視覚情報処理過程の検討，第7節ではネガティブ・プライミング効果を指標とした非注意と無視の認知処理過程の比較検討，第8節では自律系生理反応であるGSRを指標とした定位反応の分析について，それぞれ，現象そのものの教科書的説明にとどまらず，研究の舞台裏の苦労話などを含めた「本音の告白」が綴られている．表題に記される研究テーマ自体はそれぞれに特殊化された問題であるが，その背後に広がる問題意識や，実際に研究を進めていく上での様々な配慮などについては，個別テーマの垣根を越えて，"研究現場"からの多くの貴重な示唆を与えてくれるであろう．

# 第1節
# ガンツフェルトにおける印象の分析
―視空間の原初的様相を探る―

## 1．はじめに

　私たちの周囲に世界が広がっているということは，自明のこととして，日頃この視覚上の事実についてあらためて考えることがほとんどない。しかし，以下の話は"視空間"が心理学の基本的問題の一つだということを理解する助けとなるであろう。

## 2．視空間の基本的特性

　適応を達成するために私たちは環境を探索したり事物を操作しているが，その場合，視空間知覚が行動の舵取りとして欠かせない。では，視空間にはどのような特性があるのだろうか。
　第1に挙げられるのは"外在性"で，つまり空間が「外」に存在するという意識である。そもそも意識は身体の「内」にある脳の活動の結果として生じるのだが，それにもかかわらず知覚される空間は自分の「外」にある。考えてみれば不思議なことである。
　第2の特性は"定位"，すなわち自分や種々の対象が空間にそれぞれ位置しているということである。空間は主体と客体を関係づける"場"のはたらきをしている。場所を指すのに「ここ」・「そこ」・「あそこ」などと言うが，それらも定位の表現に他ならない。この言い方は自分を基準にしているから，自分の身体は「ここ」のはずであるが，背中など自分に見えない部位を指して「そこ」と言ったりするので，定位の座標はそれほど簡単ではなさそうである。
　本題に戻って，第3の特性は"距離"である。これには，自分と対象の隔たり，対象相互の間隔，対象自体の奥行き（立体性）についての意識が含まれる。距離はユークリッド座標系で表現された定位であり，それによって対象への接近やその操作などの行動がいっそう正確にできるようになる。

## 3. 視空間の心理学

　素朴実在論に立てば環境は3次元世界である。環境は，眼の網膜に投影されて2次元世界に還元（圧縮）されたのち，脳で処理されて3次元世界として意識される。このとき視空間情報はどのように処理されるのだろうか。どのような要因が"手がかり"となって"空間復元"が行われるのだろうか。

　手がかりとなる可能性のある要因は，"眼球的"・"画像的"・"視差的"の3種である。眼球的要因とは，遠近に応じた眼のレンズ調節や眼球の内転が起きるとき，そのような眼球系活動を制御している筋の緊張をいう。画像的要因とは，網膜に映った外界像の大きさ・明るさ・肌理・重なりなどの特性を指す。ちなみに，写実的絵画の表現技法はこの要因を利用したものである。また，視差的要因とは入力される刺激の不均等（視差；disparity）であり，同一対象の左右眼の網膜像が水平方向にずれる場合（両眼視差），動きながら静止した外界を見たとき，対象までの距離の違いによって像が網膜上を横切る速度に差が生じる場合（運動視差）の二つがある。

　視空間研究は，どの要因が視空間成立にもっとも基本的な手がかりとなるか，発達にともなって他の要因がどのような順序で働くようになるか，物理的空間の規模に応じて有効な手がかりとなる要因が違うのかなどを明らかにし，手がかりを体系的に理解することを課題としている。

　すでに，ヒトや動物に共通の基本的手がかりが運動視差であること，要因ごとの手がかり効果に異なる距離特性があること，視空間が操作的，定位的，知覚的，象徴的と呼べる領域から成り立っていることなどの事実が得られている。その一方，発生・発達の観点から手がかりの効果を扱った研究は少ない。私たちのグループは，ヴィジュアル・ピットフォールと名づけた落差事態でニホンザルを対象にしたテストを行い，出生時には運動視差がもっぱら手がかりとなって空間が知覚されるが，そののち身体を静止したままで対象を注視できるようになり，それにともなって画像的要因（肌理密度）が有効になる，という手がかりの発達を明らかにすることに成功した（辻，1977；Tsuji *et al*., 1972；Tsuji *et al*., 2000）。

　ところで，空間復元の問題は，網膜に投影される外界になんらかの構造があるということを前提に論じられてきた。逆に構造が存在しない事態，たとえば視野全体が一様な光で充たされているような事態では，いままで述べてきた手がかりは働きようがない。その場合，いったいどのような世界が意識されるのだろう。はたして"外在性"という空間のもっとも基本的な特性は保たれるのだろうか。

## 4．ガンツフェルト

　第Ⅰ章でみたように，意識や行動の発生を調べるには"還元（reduction）"と呼ばれる方法が有効である。空間でいえば視野の構造を一切取り去ってしまうことで，それが"ガンツフェルト（Ganzfeld；全体野）"である。ガンツフェルトで生じる現象は視空間の原初的な様相を示すと考えられる。

　視空間の成立が先験的か経験的かのいずれで説明できるのかは古くから哲学上の争点の一つであったが，ガンツフェルト実験はそれに決着をつける実証手段として注目を集めた。もしそこで奥行き方向に広がりが見えるならば先験論を支持することになり，そうでなければ空間の成立に経験が関与すると主張する経験論に有利になるというわけである。

　ガンツフェルト実験は，ゲシュタルト心理学の流れを汲んで1920年代末から30年代にかけてメッツガー（Metzger, 1930）が行ったのを最初に，50年代以降いくつか報告されている（Cohen, 1957；Gibson & Waddell, 1952；Hochberg et al., 1951 など）。それらによれば，定位できる面が失われる，視野全体を霧状のものが充たして無限の距離まで広がって見える，視野が暗くなったり色が褪せたりする，などの現象が生じる。

## 5．先行研究の再検討

　空間が自分と事物を定位する"場"だということはすでに述べた。その意味で，空間を色や形のように対象の"属性"として知覚されることと同列に扱うのは適切ではない。それにもかかわらず空間を対象のこととして報告してしまうのは，空間が外在的だという先入観をもっているからであろう。そもそも言語とは，外界の事物・事象を表現し伝達するための道具として発生し伝承されてきたものなのだから，自分自身の感情情緒などが報告から漏れ落ちやすい。しかし，ガンツフェルト実験で検討しようとしている問題が視空間成立の基本に関わることである以上，まずは現象をあるがままに偏りなくとらえることが必要である。

　定性的分析は定量的分析より科学における地位が低いと思いこんでいる人がいるかもしれない。たしかに，物理科学は定性的段階から定量的段階へと進むことによって自然界の法則性をより広範に理解できるようになった，という先例がある。だからといって，定量化を急ぐあまり現象の背後に潜む構造を誤ってとらえて歪んだ世界像を造り上げる，という誤謬を犯さないことも大切である。

実験にあたって私が心がけたのは、自己流の判断を捨てて意識に上ることをありのまま表現してもらうことであった（辻，1988，1997）。そのため、もっとも素朴な自由口述という方法を採用した。実際に行ってみると、これが被験者にとって意外にむずかしい。なにしろふだん経験するのとはまったく違う事態に置かれているので、そこで意識されることを言い表そうとしても適当な言葉が浮かばないらしい。予想に反して、いつもは表現力の高い人が黙りこんでしまうことも少なくない。

## 6．ガンツフェルトの設定と実験の実施

ガンツフェルトを設定するにはいくつかの方法がある。もっとも手軽には、ピンポン球を肌理むらの出ないように継ぎ目のところで半分に割り、それを眼に当てて空や明るい壁を眺めればよい。この方法を用いて子どもの反応を分析した卒業研究の例がある（嶋崎・辻，1998）。

しかし、本格的な実験にはそれなりの装置が必要である。ここでは、図2-1-1に示すような、直径2メートルの凹型半球状のスクリーンを一様に照明した。

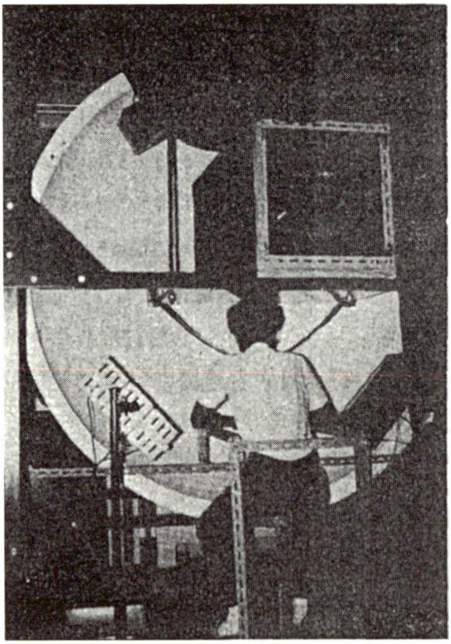

照明は、スクリーンの縁に取り付けられた4基の光源から発せられた光を、赤色・緑色・青色のフィルタを通すことで制御した。この3色は光の3原色だから、それらを混ぜ合わせることによって任意の色光を得ることができるが、この実験では3種の単色光をそのまま用いた。なお、スクリーンの輝度が同じになるようあらかじめ調整しておいた。1回のガンツフェルト呈示時間（観察時間）は20分としたが、繰り返し実施した予備観察の結果から、その時間で現象が変化しなくなりほぼ定常状態になることが確かめられていた。被験者には、スクリーンが真

図2-1-1　ガンツフェルト実験の装置
（辻・後藤，1984より）

正面に来る位置でその中心部を注視し，照明点灯時から自由口述を開始するよう教示した。なお，口述内容はすべて録音し，のちに再生して必要な分析を行った。

## 1．「外界」と「自己」―ガンツフェルトで生じる現象―

**（1） 外界印象と自己印象**　ガンツフェルトではどのような現象が起きるのだろうか。まず，20名の被験者から得られた口述内容を整理してみよう。表2-1-1 は，内容別に被験者あたりの出現頻度を求めた結果である。表中の例にあるように，視野の明るさ・色・形・運動の"外界印象"，身体感覚・身体運動・感情情緒の"自己印象"が報告された。このうち明るさや色の印象が強いということは先行研究でも指摘されていたとおりであるが，身体感覚や感情情緒が生じるという事実はこれまで見過ごされてきた。ちなみに，3種の色光の比較では，赤色光条件で印象の報告量がもっとも多かった。

ところで，この内容分類では"空間印象"を"外界印象"と別に扱っている。そのことを奇妙に思われるかもしれないが，空間についての私の考えからすれば，空間印象は「外界と自己の関係」を表すものであるから，それを外界とも自己とも別の次元として扱うのが研究の目的に適っているということになる。

**（2） 空間印象**　空間印象の具体的な口述表現は被験者ごとに異なっているが，印象の時間的変化には共通点がみられる。それをまとめたのが図2-1-2 である。

一様に照明されたスクリーンは半球状の凹面である。それにもかかわらず，観察のほとんど最初からスクリーンはそのような形状には見えない。やがて面は厚みを帯び，拡散して面の性質そのものが失われてしまう。被験者は，その状態を表すのに適当な言葉が思い浮かばないので，「何かが……」とか明確な主語抜きで印象を

表2-1-1　ガンツフェルト事態における印象口述内容

| 次元 | 内容 | 表現例 | 被験者あたりの反応頻度 | | |
|---|---|---|---|---|---|
| | | | 赤色光 | 緑色光 | 青色光 |
| 外界 | 明るさ | 暗くなった | 5.3 | 1.9 | 1.8 |
| | 色 | 色が濁った | 7.7 | 2.5 | 3.1 |
| | 形 | 斑点が見える | 1.4 | 0.2 | 0.6 |
| | 運動 | 視野が回転する | 1.4 | 0.7 | 0.5 |
| | その他 | | 0.2 | 0.0 | 0.1 |
| 自己 | 身体感覚 | 眼が緊張する | 2.8 | 0.4 | 0.2 |
| | 身体運動 | 身体が前に傾く | 0.7 | 0.0 | 0.0 |
| | 感情情緒 | どうなるか不安 | 2.0 | 0.8 | 0.4 |
| 空間 | 奥行距離 | 近くにある | 6.8 | 2.2 | 2.2 |

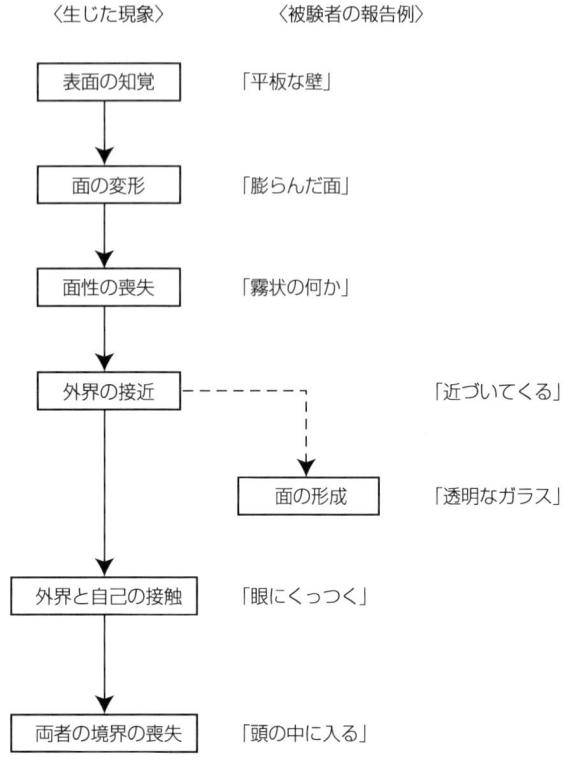

```
〈生じた現象〉        〈被験者の報告例〉

┌─────────┐
│ 表面の知覚 │      「平板な壁」
└────┬────┘
     ↓
┌─────────┐
│  面の変形  │      「膨らんだ面」
└────┬────┘
     ↓
┌─────────┐
│ 面性の喪失 │      「霧状の何か」
└────┬────┘
     ↓
┌─────────┐
│ 外界の接近 │- - - - - - ┐       「近づいてくる」
└────┬────┘            ↓
     │              ┌─────────┐
     │              │ 面の形成  │   「透明なガラス」
     │              └─────────┘
     ↓
┌──────────────┐
│ 外界と自己の接触 │      「眼にくっつく」
└──────┬───────┘
       ↓
┌──────────────┐
│ 両者の境界の喪失 │      「頭の中に入る」
└──────────────┘
```

図 2-1-2　空間印象の時間的変化

報告する。このようにガンツフェルトでは対象の意識が欠け，状態あるいは変化そのものが強く意識されるようになる。

　その「何か」は，やがて接近し，自分に迫ってくる。そして眼に接触して，最後には眼や頭に「入りこんで」しまう。こうなるともう意識の上では「外」と「内」の区別がつかない。そのような印象と関連して注目されるのは，接近してくるときには瞬目（まばたき）が増えるが，いったん眼の中に入ってしまうとそれが減って「眼が楽になる」ということである。

　被験者の一人はこのとき「眼が馬鹿になった」と表現し，また何人かが「見ているかどうか判らない」と報告している。つまりそれは，不確定な「外」が自分の「内」に入ることによって知覚という行為の主体性がなくなり，被験者が「視る」という課題から解放されたことを示しているのであろう。ちなみに，ガンツフェルトで生じる現象として，コーエン（Cohen, 1957）は，視野が暗くなる"ブラック

アウト（blackout）"と区別して，視ているという意識の停止を意味する"ブランクアウト（blankout）"を挙げている。それについては十分な記述がないが，まさにいま述べた状態がこれに当たると思われる。

　空間印象については，変化の過程で別の面白い現象が起きた。それは，時によって前方に透明な「面」が出現するというのである。被験者は「ガラス越しに見ている」，「自分が透明なカプセルに入っている」などと報告したが，その透明な面は「見える」のではなく「存在が感じられる」のだという。

　この面が現れたときは，拡散した「何か」がそこで阻まれて，それ以上には接近してこない。だから「眼にくっつきそうで怖い」，「圧迫されて身体が硬くなる」，「どうなるか不安」などの経験を回避することができる。この現象は，空間の外在性を保障して自己の心理的安定を維持するための一種の"知覚的防衛"を示唆する事実といえるのではなかろうか。

## 8．成果の意義と今後の課題

　ここに紹介した実験の結果は，視空間にとどまらず心理学の基本的な問題について貴重な示唆を与えてくれる。今後の研究展開を考えながら，そのことをまとめてみよう。

　まず，日常的に経験する視空間とは違い，ガンツフェルトでは，視空間の基本的特性である"距離"や"定位"はいうまでもなく，外界と自己の境界がなくなり，もっとも基本的な"外在性"すら損なわれてしまう。それに伴って，「視る」という行為そのものが不確実になってしまう。このことはつまり，網膜像に何らかの構造が存在していることが空間の安定の必要条件であることを示している。精神病理学や臨床心理学では，現実を適切に把握するはたらき（現実吟味；reality testing）が妨げられ，対象との間に適切な距離をおけなくなった状態を「距離の喪失」と表現する。ガンツフェルトの空間印象には，「自と他が未分化である」という点でそれと相通じるものがあるように思われる。

　ガンツフェルト実験が示唆するいま一つは「知覚と感情が未分化」だということである。ふつうは知覚と感情が相互に絡み合って行動が喚起される。それにもかかわらず意識を扱う際には両者が違う領域の問題として別個に検討されていて，本来の姿が見えにくくなっている。ガンツフェルト実験の結果は，知覚と感情が共起することをあらためて示している。このことは意識の発生の原初的な様相を浮き彫りにしていて興味深い。

　環境からの入力がないという点に着目すると，"感覚遮断（sensory deprivation)"もガンツフェルトと共通する事態である。ガンツフェルトは視覚に限って刺激を制限しているが，感覚遮断ではそれに加え聴覚や触覚などの感覚も剥奪される。そのため意識への影響がいっそう顕著に現われ，遮断が長時間に及ぶと情緒の混乱を起こしたり意識水準の低下を来し，被験者は"刺激飢餓"に対処して現実に存在しない知覚世界を創り出すこともある。これら二つの事態で起きる現象はともに意識の安定性という問題の本質を理解するのに役立つ。

　その一方で，ガンツフェルトで得られた現象についてさらに条件分析を進めることも必要である。たとえば，視野が暗くなる現象と生体反応との関係，色が褪せる現象の神経生理的メカニズム，色光条件の差などについて追究するという課題が今後に残されている。そのためには条件の操作や反応の定量化に努める必要があることはいうまでもない。

## 9．むすびに

　ここに紹介したのは，意識現象を自由な言語報告に基づいて定性的に分析した実験の一例である。しかも実験それ自体は古典的なもので，それを再吟味したというものである。それによって視空間の基本的な問題についての理解が深まり，さらに研究を展開する上で重要な課題が浮かび上がってきた。

　研究において先を争って目新しさを求めるばかりが生産的とはいえないことを心に留めておきたいものである。

〔辻　敬一郎〕

# 第2節
# 自動運動の記述

## 1．難問としての視知覚

**（1） 網膜から中枢へ**　私たちの視覚は光受容器を備えた二つの眼球網膜から出発する。外界から網膜に至る情報伝達系は，「3次元→2次元」という数学的変換を行う"光学系"という物理過程である。ところが，網膜から中枢に至る過程，そして中枢におけるいわゆる視覚情報処理系は，網膜でいったん2次元に変換された情報から3次元空間を回復するはたらきを担っている。この「2次元→3次元」の過程は"逆光学系"と呼ばれ，通常の物理学や数学の方法によっては解を一つに特定できない不良設定問題である。にもかかわらず，私たちの日常の視覚世界はきわめて安定した一つの見え（生態学的に妥当な解）によって構成されている。つまり視覚系は，2次元網膜像に基づきながら様々な生態学的条件（拘束条件）を考慮に入れつつ3次元世界を回復する，一種の推論系であるとみなすことができる。しかもその推論は，認知系が行うような高次の意識現象ではなく，自動的で機械的なものである。

**（2） 四つのアプローチ**　私たちの視覚系の巧妙なふるまいの謎は，視覚現象を支える機序を明らかにすることで解けるはずである。しかしそれはきわめて複雑な問題だといえる。たとえば，両眼視差手がかりに基づく立体視では，同一平面上に左右両眼が配置されていることから生じる二つの網膜像のズレ（視差）が，3次元性回復の重要な手がかりとなっている。たしかに光学的には，3次元物体の投影像は，水平方向にズレた投影面に対してズレを生じさせる。この光学情報に基づけば3次元性の回復は可能である。しかし，これはあくまでも幾何学的に正しい両眼立体視の説明であって，私たちの視覚系の機序の説明として適切かどうかは不明である。なぜなら，視覚系がこのような幾何学的計算に基づいて外界の3次元性を回復しているのであれば，それは眼球に関する解剖学的な特徴や外界の物理的な関係や法則（幾何学のルール）などについて，すべて正しく知っていなければならないということになる。しかしもちろん，視覚系はこれらを，いわゆる知識として「知っている」わけではない。それは視覚系の機構にあらかじめ機械的に組み込まれて

いるのである。

　視覚系の，こうした知識の機械的な組み込み（実装）は，系統発生や個体発生の過程で獲得され実現されてきたものであり，いわば「身体的・行動的・生理的な知識」（下條，1998）である。そして，実際の知覚を達成するためのアルゴリズムは実装によって規定される。つまり私たちの視覚系は，系統発生・個体発生の過程で，その身体的・行動的・生理的特性に対応した固有のアルゴリズムを完成させてきたのだと考えられる。したがって，視覚研究の目的は視覚系固有の機序を解明することであり，そのためには，「私たちの視知覚がどのようなふるまいをするのか」（現象論），「それはヒトの環境適応においていかなる役割を担っているのか」（機能論），そして「それはどのようなアルゴリズムや生理的機構によって実現されているのか」（機構論）という3方からのアプローチ（柿崎，1993）に加えて，「それらがどのような発生の過程で獲得されてきたのか」（発生論）（辻，1995）を明らかにする必要があるだろう。

　**(3) 研究の原点**　　上記の四つのアプローチのいずれもが視覚研究において重要な役割を担っているが，中でも現象の記述・分析はきわめて重要であるといえる。視覚研究は現象論から出発する。というのは，視覚研究は現象の不思議さに魅了されることによって動機づけられるからである。視覚研究を始めるためには，まずその現象（視覚系のふるまい）に魅了されることが必要であるし，現象は，研究の展開の中で研究者がつねに立ち帰るべき原点なのである。

## 2．自動運動の記述

　**(1) 自動運動**　　以下に心理学における現象記述の一例を，私が行った"自動運動（autokinetic illusion）"の分析を引用しつつ紹介したい。

　自動運動とは，完全暗黒中に呈示された一つの小光点が，物理的には静止しているにもかかわらず運動して知覚される現象である。シャルパンティエ（Charpentier, 1886）が最初の実験的検討を加えて以来，1980年代末までに数多くの研究が報告されている。それらはおもに，①刺激（光点）の属性（大きさ，輝度，形など），②視覚的枠組みの効果，③動眼神経系の活動，の3要因が及ぼす効果を検討したものである。これらの研究の知見から自動運動の機序についていくつかの仮説が提出されているが，その多くは，位置の恒常性の機序である"比較相殺過程"（Helmholtz, 1925；Holst, 1954）が自動運動の成立に密接に関連しているという立場を取っている（たとえば Gregory & Zangwill, 1963；Mack, 1986）。比較相殺過程とは，網膜像の運動情報と眼球運動や頭部運動の情報との比較相殺（cancellation）によって視空間の安定性が保持されるとする仮説である。しかし，自動運動は実験室的には頭部運動を抑制した事態でも観察されるし，また，眼球運動は自動運動の生起の主たる要因ではない，という報告もある（たとえば，Guilford & Dallenbach, 1928 ; Gregory & Zangwill, 1963 ; Levy, 1972 ; Mack, 1983）。このことは，自動運動の機序を従来からの比較相殺説によって説明することに慎重でなければならないことを示唆している。

他方，自動運動は"視覚的枠組み"のはたらきに関係した現象ととらえることもできる（Koffka, 1935）。完全暗室という視覚的分節を欠いた視野では，光点を視野内に安定的に定位させる視覚的枠組みが存在しない。このことが自動運動生起の重要な要因となっているだろう。自動運動と視覚的枠組みの関係に焦点を絞り，光点の他に様々な付加図形を呈示することの効果を検討した研究（Edwards, 1954, 1959 ; Post et al., 1982）によれば，実験室的に構成されたきわめて単純な視野においては光点と付加図形のいずれもが知覚的に図となる。ところが，自動運動のもっとも基本的な成立事態は，視覚的分節を欠く背景に光点のみを単独呈示する場合である。したがって，視覚的枠組みの効果も，図（光点）の空間定位に背景がどのように関与しているかを検討し，その上で比較相殺過程と自動運動との関係を考察する必要があるだろう。この点について，比較相殺過程のはたらきに背景が重要な効果を及ぼすとの報告がある（Wertheim, 1981, 1987）。

**（2）現象と戯れること**　自動運動の研究がとくに困難を伴うのは測度の問題である。従来の研究で用いられてきたおもな測度は運動潜時・運動範囲・運動速度である（Levy, 1972 ; Mack, 1986 など）。いずれの測度も現象の成立機序との対応は明らかではないが，現象的には，潜時は「現象の生起しやすさ」，運動範囲・運動速度は「現象の強さ」を反映するものだと考えられる。しかし，自動運動を，背景操作をも含めた様々な刺激条件下で観察してみると，それを記述する上でのもっとも基本的なデータは「どのような性質の運動印象（運動パターン）が生じたか」というところにあることがわかる（図2-2-1）。潜時や範囲がほぼ等しくても，刺激条件によって滑らかで直線的な運動印象が生じることもあれば，小さな蛇行を伴う印象が生じることもある。現象のこうした定性的な特徴は，先に挙げた測度（運動潜時・運動範囲・運動速度）では捨象されてしまう。

精神物理学的測定法を洗練させてきた知覚心理学では，研究者は現象の諸特性を定量的に記述したいという強い欲求をもっている。定量的データは数学的合理性と客観性をもち，統計的分析に適しており，そのことが研究の再現可能性や現象の機序に関する頑健な仮説の措定を保証する。そのことの重要性を十分に認める一方で，現象の定性的な記述の中に多くの果実があることも忘れてはならないだろう（本章

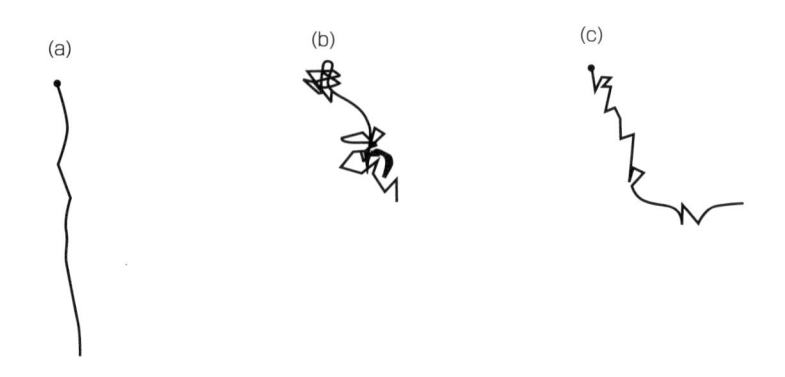

**図2-2-1　自動運動の軌跡の例：a はきわめて滑らかな運動の例；b, c は「蛇行」,「蠢動」を伴った運動の例**

第1節も参照のこと)。現象の定性的な記述に終始していては知覚を科学的に解明したことにならないが, 安易に定量化することは現象の本質を看過する危険性がある。さらにいえば, 知覚現象は定量化するまでもなく「見ればわかる」ものである。このことはとても重要な意味をもっていると思う。大切なのは, 現象の全体像の中にある有意味な情報を損なうことなく, 効果的に記述する方法を確立することである。そのためには, 研究者が当該の現象に関する経験的知識を十分に有している必要がある。いわば, 研究者が現象とどれほど深く戯れているかということが重要な意味をもつのである。「おもしろい現象」を「おもしろい研究」と取り違えるという愚を犯すことは厳に戒めなければならないが, 「現象」を「おもしろがる」ということは, 知覚現象の解明において必要不可欠な条件である。

**（3）背景の効果**　私は, 自動運動における背景の効果について, ガンツフェルト（Ganzfeld）を構成する装置（本章第1節；図2-1-1）を用いて背景を等質に照明し, 背景と光点との輝度比を操作することで検討した（Takahashi, 1990）。ガンツフェルトは暗黒視野と異なり, 視覚的分節をほぼ完全に欠きながら, 知覚的には面性や奥行きなどの現象的な変化を生じることが知られている（本章第1節参照）。すなわちガンツフェルトでは, 視覚的枠組みのもっとも原初的なはたらきを分析することが可能であると考えられる。

　私はまず, 背景と光点との輝度比を1.0, 2.0, 6.7, 46.3として, 各条件における自動運動を運動潜時・運動持続時間・運動パターンを測度として分析した。先にも述べたように, 自動運動の特性は軌跡の分析に基づく運動パターンにもっともよく現れる。しかしここにも問題がある。それは運動軌跡の記録方法である。これに

は，おもに口頭報告によったりジョイスティックやマウスを用いて現象の観察と同時的に記録する方法と，観察終了後に記憶に基づいて軌跡を再生描画する方法の二つが考えられる。軌跡データの正確さを取るならば前者の同時描画が妥当であるが，この方法では口頭報告や動作系の活動がフィードバックとなり，運動に少なからぬ影響を与える可能性がある（Ozeki et al., 1991）。一方後者の再生描画法によれば，軌跡の再現性に若干の問題があるが，運動様相の比較的大きな変化をとらえることには重大な支障はないと考えられる。そこで私は再生描画法を用いることとした。さらにデータの信頼性を高めるために，各刺激条件での観察を繰り返し，現象の諸特性が安定したのちのデータを分析の対象とした。

（4） **被験者の熟練**　知覚研究における条件分析はナイーヴな被験者のデータを収集することが望ましい。しかし，ナイーヴさというのは実験心理学的には特別な意味をもっている。知覚の測定データは，その現象への精通度や測定への習熟度によって大きく変動しがちである。それは現象に反応する際の被験者内の基準が，測定ごとに変動してしまうことに起因する場合がしばしばある。この変動はいわゆる誤差であり，それを含んだ分析結果は信頼性が損なわれている危険性がある。実験心理学的な被験者のナイーヴさは，現象を十分に体験していて測定に習熟した被験者が，自らの反応に影響する様々な剰余変数を内的に統制しナイーヴな反応を取ろうとすることによって保証される。もちろん，対象とする知覚現象に応じてこの問題は個々に考える必要があるだろうが，知覚研究の多くは，わずかな繰り返しによって得たデータをそのまま分析対象とすることには思わぬ危険が潜んでいることを十分に知っておく必要がある。

（5） **運動パターンによる輝度比効果の検討**　私は運動パターンの特徴を表2-2-1に示すようなカテゴリに分類し，背景と光点の輝度比条件別に各運動パタ

表2-2-1　運動パターンの分類（Takahashi, 1990）

| 運動パターン | 概要 | サンプルイラスト |
|---|---|---|
| 直進 | なめらかな直線的運動 | |
| 蛇行 | 規則的で緩やかな揺れを伴った運動 | |
| 振動 | 光点の小さな振動を伴った運動 | |
| 振り子 | 小さい範囲の往復運動 | |
| 蠢動 | ごく狭い範囲の弱い、蠢くような運動 | |
| 奥行き | 進出、後退など、奥行き方向の運動 | |

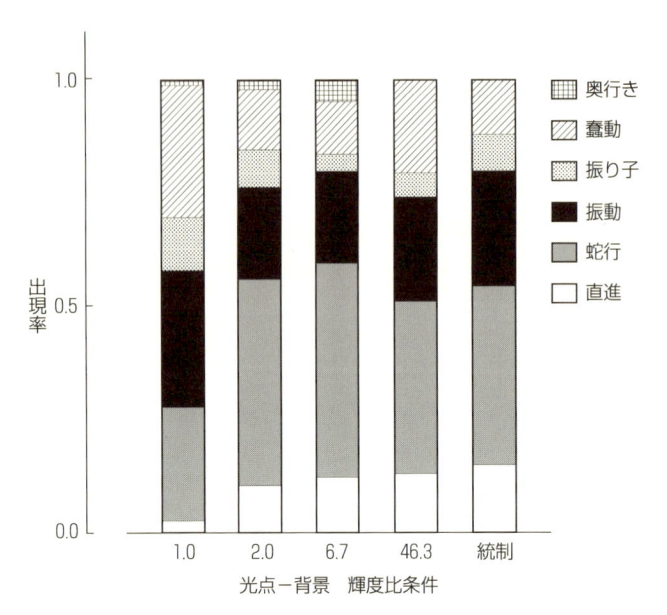

図 2-2-2　背景-光点輝度比条件別の各運動パターンの相対出現率：他条件に比べ，輝比度 1.0 条件で「直進」の出現率が有意に低く，「蠢動」の出現率が有意に高くなっている（Takahashi, 1990）。

ーンの出現率を求めた（図 2-2-2）。これによると輝度比がきわめて小さい場合（1.0）に，運動が強く抑制されたことを示す「蠢動」の出現率が高くなることが見出された。このことは，背景と光点との関係によって，自動運動の生起機序のはたらきが変化していることを示唆する。輝度比がきわめて小さい条件では，光点による背景の等質性の破壊が著しく抑制されていると仮定できる。したがってこの結果からは，ガンツフェルトの知覚的な特性の中に，自動運動を抑制するような視覚的枠組み効果を生じる側面があると考えられる。

**（6）"面性"の視覚的枠組み機能**　では自動運動に影響するガンツフェルトの現象特性とは何であろうか。このことを明らかにするために，ガンツフェルトにおける特徴的な知覚現象が顕著に生じる赤色光によって背景を均質照明し，0.005 cd/m$^2$，0.140 cd/m$^2$ の 2 水準の輝度背景にその 4 倍の輝度の白色小光点を呈示し，自動運動生起時の背景の見えの現象的特徴について質問紙法を用いて検討した（高橋，1994）。その結果，背景の見えについて表 2-2-2 に示す 3 因子が抽出された。さらに，この 3 因子のうち面性因子が，光点の定位の不安定性と関連していることが見出された。背景の面性は，高輝度背景に比べて低輝度背景においてより希薄であり，いずれの背景輝度においても観察時間の経過に伴って希薄化する。そして光

表 2-2-2 自動運動観察時の赤色等質背景の印象評定の主成分因子分析の結果
（バリマックス回転後）（高橋，1994）

| 質問項目＼因子 | 色・明るさ | 面性 | 面の定位 |
| --- | --- | --- | --- |
| 一様な明るさ—明るさにムラがある | 0.80500 | — | — |
| 明るさが変化しない—明るさが変化する | 0.67441 | — | — |
| 一様な色—色ムラがある | 0.76827 | — | — |
| 色が変化しない—色が変化する | 0.84668 | — | — |
| 堅い—柔らかい | 0.59116 | — | — |
| 明るい—暗い | — | 0.89560 | — |
| 肌理が細かい—肌理が粗い | — | 0.75182 | — |
| 充実した—空虚な | — | 0.88446 | — |
| 凸面である—凹面である | — | — | 0.71679 |
| 近い—遠い | — | — | 0.70357 |
| 迫ってくる—遠退く | — | — | 0.80187 |
| 寄与率 | 0.3276 | 0.1802 | 0.1271 |
| 信頼性係数 | 0.8167 | 0.8234 | 0.4461 |

点の空間定位の不安定性も，同様に高輝度背景に比べて低輝度背景において高く，いずれの条件においても観察時間の経過に伴って高くなる。

　このことは，背景の面性によってとらえることのできる視覚的枠組みが自動運動の開始（onset）に関与していることを示唆している。すなわち，背景の面性の希薄化が光点の空間定位を曖昧にし，それが自動運動の生起につながると考えることができる。

（7）今後の課題　　現在のところ私は，自動運動の生起には視覚的枠組みの性質が密接に関係しており，そのことについては背景の面性の分析によって明らかにできる部分が多いと考えている。しかしもちろん，背景の面性が視覚的枠組みとしてどのような性質をもち，それが自動運動にどのように影響しているかについて詳細に考察するには，今後のさらなる分析が必要であるし，その上で，背景の面性が比較相殺過程においてどのようなはたらきをするかといった問題を検討する必要がある。具体的には，背景の面性の希薄化が自動運動の運動パターンとどのような対応関係にあるのかを詳細に検討する必要があるし，そもそも背景の面性とはどのような刺激特性によって決定されるものであるかについて調べる必要があり，そのために早急にデータを蓄積する必要がある。

　私の自動運動との戯れは，まだまだ終わらせることができない。

（高橋啓介）

# 第3節
# 感覚間の相互関連[(1)]
## ——明るさの継時比較に及ぼす聴覚刺激の影響——

## 1. テーマの選択

　卒論で「こういうことについて調べたい」という明確なテーマをもっている学生もいれば「何か役に立つことをしたい」という漠然とした希望をもっている学生もいる。わが身を振り返ると、テーマ探しで苦しんだような気がする。「やりたくないこと」はあったが、「やりたいこと」を探すのに苦労したのである。

　やりたいことが見つからない時にはどうするか…。私は「困った時にはハンドブックを見なさい」というアドバイスにしたがって『感覚知覚心理学ハンドブック』を眺めることにした。図書館へ出かけておもしろそうな本を探すという方法もあったが、知らないうちにおもしろい現象を見逃してしまうのではないかと妙な心配をしたため、ハンドブックを見ることにしたのである。もっとも、限られた時間でハンドブックを全部読んでテーマを決めることは無理だったので、すべてを網羅したハンドブックである必要はなかったといえるが、当時は真面目に心配していたのである。

　初版のハンドブックでは視覚の部分が圧倒的に多く、嗅覚や味覚については少ない。「視覚についてはたくさん調べられている」、「嗅覚や味覚の実験は条件の統制が難しい」などと行ったり来たりしていると、感性間の相互関連という項（盛永・野口、1969）が目にとまった。感覚には適刺激が存在し、互いに独立しているように見えるが、感覚間に類似性・共通性があるというのである。一つの感覚について調べるのではなく、感覚全体を扱うことができるのではないかと、何事につけ欲張りな私は思った。

　読み進めると、音によって色感覚そのものが生起する"色聴"という、経験したこともないような現象が存在するという。私自身、「トランペットの音色は何色か」

---

（1）　感覚間の相互関連では複数の感覚を扱うが、ここでは二つの感覚の関係のみを扱うことにする。さらに、異なる感覚刺激に対する反応時間を用いた研究なども重要であり、それらを含んだレヴューもある（Welch & Warren, 1986；丸山, 1994 など）が、ここでは扱わない。

と問われれば「金色」と答えることができるし，「黄色」という色を表現する言葉を聴覚に用いて「黄色い声」ということもある（通様相性）。しかし，「Cの音は赤，Dの音はすみれ色，Eの音は黄金色」には絶対見えない。そんな現象が本当にあるのだろうかという疑問が「感覚間の相互関連」というテーマを選択させたともいえる。

さらにいえば，教養演習でバウアー（Bower, 1974）の『乳児の世界』を読んだことも影響があるだろう。バウアーは乳幼児期の感覚間協応について検討しており，十分理解できたとは言いがたかったが，感覚間協応の発達に関する研究を興味深く読んだ。色聴も発達初期に多くみられるという報告もあり，「未分化から分化・統合へ」という考え方が感覚間の関係を通して実証できるかもしれないという妄想は，私にとっては魅力的でもあった。

## 2．感覚間の相互関連

色聴に興味をもって「感覚間の相互関連」というテーマを選んだのであるが，色聴というのは誰でも経験できるというものではない。では，誰にでも経験可能な色聴のような現象とは何だろう…ということで日本語のレヴュー（鳥居，1962；丸山，1964, 1969；盛永・野口，1969 など）を読んだ。さらに海外の文献（Ryan, 1940；Gilbert, 1941；London, 1954 など）にも手を伸ばした。

感覚間の相互関連の研究では，①一つの対象に対して異なる感覚をはたらかせる場合（"大きさ―重さ錯覚"や"マガーク効果"など）と，②二つの異なる感覚刺激を呈示し，適刺激ではない刺激の影響を調べようとする場合がある。このうち，①に関してはロックとハリス（Rock & Harris, 1967）に代表されるような矛盾する情報を与える実験が多い。現在でも，大きさと重さの関係についての研究やマガーク効果，あるいは腹話術効果の研究は盛んに行われている。

前述の 1970 年代以前のレヴューでおもに扱われていたのは②である。扱われていた感覚としては，研究が進んでいた視覚と聴覚を用いたものが多かった。これらのレヴューでは通様相性，共鳴，共感覚についても触れられていたが，代表格は感覚間の促進と抑制という現象である。たとえば，視覚に対する影響を調べた実験では，光覚閾や CFF（critical flicker frequency）などが聴覚刺激の影響を受けるという結果が報告されている。しかしながら，これらの研究では矛盾する結果が得られることも多かった。

---

（2）　修士論文の予備実験で「トランペットの響きと結びつく色は？」という質問をした時にもっとも多かった回答も「金色」であった。続いて「黄色」，「水色」と「赤」となった。

丸山欣哉先生がしばしば指摘していることであるが，②の研究は感覚間の相互関連の検討を目的とした研究だけでなく，異なる感覚刺激を与えた実験をすべて含むことになる。したがって，さまざまな目的で刺激が操作されることになり，実験条件の統制という点で問題があった。しかも，適刺激ではない刺激の影響はもともと小さいと考えられる。

たとえば，音楽を聴きながら真っ暗な道を運転しているとしよう。対向車のライトが目に入る。視覚刺激が聴覚に影響を与えるとすれば，音楽が明るく聞こえたり，大きく聞こえたりするであろう。対向車が来るたびに音楽の聞こえ方が変わっていては都合が悪い。時と場合によっては事故につながるかもしれない。幸いなことに私たちの知覚には恒常性がはたらいていることもあって，音楽の聞こえ方が変わるということはない。日常生活では，むしろ適刺激以外の刺激の影響は抑えられているといえよう。

影響が抑えられるというだけでなく，一般に実験事態では恒常誤差として扱われることも多い。つまり，適刺激ではない刺激の影響の存在を疑いたくなるのは当然のことであったともいえる。初心者が行いがちなことだが，「ある現象が本当に存在するのだろうか？」という疑問からテーマを選ぶことの危うさが見え隠れしていたのである。

## 3．明るさの継時比較に及ぼす聴覚刺激の影響

さて，このような感覚間の相互関連の研究から具体的にどのような現象を選ぶのかという問題に直面した。「未分化から分化・統合へ」という発達の方向性にかかわる問題を追求するのであれば，情報の統合について研究するという立場で①を選択することも可能であろう。私たちが利用する感覚の中では視覚からの情報が圧倒的に多いため，矛盾する情報の処理においては視覚優位の現象が生じやすいと推測される。さらに，発達のどの段階で視覚優位が獲得されるのかといった問題は，最終的には認識論の問題にも発展していくであろう。

しかし，私が探していたのは「誰にでも経験可能な色聴のような現象」であった。そこで，②に含まれる研究をさらに調べていった。視覚と聴覚に通様相性をもつ「明るさ」に着目し，ガンツフェルト（本章第1節参照）と聴覚刺激を用いた実験[3]

---

(3) 一般に，周波数を高くすると聴覚刺激は「明るく」感じられる。彼らはガンツフェルトを用いて，部屋全体に満ちるような大きな音を呈示するという条件で実験を行った。その結果，音の明るさを変化させると視覚的明るさも同じ方向に変化し，逆に視覚的明るさも音の明るさに同方向の影響を与えることが示された。

(Schiller & Wolff, 1933) が私の興味を引いた。幸いなことに研究室には立派なガンツフェルト装置（本章第1節；図2-1-1）もあった。「これだ!」とばかりに取り寄せた論文を読んで，私は考え込んだ。ガンツフェルトの明るさの評定がむずかしいのである。ガンツフェルトを用いるのは恒常性がはたらきにくい状況で聴覚刺激の影響を調べるためであったが，私が実際に観察をしてみると，聴覚刺激がなくても明るさが変化しているように感じられた。

視覚刺激の明るさを評定しようとする場合，精神物理学的測定法を用いて主観的等価点（point of subjective equality：PSE）を求める方法と，マグニチュード推定法（method of magnitude estimation）を用いる方法が一般的である。等質視野の特徴を生かそうとすれば，当初の刺激の明るさを基準値として明るさの直接評定を求めるマグニチュード推定法を選択することになろう。しかし，この方法で，つねに変化しているように見える等質視野の明るさを測定し聴覚刺激の影響を調べても，現象の存在を明言することができるのだろうか…。当時の私にとって，等質視野の曖昧さは諸刃の剣であった。

もう少し明確なかたちで，たとえば視覚刺激のPSEや閾値を求めることによって聴覚刺激の影響を測定している実験はないのだろうか。つぎに見つけたのがMaruyama（1957）の実験である。彼は明るさの継時比較の際に聴覚刺激を呈示すると，高い音（明るい音）は視覚刺激をより明るく見せ，低い音（暗い音）はより暗く見せることを報告している。この現象も視覚と聴覚に共通の「明るさ」を扱っていると考えられ，さらに，継時比較を行っているためPSEを求めることが可能であった。これなら，聴覚刺激が視覚刺激に影響を与えるということが本当にあるのかという疑問に答えてくれそうに思えた。

## 4．条件の設定

まず，視覚刺激をどのように呈示するかという問題があった。視覚刺激や聴覚刺激の呈示時間や時間間隔（inter-stimulus interval；ISI）を厳密に操作する必要があるので，実験室にあった瞬間露出器（tachistoscope）を用いることにした。最初の実験というのは何をしていいのかよくわからないものである。とりあえず，先行研究で用いられていた刺激呈示時間とISIを用いて，最大限の大きさの視覚刺激を呈示してみた。実験の結果，聴覚刺激の影響は見られなかった。実験は見事に失敗したのである。原因と考えられることが多すぎて頭を抱えたが，幸いにして，集中講義の折に丸山欣哉先生の話を直接聞く機会に恵まれた。どうやら視覚刺激と聴覚刺激の「明るさ（強さ）」を事前にマッチングさせなくてはいけなかったのであ

る。

　視覚刺激が強すぎたということでその輝度を下げ，大きさも小さくした。つぎに問題になったのは視覚刺激の呈示時間である。明るさの継時比較についての先行研究では2秒間（小野，1949），あるいは1.5秒間（Maruyama, 1957）という呈示時間が使われていた。明るさは時間とともに変化し，その変化は時間が短いほど急激である（内山，1967）と指摘されていたため，①明るさが安定する4秒間，②判断が可能な最短の呈示時間のどちらかを選択することになった。最終的に②を採用し，0.4秒間呈示することにした。呈示時間が短くなったので凝視点が必要となったが，明るさの判断をするのに刺激の呈示位置に凝視点を置くわけにはいかない。あれこれ考えたが，結局，刺激呈示位置の上下左右4点に小さな点を呈示し，それらの（仮想の）中心を見てもらうことにした。

　このような条件で，聴覚刺激なしの明るさの継時比較を行ってみた。二つの視覚刺激のISIを変化させたところ，先行研究と同じ結果が得られた（久世，1992）。時間錯誤（後述参照）が見られなくなる4秒間というISIを採用し，視覚刺激の呈示条件はすべて整った。レヴューで実験条件の統制のむずかしさが指摘されていたが，その意味がよくわかったような気がした。さらに，古い文献をないがしろにしてはいけないという教訓を得たようにも思う。

## 5．継 時 比 較

　『心理学辞典』（外林ら（編），1981）によれば，継時比較とは「休止時間を間にはさんで次々に1個ずつ呈示される2個または数個の刺激において，それらのある特性を比較判断すること」である。二つの刺激を比較する場合，同一の刺激を呈示してもISIによっては「等しい」と判断されないことがある。いわゆる時間錯誤の問題である。時間錯誤はフェヒナーの挙錘実験において発見されて以来，視覚の明るさ，形の大きさ，線分の長さ，音の強さ，重量弁別などに関して多くの研究がなされている（伊藤，1969）。

　この時間錯誤は，明るさの継時比較に及ぼす聴覚刺激の影響を調べるという今回の実験でも，無視することのできない問題である。そこで，前述のように予備実験を行い，時間錯誤が消失するISIを採用したのである。実際には，時間錯誤は繰り返しによって変化するので，時間錯誤が消失するISIでも，さらに実験を続ければ，時間錯誤が出現することもあるのだが…。このとき私の頭を悩ませていたのは，時間錯誤の大きさの指標をどうするかということであった。

　時間錯誤の大きさを問題にした場合，①PSEと刺激強度の差，②D％[4]という二

つの指標が用いられてきた。このうち，①は精神物理学の文脈の中においてのみ有意義なものであり，②は判断のパーセンテージであり間隔尺度ではないという欠点があるとされている（Guilford, 1954）。

Maruyama（1957）はD％を指標として用いていたが，私はPSEを選択した。聴覚刺激の影響の存在を示す上では，D％よりPSEの方が説得力があると考えたからである。今回の実験では聴覚刺激の影響があることを証明するためにPSEを用いるので，ギルフォードのいう「精神物理学の文脈」で有意義な指標となり得る。これに対して判断のパーセンテージであるD％は，時間錯誤の有無を基準にしているため説明が煩雑になりやすいように思われた。

## 6．聴覚刺激の影響は本当にあるのか

PSEを求めるため5種類の輝度の比較刺激を用いて，「多少の所要時間がかかるが厳密な測定値が得られる」（苧阪，1994）という恒常法で視覚刺激を呈示することにした。明るさの継時比較に及ぼす聴覚刺激の影響については，聴覚刺激の呈示タイミング，強度，周波数の影響が検討されている（Kuze, 1995）が，ここでは聴覚刺激の影響があるかどうかという点に焦点をあてて見ていこう。

聴覚刺激の呈示の仕方も重要な問題である。まず，1000 Hz，80 dBの純音（明るい音）を第2視覚刺激呈示の直前・同時・直後のいずれかに呈示した。聴覚刺激の呈示タイミングを操作したのである。聴覚刺激を呈示しない条件と比べ，いずれの場合も第2刺激は明るく見えた（促進効果）。どうやら今回はうまくいきそうである。しかし，ここで油断してはいけない。この促進効果が第2刺激特有の現象である可能性が残っている。つまり，第1視覚刺激に合わせて聴覚刺激を呈示した場合にも同様の効果が見られることを確認する必要がある。そこで，図2-3-1のような4条件を設定した。

聴覚刺激は同じく1000 Hz，80 dBの純音であるが，今回は視覚刺激と同時に呈示することにした。同時呈示で促進効果が最大だったこともあるが，視覚刺激の直前に呈示すると被験者に何らかの構えができる可能性を考慮したためである。視覚刺激と聴覚刺激が同方向に変化するかどうかについても検討するので，被験者の構えの問題は非常に気になっていたのである。

---

（4） D％は次の式で算出される。
$$D\% = \frac{100(L-G)}{L+G}$$
L：「暗い」と判断した回数，G：「明るい」と判断した回数

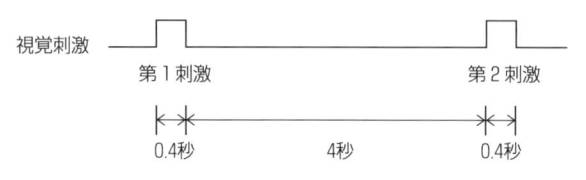

図 2-3-1　刺激の呈示の仕方

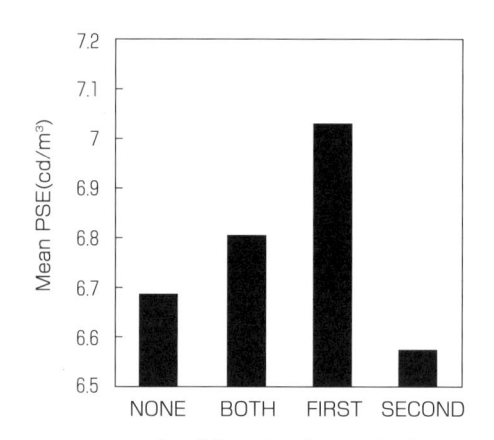

図 2-3-2　聴覚刺激呈示条件による視覚的明るさの見え：ここでの PSE は，各条件で第1視覚刺激の輝度 (6.5 cd/m²) と同じ明るさに見えた第2視覚刺激の輝度を表す。たとえば，FIRST 条件では聴覚刺激と対呈示された第1刺激がより明るく見えたため，それと同じ明るさに見えた第2刺激の輝度が高くなっており (7.03 cd/m²)，逆に SECOND 条件では低くなっている (6.58 cd/m²)。NONE 条件 (6.69 cd/m²)，BOTH 条件 (6.81 cd/m²) を含め，全体として第1刺激の物理的輝度 (6.5 cd/m²) よりも高い値となっているのは時間錯誤が生じたことによる (本文参照)。

話を元に戻そう。図2-3-1に示す4条件のうち，第1刺激と第2刺激の両方に聴覚刺激を呈示する場合（BOTH条件）は聴覚刺激を呈示しない場合（NONE条件）と差がなく，第1刺激に呈示すると第1刺激が（FIRST条件），第2刺激に呈示すると第2刺激がより明るく見える（SECOND条件）はずである。結果は図2-3-2に示すとおりであり，仮説は支持されたといえる。

　色聴のような現象が本当にあるのかどうかを調べたいと思い，どうやら聴覚刺激（1000 Hz, 80 dBの純音）の影響（明るい音は視覚刺激をより明るく見せる）は証明できたようである。しかし，Maruyama（1957）と異なり，暗い音（100 Hz, 80 dBの純音）を用いた場合にも抑制効果ではなく促進効果がみられている（Kuze, 1995）。なぜこのような違いがみられたのかという点や，そもそもなぜこのような現象が生じるのかといった問題を解明するためには，さらに検討が必要であろう。悪戦苦闘の日々は続く…。

（久世淳子）

## 第4節
## 錯視と個人差
——あなたの見ているものは,私には見えているのだろうか?——

> These individual differences are highly important for us, as they afford materials for natural selection to accumulate, in the same manner as man can accumulate in any given direction individual differences in his domesticated productions. (Charles Darwin, " On the origin of species by means of natural selection, or the preservation of favoured races in the struggle for life ". Chapter II: Variation under nature.)

　まず,あなたが心理学に関心があれば当然知っているミュラーリエルの錯視について考えてみよう…と書き出そうと思ったが,やめにする。昔,私がまだ若かった時代には,大学の心理学講義の冒頭(まだ多くの受講者の参加意欲が薄れないうちに)に錯視の話が取り上げられていた。基礎実験のコースでも,必ずといっていいほど錯視量測定が導入部の題材となっていた。そんな時代であれば,あなたは当然ミュラーリエル錯視を知っているはずだし,錯視に関するその他いろいろな知識をもっていると仮定しても間違いはなかったろう。しかし心理学は(いろいろな意味で)進化発展を続けており,現在では,あなたが心理学に関心があるとしても,関心の対象は性格心理学であったり,臨床心理学であったり,社会心理学であったりするかもしれない。心理学を学ぶための基礎的訓練も,目指す領域が異なれば内容が異なる方が自然であろう。したがって,あなたが「錯視って何?」,「それを研究するとどんないいことがあるの?」,「ヒトの心理を調べる学問と関係があるの?」などという疑問を抱いていることも多いにありそうなことである。

### 1. あなたの測ったものをあなたは見ているだろうか?

　…というわけで,まず基本的な説明をしておくことにする。「そんな話はもういい,わかっている」という人は,この部分は飛ばして次項へ進んでほしい。
　そもそも錯視とは,ヒトが目で見,認識する世界の姿が,物理的物差しで測定した空間地図とは異なることをいう。これは,何本かの線分で作られた幾何学的図形を見る場合にも起こっている現象である。このような幾何学的錯視の中でもっとも

よく知られ，多く研究されてきたものの一つがミュラーリエル錯視である。図 2-4-1 に示すように，1 本の線分（主線）の端に矢羽と呼ばれる 4 本の線分を接続する。この簡単な操作により，主線の長さが物理的な長さとは異なって知覚されるようになる。

上下の図形の主線の見え方を比べてみよう。

矢羽の間の鋏角を変化させてみると，多くの場合，鋏角

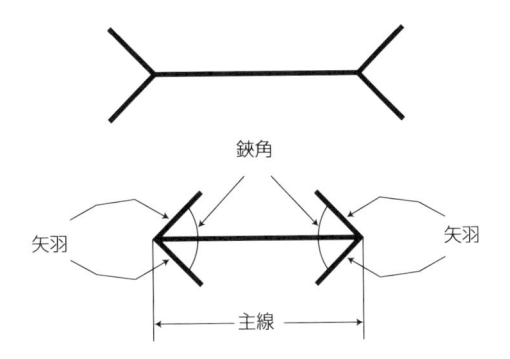

図 2-4-1　ミュラーリエル錯視の外向図形（上）と内向図形（下）：どちらの主線が長く見えるだろうか？

が 180°より小さい"内向図形"では主線が短く見える（下図）。逆に鋏角を 180°より大きくした"外向図形"では過大視の傾向が見られる（上図）。

錯視を研究する主要な方法は，この基本図形にいろいろな変化を加え，それに伴ってヒトの錯視図形の見えが変化するか，変化するとしたらどのくらいの大きさの変化かを調べるというものである。錯視図形の見えに大きな変化を引き起こす刺激図形の変化は，錯視を引き起こす仕組みにおいて重要な役割を果たしていると考えるわけである。

ミュラーリエル錯視研究に用いられてきた様々な図形の一部を図 2-4-2 に示した。これらの図がどう見えるか確かめてみよう。

ところで，なぜ昔，ほとんどの心理学基礎実験コースの導入部で，このような幾

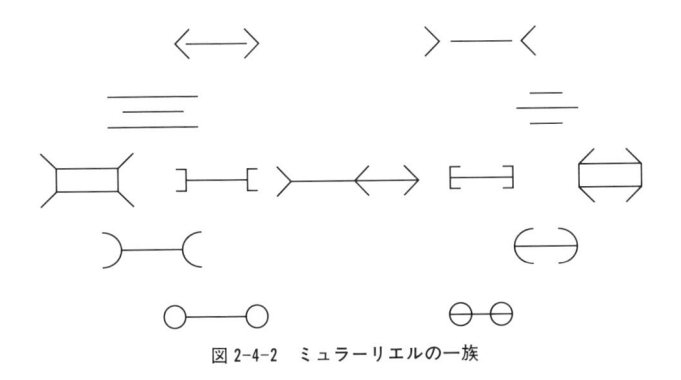

図 2-4-2　ミュラーリエルの一族

何学的錯視が取り上げられていたのだろうか。いくつかの原因が考えられる。簡単な装置で実験できる（心理学研究室は一般に貧乏である）とか，かつては視知覚研究が日本の心理学研究の主流を占めていた（この領域では世界的な成果も得られていた）といった点の他にもつぎのようなことが挙げられる。一つには，実験結果から，心理学という学問そのものの大きな存在理由である「ヒトの心にとらえられた世界」と「物理的世界」にはずれがあるという事実をはっきり示すことができる。さらに，そのようなずれは，知識や行動とは別のものであることが示される。

　物差しで図2-4-1の主線の長さを測ってみよう。その後で，もう一度上下の主線の見え方を比べてみよう。

　ついでに，分度器か三角定規をもってこよう。図を参考にして，自分自身で錯視図形を描いてみよう。自分で描いた図形を観察してみよう。錯視は起きているだろうか？

　実際の長さを知っていても，あるいは自分で錯視図形を作図しても，錯視は（多くの場合）否応なく見えてしまう。このように，ヒトが「物理の世界」とは異なる「心の世界」の中で生きていかなくてはならないということは心理学における大前提である。また，知覚，知識，行動などといった「心の中のいろいろな部分」が，ある程度は，たがいに無関係に働いているという事実も，ヒトの心理を理解する上で重要である。幾何学的錯視は，このような点を理解し，考えを深めていく上で大変よい材料となる。また，幾何学的錯視図形やその類似パターンは，じつは私たちの日常生活の中（ミュラーリエル錯視なら部屋やビルの角など）にも現れている。したがって，錯視を見せている心のはたらきは日常生活でもはたらいているに違いない。というわけで，錯視がなぜ起きるかを理解できれば，日常生活への応用も考えられるし，ヒトの心理一般の理解にも役立つことになるだろう。

　最後に，この項の冒頭の疑問に答えれば，あなたの測ったものを，あなたは見ていないだろう。

## 2．多くのヒトに見えるものがあなたに見えなくても大丈夫だろうか？

　前項で心理学の基礎実験の題材として錯視が取り上げられてきた原因を考えた。しかし，その他にも重要な原因がある。それは，錯視実験の結果が比較的安定したものであるということである。これから心理学と取り組もうという，まだ経験の乏しい人たちに，いきなり解釈の困難なデータを与えてもやる気を低下させることになってしまう。最初は，教科書や教師の言うとおりにやれば，言うとおりの結果が出てくるような題材を与えることが教育的に望ましい（面もある）。というわけで，

実験に不慣れな人が実験しても、いつも似たような結果が出てくる「頑健」な錯視実験から入るのがよいだろうということになる。

ところで、あなたは図2-4-1を観察して、説明にあるように外向図形の主線の方が内向図形よりも長く見えるだろうか。

このような素朴な観察によっても、錯視図形の見え方についてある程度の傾向を知ることはできる。しかし、より深く研究を進めていくためには、図形の見え方を数字で表すことが望ましい。

錯視図形がヒトの心の中でどう見えているかを数字で表すには、以下のような方法を使う。ミュラーリエル図形でいえば、錯視図形の主線と、何も余分な線の付いていない線分を比較させる。何も付いていない線分の長さをいろいろ変化させて、錯視図形の主線と同じ長さに見える線分を決める。この線分を物差しで測った物理的長さが錯視図形の主線の見え方を反映していると考え、その値を主観的等価点（point of subjective equality；PSE）とする。さらに、矢羽を付けない主線（統制条件）における同様の測定値を求め、以下の式で表される"錯視量％"という量を用いる。

$$\text{ある図形の"錯視量％"} = \frac{\text{その図形のPSE} - \text{統制条件のPSE}}{\text{統制条件のPSE}} \times 100$$

錯視量％がプラスであれば、統制線分よりも長く見えた（過大視された）のであり、マイナスならば短く見えた（過小視された）ことを示す。

実際に、主線の長さが10 cm、矢羽根の長さが3 cm、鋏角が60°、120°、180°、240°、300°の錯視図形（縮小図を図2-4-3に示す）を用いて15名の被験者の錯視量を測定した。

鋏角の大きさが変化すると主線の長さはどう変わるか比べてみよう。

図2-4-4aに、鋏角の大きさ変化に伴う錯視量％の変化を15名の平均値で示した。教科書や講義の資料には、「（ある範囲内では）内向から外向へと鋏角が大きくなるにつれて主線も長く見えるようになる」と書いてあるだろう。たしかに、このグラフにもそのような傾向は表れている。

しかし、もしかして、あなたにはそう見えていないかもしれない。また、あなた

図2-4-3　鋏角を変化させると主線の見え方はどう変わるだろうか？

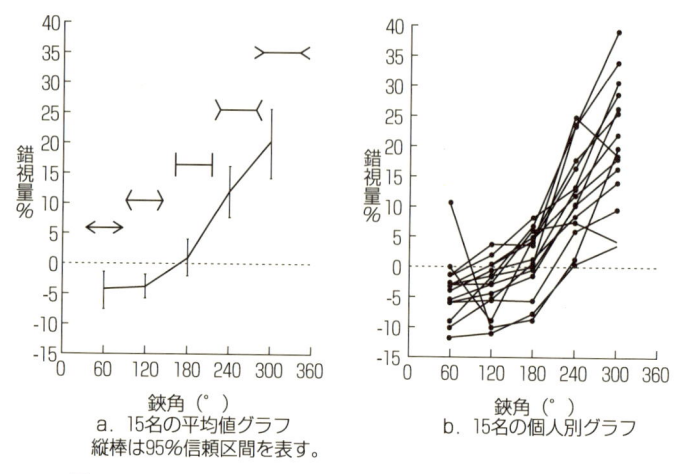

**図2-4-4　ミュラーリエル錯視の集団データ（a）と個人データ（b）**

a. 15名の平均値グラフ　縦棒は95%信頼区間を表す。
b. 15名の個人別グラフ

　が「心理学基礎実験演習」などといったコースに参加して，グループでこのような課題に取り組んだことがあれば，きっとつぎのような経験があるはずだ。レポートを書くために，グループの実験結果を持ち寄り，比較する。「説明どおりだ」，「きれいな結果が出てよかった」と喜んでいると，「あれ，これ誰のデータ？」…他のデータと傾向の違うデータがある。そんな結果を出したメンバーは，多数派から「真面目にやったの？」，「修行が足りん」とか，「このデータさえなければ美しい結果なのに」と冷たい目で眺められる。その一人は，じつはあなた自身だったりして…。

　図2-4-4bに15名のデータを個人別のグラフとして示したので見てもらいたい。これからわかることは，「頑健」といわれる錯視にも，じつはかなりの個人差が存在するという事実である。学会発表や論文など公式の発表の場では，個々人のデータまで検討する時間やスペースが十分に確保できないことが多い。したがって図2-4-4aのようなグラフだけが示されることになる。このようなグラフだけ見ていると多くの場合に同じ傾向を示すので，「錯視は頑健だ」という印象が強くなる。しかし，非公式な場面で研究者同士が立ち入った打ち明け話をする機会がある。そうした時の話の内容からすると，錯視にもつねにある程度の個人差は存在しているらしい。平均データが比較的安定しているのは，一定の傾向を示すヒト達が全体に占める比率がつねに大きいためだろう。「錯視が頑健だ」という主張を支えるのは，じつはこのような事実である。

　したがって，多くのヒトに見えるものがあなたに見えなくても大丈夫なのだ。

## 3．あなたにしか見えないものは多くのヒトにとっても大切だろうか？

　たとえば選挙を考えてみよう。どの候補者にもっとも多くの投票が集まるか予測したり，なぜそうなったか原因を探ることは興味深いし重要な問題である。一方で，「ある有権者がどの候補者に投票するか」も一つの重要な問題である。このように，一つの問題もいろいろな側面から研究することができる。ヒトの行動はいろいろな側面をもっているから，様々な異なった側面から光を当てることによって，はじめてその行動を正しく理解できるのではないだろうか。

　このことを錯視がなぜ見えるかの研究に当てはめてみよう。その研究の進め方にはいろいろな方向がある。どの方向に研究を進めていくかは研究者の興味によっても決まってくる。現在，私の興味は，錯視図形を見せられるとヒトはなぜ錯視的知覚をしてしまうか，その個人内の見え方の仕組みを調べることにある。平均データと個人データの食い違いの原因を探っていくことによって錯視の仕組みに光を当てたいと考えている。最後にもう一つ例を紹介しよう。

　円の周囲に様々な大きさの付加円を配置すると，付加円の大きさにしたがって中

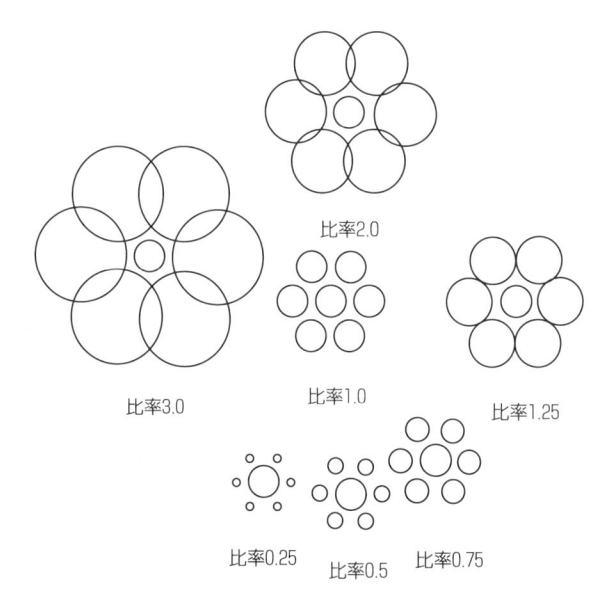

図 2-4-5　エビングハウス錯視：付加円の大きさを変化させると中心円の見え方はどう変わるだろうか？

心円の見えの大きさが変化する。これがエビングハウスの大きさ錯視である（図2-4-5）。

図2-4-5を観察して，エビングハウスの大きさ錯視を体験してみよう。

この図は，実際に実験に用いた刺激の縮小図である。実際の刺激では，直径20 mmの中心円の周囲に等間隔で6個の付加円を並べた。中心円と付加円の円周間距離は5 mmであった。付加円の直径は，5，10，15，20，30，40，60 mmであった。中心円の中心から横に120 mm，下に15 mmの位置を中心として比較円を描いた。比較円の大きさは7種類あった。被験者にこのような図形を多数印刷した小冊子を見せ，中心円と比較円の大きさを比較させた。この実験の結果から，付加円の大きさ条件ごとに中心円の見えの大きさ（主観的等価点）を計算した。

98名の被験者による実験結果を図2-4-6aに示した。図2-4-6aの平均値グラフを見てみよう。付加円の直径が20 mmより小さいグラフ左側部分では，錯視量％がプラスになっている。すなわち，付加円が中心円より小さければ中心円は過大視される。グラフ右側に移って，付加円の大きさを中心円より大きくすると，錯視量％はマイナスになる。すなわち中心円は過小視されるようになる。エビングハウスの大きさ錯視で付加円の大きさを変化させたとき，このような変化は一般的にみられるとされている。私はこの現象を"過小視移行"と呼んでいる。

しかし，図2-4-5をいくら眺めても，あなたは"過小視移行"を体験することができないかもしれない。じつは，図2-4-6bの個人別グラフを見れば一目瞭然のように，この錯視にもかなりの個人差が存在するのだ。

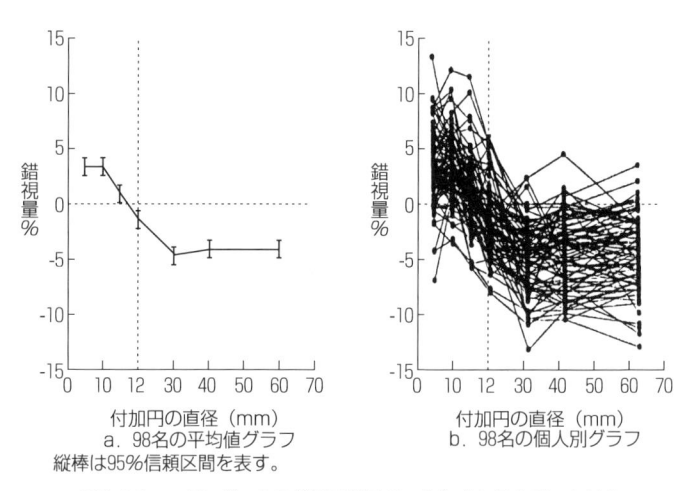

図2-4-6　エビングハウス錯視の集団データ（a）と個人データ（b）

このようなデータをさらに分析するためには、データをいくつかの群（グループ）に分類する。そして群内の差ができるだけ少ない分類方法を求めていく。

近年の科学の進歩は目を見張らせるものがあるが、まだ、私たちが日常的にものを見たり、感じたり、考えたりしている心の中を直接つかまえる方法は開発されていない。したがって、心の中の仕組みを探っていくには、表に現れたデータをもとにして間接的に追いかけていくしかない。「美しい」一様な結果が得られるデータの分類方法が見つけられれば、それを引き起こしている一定の「心の仕組み」が存在すると考えてもよいのではないだろうか。

錯視にも個人差があるのであれば、積極的に個人差を取り上げ分析していくことにより、錯視の仕組みをより深く理解できるのではないかと考えるわけである（なかなか、そんなにうまくいかないのが現実ではあるけれど…）。

したがって、あなたにしか見えないものは、そのことのためにこそ、心の理解にとって大切なのだ。

## 4．錯視も研究してみない？

錯視は古くからよく知られた現象で、心理学でも昔から研究されてきた。しかし、いまだにほとんど何も解決されていない。このような状況は、他の様々な領域の心理学研究と同様である（こんなことを言い切ってしまってよいのだろうか、まあ当たらずといえども遠からずということで…）。そういう現状なので、錯視を研究してみようかなという人はおおいに歓迎されるであろう。そのような人達のために手に入りやすい参考書など紹介しておこう。今井省吾（1984）、椎名（1995）には、たくさん図が掲載されていて楽しいので、まず読んでみよう。いよいよ本気で錯視を研究しようとなれば、田中（1994）などが参考になるだろう。この本の旧版（和田他編、1969）もまだまだ役に立つはずである。最後に、もし図書館などで見つけたら、ぜひメッツガー（1953；盛永訳、1968）を読んでもらいたい。この本を読んで「つまらないことばっかし…」と思う人は知覚の近くには近づかない方がきっと幸せかも…。

（大屋和夫）

# 第5節
# 主観的輪郭の微小生成過程の分析

## 1. 主観的輪郭

　図2-5-1をご覧いただきたい。何が見えるだろうか。物理的には，ここには3個のパックマンと3個のV字線画が描かれているだけで，その他には何もない。ところが，少なくとも私たち人間の目には中央に白く明るい三角形が見えてしまう。つまり，私たちは客観的には存在しない輪郭を主観的に見ている。これは"主観的輪郭（subjective contour）"あるいは"錯視的輪郭（illusory contour）"と呼ばれる錯視現象で，図2-5-1は，その第一人者であるイタリアの心理学者カニッツァ（Kanizsa, 1955）がデザインした有名なパターンである。

　一般に"カニッツァの三角形（Kanizsa triangle）"とも呼ばれる図2-5-1をさらに観察すると，中央の三角形は，物理的輝度の等しい周辺白色領域よりも一層明るく見え，しかも黒色図形（パックマンとV字線画）の一部を覆い隠すようにしてより手前に見えることに気づく。この見えの明るさと見えの奥行きも物理的にはまったく存在しない性質であり，錯視現象である。つまり，図2-5-1において，私たちは輪郭（あるいは面）の形成，明るさの変容，奥行きの変位という3種類の錯視現象を知覚しているわけで，これらを総合した現象を指す概念として主観的輪郭という用語が用いられて

**図2-5-1** "カニッツァの三角形"（Kanizsa, 1955）

---
　（1）　このとき，パックマンは「一部を覆い隠された円盤」に，3個のV字線画は「一部を覆い隠された線画三角形」として知覚される。カニッツァはこれを"非感性的完結化（amodal completion）"と呼び，主観的輪郭知覚を生じさせる原因的作用と考えた。

いる。面知覚，明るさ知覚，奥行き知覚は，いずれも視知覚研究における重要な問題であり，主観的輪郭には，これらの問題を統合的に解明するための有効な研究素材としての期待が寄せられているのである。

## 2．十数年前の思い出

　主観的輪郭の研究が世界的に盛んになったのは，"カニッツァの三角形"が英語圏に紹介された1970年代以降である。それから30年足らずの間に，主観的輪郭は一躍視知覚研究の"大ヒット商品"としての地位を築き上げ，知覚心理学の領域を中心に膨大な数の研究論文が報告され続けている。"パックマン・ゲーム"ともいわれたこの大ブームは世界中の視知覚研究者を巻き込み，とくにその成立メカニズム（なぜ主観的輪郭知覚が生じるのか）を説明しようとする多数の理論が登場し，華々しい論戦が繰り広げられてきた。[2]

　私が主観的輪郭を研究テーマとしたのは，1987年，大学院前期課程1年のときである。すでに日本でも主観的輪郭研究は最盛期に達しており，学会でも多数の研究発表がなされていた。その時，私がまず行わなければならなかったことは数限りない関連文献の渉猟であった。まず，できるだけ最新のレヴュー論文から手を着け，そこに引用されている文献を頼りに研究史を遡行していった。200本くらいの論文コピーを集め，M1が終わるまでの半年間，辞書片手のデスクワークに専念した。実験室に入らないことに対する不安や焦りもあるにはあったが，「戦況を把握せずにゲームに身を投じる」ことはできないと思っていた。

　そんな作業を続ける中，ひとつの実験論文が目に留まった。" Perception of an illusory contour as a function of processing time "（Reynolds, 1981）というタイトルであった。「処理時間の関数としての主観的輪郭知覚」…直訳すればこうなるが，実際に関数の横軸に取られるものは「刺激パターンの呈示時間」である。つまり，瞬間露出器（tachistoscope）を用い，数10 msから数100 msという単位で刺激パターンを短時間呈示した際の知覚現象を分析するという研究である。ここで呈示時間を組織的に変化させれば，知覚現象成立の時間経過を追うことができる。いわば最終結果に至るまでの途中経過の分析である。このような知覚現象の時間的成立過程は，しばしば"微小生成（microgenesis）"と呼ばれている。[3]

---

　（2）　これらの諸理論についてはHalpern（1981），Parks（1984），Pritchard & Warm （1983），Rock & Anson（1979），竹市（1994），渡辺・永瀬（1989）などの文献に詳しく紹介されている。
　（3）　" microgenesis "という用語は認知発達の領域でも用いられる。この場合，「個体発生／

「主観的輪郭を研究するにしても、あまり多くやられていないユニークな切り口で…」と考えていた私には、このアプローチはとても魅力的に感じられた。当時、かなり手を尽くして文献を探してみたが、主観的輪郭の微小生成を直接取り上げた研究報告はわずかに数本しか見つからなかったのである。

## 3．微小生成過程

日常私たちが何かものを見るとき、観察時間が厳密に制限されるという経験はほとんどない。見たいだけ見るのが普通である。本を読む場合も絵画を鑑賞する場合もそうだし、錯視図形を見る場合も同様である。たとえば、"カニッツァの三角形"（図2-5-1）を見る。白く明るい三角形が黒色図形の一部を覆い隠すように見える。これが最終的知覚対象（final percept）、すなわち感覚情報の入力から始まり、途中いろいろな内部処理を経た後、最終的に安定的に意識化された知覚内容である。では、その「途中いろいろ」はどうなっているか。

図2-5-2は私が実験で使用した刺激パターンの一つである（Takahashi, 1993）。(a)は典型的なカニッツァ型パターンで、白く明るい主観的四角形がはっきりと知覚される。一方、(b)では主観的四角形はほとんど知覚されない。ここに描かれている十字形が形態的に完結した"自己充足図形"であるため、カニッツァがいうところ

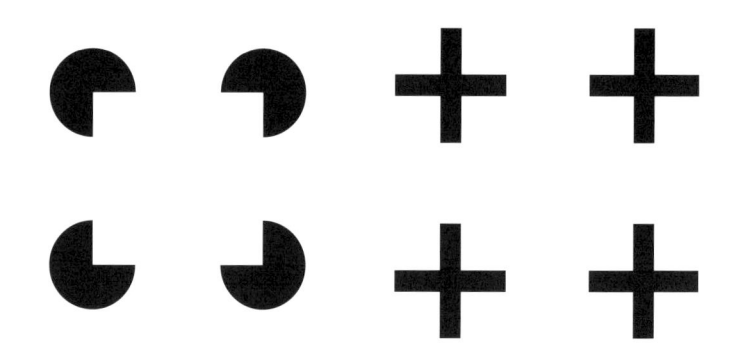

(a) Incomplete Pattern　　　　　(b) Self-sufficient Pattern

図 2-5-2　筆者が実験で用いた刺激パターン（Takahashi, 1993）：
　　　　　（a）"カニッツァの四角形"，（b）"自己充足パターン"

---

（ontogenesis）」に対比させた概念として、一般に「微視発生」と訳されている。そのニュアンスは本稿で問題としている初期視覚処理の文脈とは明らかに異なるため、区別を明確にする目的で、私は「微小生成」という訳語を独自に用いている。

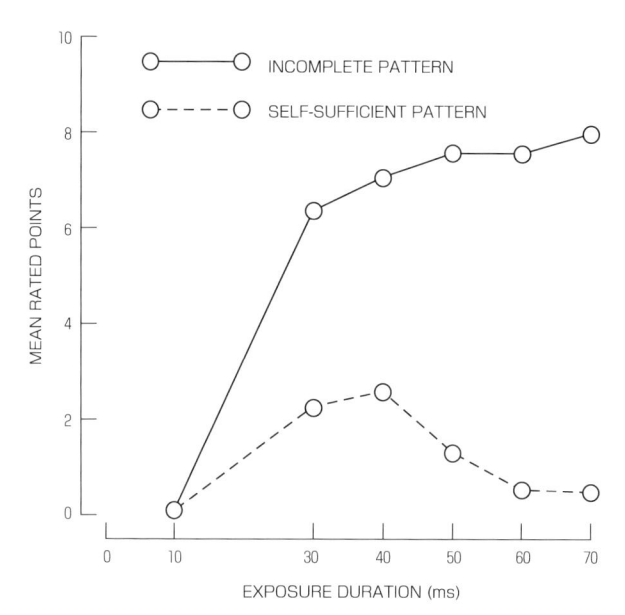

図 2-5-3　刺激呈示時間の関数としての主観的輪郭の明瞭度評定値
(Takahashi, 1993)

の非感性的完結化が生じないのである。ただし，これはあくまで最終的知覚対象である。

　一方，先に述べたような方法で微小生成過程を調べてみると興味深い途中経過が明らかになった（図2-5-3）。ここでは刺激呈示時間の関数としての主観的輪郭の明瞭度評定値が示されているが，カニッツァ型パターン（図2-5-2 a）に対する評定値が単調上昇しているのに対して，自己充足パターン（図2-5-2 b）の評定値は上昇→下降という山型曲線となっている。呈示時間が長い条件で評定値が低くなっているのは，十字形の完結性が原因となり非感性的完結化が抑制されたためと考えられる。つまり最終的知覚対象である。しかし，それより前の段階では，自己充足図形においても主観的輪郭が知覚される傾向が表れている。

　最終結果としては主観的輪郭が知覚されないパターンでも，知覚処理過程の途中においては（現象強度としては弱いながらも）主観的輪郭が知覚される。これは，通常の観察事態ではどれだけ注意深く観察しても決して知り得ないことで，いわば隠された真実である。微小生成過程の分析は，このような隠された真実を暴く可能性を秘めているのである。

　後でも述べるが，自己充足図形を観察する途中経過において主観的輪郭が知覚さ

れるのは，図形要素の"不完全性（incompletion）"とは別の図形要因——実在エッジの"連続性（alignment）"——が一時的に先行作用しているためと考えられる。

## 4．主観的輪郭の微小生成過程；図形手がかりの作用の順序性

さて，ある程度の文献調査を終えた後，私は満を持して主観的輪郭の微小生成を分析する実験を始めた。当初は特定の仮説を立てていたわけでもなく，まず下調べとして，"カニッツァの三角形"を短時間呈示した際の主観的輪郭の見え方と誘導図形（パックマン）の見え方との関係を探ってみた。結果として，この探索的実験はその後の研究を方向づける大きな手がかりを与えてくれた。

この第一実験（高橋，1990）では，すべての呈示時間条件を通じて主観的輪郭の知覚率が誘導図形の知覚率を上回り，とくに呈示時間が短い条件で「主観的輪郭は知覚されたが誘導図形の形態は十分に知覚されない」という観察試行が比較的多く生じることが明らかになった[(4)]。誘導図形の形はよく見えないが主観的輪郭は見える…。一見すると不思議な結果だが，これは複数名の被験者に一貫して表れた傾向であった。

ここで私は考えた。"不完全な円"としてのパックマンの形態が十分に知覚されない条件下では，"不完全性"の図形手がかりは作用できないはずだ。そうだとすれば，もう一つの図形手がかり，すなわち実在輪郭（パックマンのV字エッジ）の配列の"連続性"が作用した結果であろう。ということは，微小生成過程において，"連続性"手がかりが"不完全性"手がかりに時間的に先行して作用しているのだろうか…。

つぎの実験では，当然ながらこの仮説（"連続性"手がかり先行作用仮説）を検証することが目的とされた。ここでもいろいろと考えた。どのようなデータを示せば仮説を検証したことになるだろうか…。

もっとも直接的と思われた方法は，それぞれの図形手がかりの作用潜時を測定して"連続性"のそれが"不完全性"のそれよりも短いことを示すことであった。しかし，これは実際にはむずかしい話である。それぞれの図形手がかりの検出課題における反応時間を比較する実験なども考えたが，手がかりとなる図形特徴を「発見する」ことと手がかり自体が「作用する」ことは同じではなかろう…ということで，

---

（4） この実験では各観察試行で主観的輪郭の見え方と誘導図形の見え方をそれぞれ「見えた」・「わからない」・「見えない」の3件法で判断させた。各呈示時間条件40回の繰り返し観察を実施し，「見えた」という反応の出現比率を主観的輪郭，誘導図形それぞれの知覚率とした。

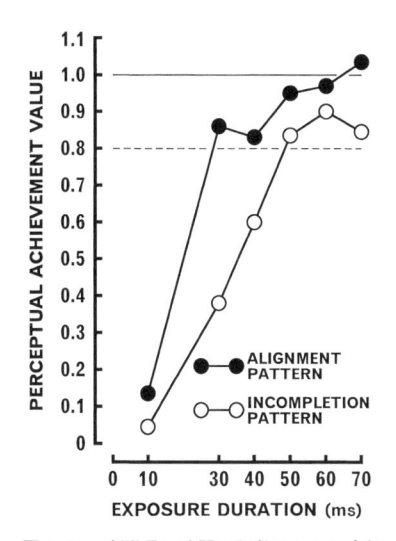

図 2-5-4 刺激呈示時間の関数としての主観的輪郭の知覚達成度(高橋,1991 から改編)：知覚達成度 1.0 は，それぞれのパターンを自由観察した際の主観的輪郭の明瞭度水準に相当する。

このアイデアは没になった。

結局，採用された実験案は，それぞれの図形手がかりの強度を操作したパターンを用いて主観的輪郭知覚の微小生成過程を調べるというものであった。すなわち，"連続性"が主要手がかりとして作用するパターンと"不完全性"が主要手がかりとなるパターンを分析して，前者における主観的輪郭知覚が後者よりも短時間の刺激呈示で達成されることを示せばよいと考えたのである。はたして実験を行ってみるとそのとおりの結果が示された（図 2-5-4；高橋，1991）。"連続性"と"不完全性"が主観的輪郭知覚を生じさせる図形手がかりだということは従来から指摘されていたが（Rock & Anson, 1979 など），それらの作用の時間的順序関係が明らかにされたのは初めてのことであった。

さらに，この後に行った実験が前述の自己充足パターンを用いたものである。自己充足パターンでは"不完全性"が存在しないため通常観察では主観的輪郭が知覚されないが，一方の"連続性"は存在しており，しかもそれが先行作用するため，図 2-5-3 に示されるような微小生成過程が生じると考えられる。ただし，この途中経過は通常観察下では決しておもてに現れないものである。

## 5．これからの展望；可能性と限界

よく私は，講義の中で知覚事象を料理に喩えた話をする。私たちがふだん意識している知覚内容は，いわばできあがって皿に盛られた料理の品である，と。しかし，そこに至るまでには，素材の仕入れ，下ごしらえ，調理，味付け…といった様々な"過程（process）"がある。私たちは生の素材をそのまま口にしているわけではない。知覚も同じことで，私たちは，生の素材（感覚データ）をそのままに見たり聞いたりしているわけではない。微小生成過程の分析は，まさにその"料理の過程"に直接踏み込もうという研究アプローチであり，うまくすれば，できあがった料理からは想像できないような過程が見出されるのである。

しかし，微小生成過程の分析を万能視すべきではない。そこで明らかになることには自ずと限界がある。もっとも大きな問題は絶対的処理時間に関する議論の限界である。さらに主観的輪郭の微小生成に関していえば，現象強度の測定方法にも今後新しい工夫が求められよう。

**（1） 絶対的処理時間と相対的処理時間**　　たとえば，ある呈示時間条件のセットを組んで実験を行い，ある視覚現象の現象強度を体系的に測定する。結果として呈示時間の関数としての現象強度曲線が描かれる。このとき，描かれたグラフから「その知覚現象は××msの処理時間で成立する…」といった結論を導くことは実質的に不可能である。それは知覚処理時間の関数ではなく，あくまで（実験条件としての）刺激呈示時間の関数なのである。

現実問題として，刺激呈示時間の関数としての現象強度曲線は，刺激パターン条件の他，刺激呈示条件，観察条件，反応測定方法など，個別の実験手続きによる影響を強く受ける。実際，主観的輪郭の微小生成に関していえば，「主観的輪郭知覚に必要な刺激呈示時間」を 10 ms とする報告（Gellatly, 1980）から 100 ms とする報告（Reynolds, 1981）までじつに様々である。ただし，これらの研究では，上に述べたような個別の実験手続きがそれぞれ異なっている。

微小生成過程の分析において追究すべきは絶対的知覚処理時間ではなく，むしろ実験条件別の相対的なふるまいである。先に紹介した私の実験結果（図2-5-4）においても，吟味したかったことは"連続性"パターン曲線と"不完全性"パターン曲線の相対的な比較であり，それぞれの曲線の絶対的水準ではなかった。曲線の絶対的水準は反応傾向（知覚評価基準）の個人差によって大きく変動する[5]。しかし，同一の被験者が同一の実験計画の中で示した結果を比較することは十分に妥当である。図2-5-4の要点は「"連続性"パターン曲線が"不完全性"パターン曲線より相対的に早く立ち上がった」ということであり，「××msで立ち上がった」という点にはあまり意味がない。逆にいえば，そのようなパターン条件差さえ示されれば，それぞれの曲線の絶対的水準とは無関係に実験の目的（"連続性"手がかり先行作用仮説の検証）は達成されていたのである。

**（2） 主観的輪郭の現象強度測定法**　　冒頭にも述べたとおり，主観的輪郭はある意味で複合的な錯視現象である。この現象の多次元性は主観的輪郭研究の大きな魅力であったと同時に，理論的あるいは実際的な様々な問題の火種ともなった（高

---

[5] この実験では，そのような反応傾向差によるデータ変動を最小限に抑えるため，事前の予備観察の結果に基づいて被験者の選抜を行っている。これはTakahashi（1993）でも同様である。したがって，図2-5-3・図2-5-4に示される結果において，横軸の絶対値そのものには厳密な意味合いは含まれない。

橋，1999）。ここでは実際的な問題について述べる。現象的多次元性に起因する実際的問題，それはすなわち主観的輪郭の現象強度測定の問題である。個別現象特性のいずれを測定対象とすればよいのか…。

過去の主観的輪郭の実験的研究においては，じつに様々な方法で現象強度の測定が行われてきた。その中には，主観的輪郭面の内外に呈示される等視角視標の大きさ判断による奥行き変位量の測定や，同じく面内外に投影される光点の光覚閾測定による明るさ変容量の測定など，単独の現象特性の強度測定に的を絞った例もあるが，圧倒的に多く採られてきた方法は，それらの個別現象特性の強度を総合的に評価させる評定法である。総合的現象強度評定法は簡便で適用性も高く，またデータ処理も容易な優れた方法ではあるが，一方では指標としての客観性についての不満感がつねにつきまとう。私自身，たとえば幾何学的錯視の研究で用いられるような統制度の高い錯視量測定法（恒常法，極限法，調整法など）に憧れや嫉妬を感じつつ，ある意味でやむなく評定法による実験を続けてきた。主観的輪郭の現象強度を厳密な精神物理学的測定法で測定することはきわめて困難である。まず主観的等価点（point of subjective equality ; PSE）の求めようがない。

主観的輪郭の微小生成を分析するための新しい実験技法として，セキュラーとパーマー（Sekuler & Palmer, 1992）が考案した"プライム・マッチング課題"を応用した研究が，私の研究室で現在進められている（眞鍋，2000）。これは，カニッツァ・パターンを構成するパックマンが「一部を覆われた円盤」として再体制化される過程を，パックマンまたは円盤の形態異同判断課題における反応時間（reaction time ; RT）を指標に分析しようという試みである。この方法によれば，評定法実験で問題となる反応傾向の個人差を考慮せずにすみ，また，絶対的知覚処理時間の問題を含め，微小生成過程のより厳密で詳細な分析が可能となろう。この他にも，たとえばディストラクタを含むノイズパターンにおける主観的輪郭の視覚探索課題（Davis & Driver, 1994, 1998）など，現象強度の直接評定によらない間接的・客観的な知覚指標を用いた研究に，主観的輪郭の微小生成過程のさらなる解明への期待がかけられている。ひょっとすると，これらを用いた新しい研究が"パックマン・ゲーム"にけりをつける切り札になるかもしれない…。

（高橋晋也）

# 第6節
# 短時間呈示のもとでヒトはどれくらいの視覚情報処理ができるのか？

## 1．短時間呈示下での視覚情報処理能力を調べる

　私たちはひと目でいくつのものを見ることができるのだろうか？　ここでの「ひと目」とは，眼球運動を行うことができないくらいのごく短い時間と思っていただきたい。この疑問に答えようとする認知心理学的実験研究の意義は明白であろう。認知心理学は人間を一種の情報処理装置とみなして人間を理解していこうとする。だから，情報処理装置としての基本性能を示すデータが必要になる。基本性能を知る手がかりの一つは，厳しい制約の中での限界能力を明らかにすることである。厳しい制約…ここでは短時間呈示事態がそれに相当する。

　たとえば文字のように見慣れた視覚対象なら，私たちはひと目で何個くらい処理できるだろうか。以下に紹介するように，この個数は意外に多い。ふだん私たちはきわめてスムーズに文字を読むということをしているが，その背景には驚くほど高速な文字処理能力が隠されているのだ。

## 2．スパーリングの部分報告実験

　短時間呈示下での視覚情報処理について調べた実験研究は数多くあるが，後で紹介する私自身の実験とも関わりの深いスパーリング (Sperling, 1960) のものを紹介しよう。スパーリングはタキストスコープ（瞬間露出器）を用いて，図2-6-1のような文字刺激を被験者に50 ms呈示した。50 msというのは1秒の20分の1である。短すぎて実感することはむずかしいし，だいたいこんな短い時間で文字を読むことなどできるのかと疑問に思われるかもしれない。しかし，できるのである。

```
T  D  R
S  R  N
F  Z  R
```

図 2-6-1　"部分報告課題"で用いられた文字刺激の例 (Sperling, 1960)

　呈示時間が50 msしかなくても，被験者はおよそ4〜5個の文字を報告することができる。[1] しかし，驚くべ

きはこのことではない。わずか 50 ms の呈示にもかかわらず，被験者は「報告した以上のもっとたくさんの文字が見えた」という実感をもつ。見えたのになぜ報告できないのかというと，「もっとたくさんの文字が見えたのだが，報告している間に忘れてしまう」からだという。では，いったい本当は何文字が読めたのか？　これを明らかにするには，報告の最中に生じる忘却をできるだけ小さくする工夫が必要である。スパーリングはこの点を考慮して"部分報告法（partial report procedure）"という手続きを考案した。部分報告法とは以下のような手順による。まず，図 2-6-1 に示されるような 3 行からなる文字刺激が呈示される。呈示終了の直後に，3 行のうちのどれか 1 行を指定するための音による手がかり刺激が与えられる。この手がかり刺激には高・中・低の 3 種類の高さの音があり，各々が文字刺激の上行・中行・下行に対応していた。被験者の課題は，高音が呈示された場合には上行，中音なら中行，低音なら下行にある文字だけを報告することである。この実験パラダイムでは，被験者が「読むことができた文字数」がつぎの論理で推定される。ある行に対する報告数が X 個であったとする。どの行が指定されるかを被験者はあらかじめ知らされていないので，他の 2 行についても X 個ずつの報告が可能であったはずである。よって，全体としては（X×3）個が「読むことができた文字数」と見なされる。

　この部分報告課題によって「読むことができた文字数」を推定すると 9 個ちかくになる。つまり，図 2-6-1 のような文字刺激ならほとんど全部の文字を読めるということだ。

### 3．日本語の文字を用いた実験

　学部学生の頃の私は，スパーリングをはじめとした短時間呈示事態での多くの実験研究（Averbach & Coriell, 1961 他）に刺激されて，自分でもいろいろ実験をやってみた。この当時はあまり深く考えもせず，飛躍した仮説や短絡的な発想を動機とした実験がほとんどで，今振り返ってみると少々恥ずかしい。幸か不幸か手動式のタキストスコープは刺激図版を作ればすぐにでも実験を試みることができる。だから思いついたことはとにかくやってみる…という感じであった。

　そういうノリで実験を続けながらも，私の問題意識は「ヒトの視覚は短時間呈示

---

（1）　ただし，文字列の呈示後の視野が暗黒である場合に限られる。文字列の呈示後にマスク刺激を呈示すると報告数は減少する。本節では取り上げなかったが，マスキングの問題は短時間呈示下の情報処理において非常に重要である（御領，1982；岩崎，1986；Neisser, 1967 など参照のこと）。

タ ミ マ フ

X W H V

上 生 月 戸

(a)

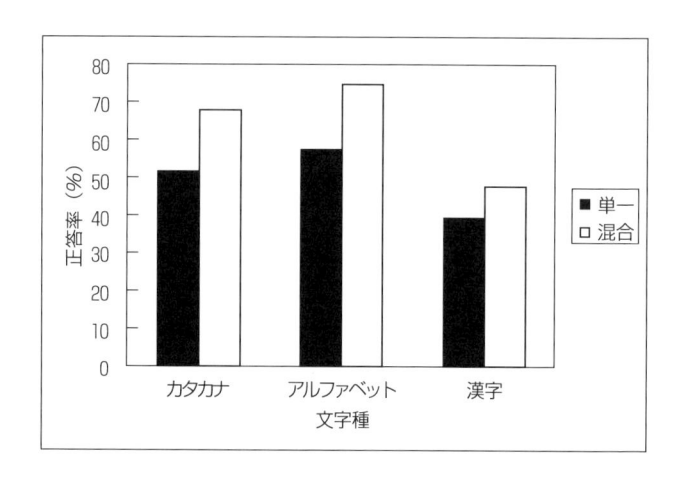

(b)

**図 2-6-2** （a）文字種混合文字刺激の例（羽成，1992），（b）混合文字刺激と単一文字刺激の正答率：文字刺激呈示後 50 ms で手がかり刺激が呈示される条件の結果（羽成，1992 から改編）

下でどれだけの処理が可能なのか」というシンプルなものであり，それを示すデータが欲しいという思いから離れることがなかった。そして，つぎの問題に行き当たった。

　図 2-6-1 のようにすべてがアルファベットからなる文字刺激を使って部分報告課題を行うと，報告の際，場所の誤答（指定された行にはなかったが，文字刺激中の他の行にあった文字が報告されること）が多くなる傾向が指摘されていた（Coltheart, 1980 ; Mewhort et al., 1981 ; Townsend, 1973）。つまり，呈示された

文字刺激中における各文字の位置に関する情報が混乱することにより，報告数が減ってしまうというわけである。ここで私が考えたのは，「場所の誤答が報告数を少なくするというのなら，逆に場所の誤答が生じにくい刺激設定を行えば，図2-6-1のような文字刺激を用いた場合よりも多くの報告が可能になるのではないか」ということであった。

そこで思いついたのが，図2-6-2aのような，行によって文字の種類が異なる文字刺激を使っての部分報告実験である（羽成，1992）。このような文字刺激なら，たとえば上の行（カタカナ）を報告するよう指定されたときに，別の行にある文字（アルファベットや漢字）が侵入してくることは考えにくい。このような文字刺激を用いた場合と，アルファベットばかり（またはカナばかり，漢字ばかり）の文字刺激を用いた場合の部分報告量とを比較してみた。結果は予想どおりであった。文字種が行によって異なる文字刺激に対してより多くの報告がもたらされたのである（図2-6-2b）。この結果は，「ひと目で読める文字数」は文字刺激の構成によって影響を受けるということを意味している。

## 4．位置判断はどれくらいできるのか？

さて，つぎに私が考えたのは，「ひと目でいくつのものを見ることができるのか」という問題からさらに突っ込んで，「ひと目で見えたものの位置はどれくらい正確に処理されているのか」，つまり短時間呈示下の位置情報の処理であった。この疑問の背景となっていたのは以下のようなことだ。

私たちが外界にあるさまざまな視覚対象を認識する場合，「その対象が何であるか」という判断に加え，「それぞれの対象がどういう位置関係で存在しているのか」を判断することが必要なはずである。文章を読む場合なら，一つ一つの文字をパターン認知するだけでなく，「各文字がどのような順序で配列されているのか」という相互の位置関係についても正確に処理されなければならない。それができなければ文章は無意味な文字配列に過ぎず，その意味を引き出すこともできない。きわめて短時間であっても，かなり多くの文字が読めるということはわかった。では，それらの位置に関する情報はどの程度正確に処理されているのか？

位置の判断について調べるなら，必ずしも文字を刺激に用いる必要はない。むしろ位置情報のみを問題とするのだから，文字よりもシンプルな刺激の方がよかろう。さらに，呈示される刺激の方向（orientation）についても検討できるようなものがよい。そう考えて，私は，注視点を中心とする仮想円周上に呈示されたドットに対して位置判断を求める課題を設定した（図2-6-3）。この課題では，テスト刺激

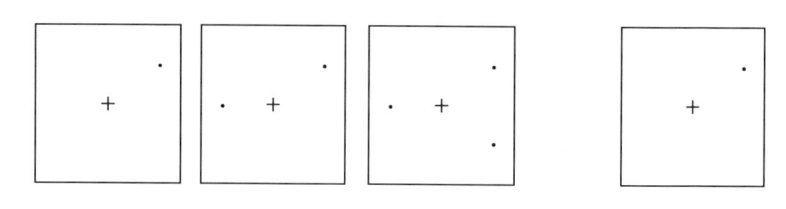

図 2-6-3　視覚刺激の模式図（＋は注視点；注視点とドットの距離は 0.8°）
（Hanari, 1996 から改編）

として 36 個の位置（中心角にして 10°ずつ離れている）のいずれかにドットが呈示される。マスク刺激が挿入された後，再認刺激としてのドットが，テスト刺激と同じ位置か中心角が 10°異なる位置に呈示される。被験者は再認刺激がテスト刺激と同じ位置に呈示されたか否かの判断を行う。なお，マスク刺激を挿入するのは，そうしないと仮現運動が生じて，それを手がかりに位置判断が行われる可能性があったためである。

この実験では，処理時間の効果を調べるためにテスト刺激の呈示時間を 4 条件（36, 56, 200, 500 ms）設定した。また，処理すべき対象の複雑さの効果も調べるために，テスト刺激のドット数として 1 個，2 個，3 個の 3 条件を設けた。ただし，ドット数が 2 個または 3 個の場合でも，再認刺激のドットはつねに 1 個である。つまり，呈示されたテスト刺激全部の位置ではなく，「部分再認」を求めたのである。これはもちろん先に紹介した部分報告法と同じ理由による。

ところで，いくつかのドットを短時間呈示して被験者がその個数を判断するまでの反応時間を測定してみると，ドット数が 4 個を超えると反応時間が直線的に増加するが，4 個以下の場合にはほとんど変化がない。この結果は，ドット数が 4 個を超えると"数え上げ（counting）"が必要だが，4 個以下では"即座の把握（subitizing）"が可能であることを示している（Oyama et al., 1981）。本実験ではドット数が 1 個，2 個，または 3 個であるから，注視点を含めても最大で 4 個の刺激が被験者に呈示されることになるので"即座の把握"の範囲内である。したがって，呈示されるドットの個数にかかわらず，それらの「存在」に関する認知処理（あるかないか）は同様の速度で行われると考えられる。では，ドットの「位置」に関する認知処理（どこにあるか）についてはどうだろうか？

図 2-6-4 a は，呈示時間の関数としての正再認率の変化をドット数条件別に示したものである。いずれのドット数でも呈示時間の増加とともに再認率が上昇しているが，その傾向はドット数によって異なっている。つまり，ドット数が"即座の把

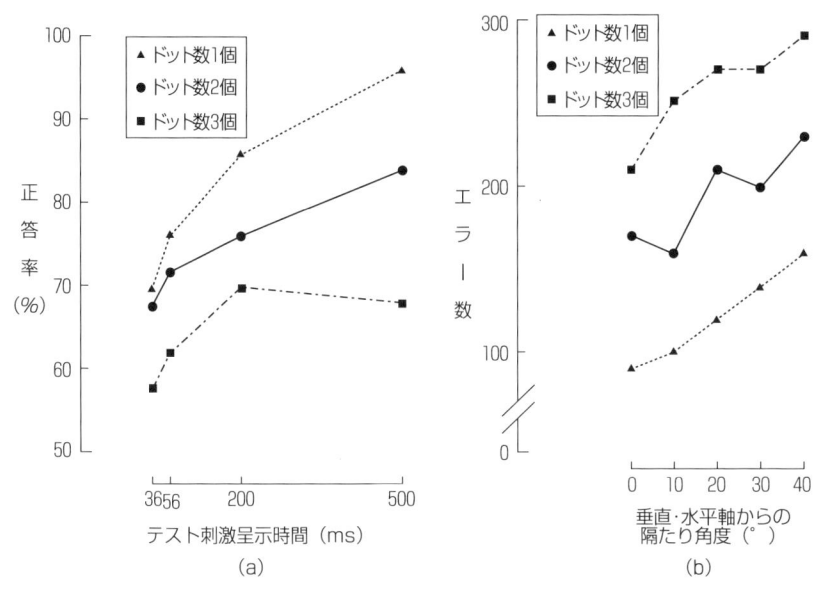

図 2-6-4 （a）呈示時間の関数としての正再認率（ドット数条件別），（b）水平軸または垂直軸からの隔たりの関数としてのエラー頻度（いずれも Hanari, 1996 から改編）

握"の範囲内であっても，それらの位置判断の正確さや処理時間に伴う進行の程度はドット数によって違ったものになるのだ。

さらに，テスト刺激の呈示位置別に判断の失敗頻度を調べてみた。図 2-6-4 b は水平軸または垂直軸からの隔たり角度ごとのエラー頻度を示したものである（"0"は水平または垂直方向にテスト・ドットが呈示された場合である）。隔たり角度の増加に伴ってエラー頻度も増えていることから，ドットが斜め方向に呈示された場合には，位置判断がより困難になることがわかる。

## 5．おわりに

短時間呈示実験の意義は本章第 5 節でも言及されているが，冒頭に述べたように，ヒトの情報処理能力の基本性能を知る上でも短時間呈示という刺激縮減事態の検討は有効な研究技法である。ただし，留意しておかなければならないのは，短時間呈示事態という特殊な条件下でのパフォーマンスを調べるだけにとどまらないで，それが私たちの日常の情報処理活動にどのように関わっているのかを明らかにすることが重要だということだ。じつは本節で取り上げてきたテーマについても，この点

が完全に解決されているとはいえない。この問題を追究していくためにはしかるべき実験方法を考案することが必要なのだが，残念ながら決定的なアイデアが思い浮かばないまま現在に至っている，ということを最後に告白しておこう。新たな実験のアイデアを考える醍醐味をこれからも体験できそうである。

（羽成隆司）

# 第7節
# ネガティブ・プライミング
―反応時間を指標とする―

## 1. 心ここに在らざれば…

**（1） 視れども見えず**　「心ここに在らざれば，視れども見えず」…中国の儒教の経書『大学』の有名な一節であり，心が他のことにとらわれていれば，たとえ目がそちらに向いていても（有効視野内に対象があっても）目には入らない（意識化されない）ということである。たとえば，夜景を窓越しに見ている時，意識をすれば窓に映った自分の姿，さらに窓の表面上のほこりすら見ることはできる。しかし，夜景を見るために窓の外を見たのであれば，普通は自分の姿もほこりも見てはいないだろう。逆に一度自分の姿やほこりに気づいてしまえば，それらを無視して夜景のみを見るのはむずかしくなる。

　では，それらに気づいてしまう前，自分の姿やほこりはどのように頭の中で認知処理をされていたのだろうか？　見て（注意して）いなかったとは，何も処理されなかったことなのだろうか？

**（2） 聴けども聞こえず**　冒頭の一節は「聴けども聞こえず，食えどもその味を知らず」と続き，視覚という感覚に限ったことではないことを示唆する。注意を向けていなかった対象がどのように処理されているかについてのわかりやすい事例として，聴覚における"カクテル・パーティー効果"という現象がある。人が大勢集まり各々が歓談しているカクテル・パーティー（日本ならば居酒屋を想定しよう）は，まわりから何人もの声が同時に聞こえてくる騒然とした場面である。しかし人は，そんな中であっても，容易に目の前の特定の相手との会話を続けることができる。つまり特定の情報に選択的に注意を向けて他の情報を無視することができるのである（蛇足ながら，話に夢中なあまりすばらしい料理であってもその味に気づかないことも…）。しかしその一方で，遠くでしかも小さな声であっても，自分の名前（または自分にとって重要な情報）が出たならばすぐに反応してしまうという経験はよくあることである。要するに「注意しない」とはその情報をシャットアウトしてまったく処理をしていないのではなく，「注意をしないための処理をしている」らしいということが示唆されるだろう。

これを実験的に明らかにするために，（選択的）注意研究の領域において"両耳分離聴"（Cherry, 1953）という方法により，これまで多くの検討が行われてきた。これは左右の耳にそれぞれ異なった刺激を与え，一方を注意，もう一方を無視させる方法で，一連の研究により，注意を向けなかった方の情報もある程度処理されているらしいという知見が得られている。また視覚においても，二つの画像を重ねて呈示し，一方のみを注意させるという研究もある（Neisser & Becklen, 1974）。

（3）「注意しない」という注意　　注意研究において，注意の反対は非注意と呼ばれる。しかし，いったん気づいてしまったものを意識的に非注意にする困難さを念頭におけば，注意と非注意というように単純に二分できないことがわかるだろう。意識的な非注意に関して，その抑制処理の存在を明確に実感させるものに"ストループ効果"（Stroop, 1935）がある。赤色で書いてある「あお」という単語の色の名前を答えよといわれた場合，「赤」と答えるのが非常に困難になる。読まなくてもよいはずの「あお」という単語の読みが，無視の努力にもかかわらず，色名を答えることに対し干渉を起こしてしまうのである。

このように，今現在自分がやりたいこと以外の無関係な情報が常に自動的に干渉してしまうのではたまらない。無関係なものをいかに無視するかは重要な問題なのである。注意の機能としては，注意対象の処理の促進だけでなく，非注意対象の処理の抑制をも含めて考えた方がより効率的である。つまり注意において，「注意しない」とは何もしないという消極的なものでは決してなく，積極的な性質をもつものなのである。無視のためには何を無視するかを知っている必要がある。「記憶とは忘れること」というが，「無視とは注意すること」なのである。

## 2．意識されない情報が人に与える影響の検討

（1）　注意と非注意，そして無視　　私は意識されなかった情報の処理（そしてその結果としての人の行動）に興味があった。意識されない情報が与える影響については，閾下知覚や知覚的防衛などの研究によって検討されてきた。しかしこれらにおける刺激を意識させないための操作は，呈示時間を短くするなどの物理的な側面でのものばかりであり，日常場面には直接対応しない事例である。そこで私は，時間的には十分長い時間で呈示されているが，注意が向いていなかったので意識できない場合（非注意），つまり心理的な側面での操作を検討しようと考えた。さらに，従来の注意／非注意の二分法に対し，非注意をそれが意図的か否か（便宜的に非注意の意図的なものを「無視」，無意図的なものを「非注意」と呼ぶことにする）などの程度によって，細分化できると考えた。

非注意の検討のために，当初は"選択的読み"事態を採用した。これは1行おきに音読する注意行と読まない非注意行とを呈示する方法である。そして非注意刺激が与える影響を調べるための指標として，"無意識的プライミング"（川口，1983）のパラダイムをベースに検討を試みた。

（2）"プライミング"とは？　"プライミング"とは，先に呈示された刺激（プライム）が後に続く刺激の処理を無意識的に促進することである。たとえば「看護婦」という単語を認知させる時，意味的に関係のある「医者」を先に呈示した場合の方が，関係のない「パン」を呈示した場合よりも「看護婦」の認知（反応時間）が速くなり，処理が促進されたとみなされる。さらに無意識的プライミングと呼ばれるものは，プライムを短時間で呈示し，意識させないようにしたものである。

（3）「無視」と「非注意」との比較検討　私の修士論文の実験研究では，選択的読み事態においてプライミング・パラダイムを用い，非注意行に挿入したプライムが後続刺激に関する課題（漢字か非漢字かの判断）での反応時間に与える影響を検討した。さらに「無視」と「非注意」とを比較検討するために，非注意行内に何か単語が出るかもしれないが，無視するように教示する無視群と，はじめから何も告げない非注意群とを設け比較した（プライムが何であったかは両群の被験者共にわからない）。

結果として，無視群の方が後続刺激への反応時間がやや増大し，予想どおり無視による抑制処理を示したと考えられた。しかし非注意の程度操作を教示のみに頼ったため，「何を操作したのか」，そして「何が反応時間を増大させたか」を明確に示し得なかった。また，プライミング・パラダイムを用いたものの，これは基本的には処理の促進を検討するものであり，どの条件を比較対象とするかによって抑制のもつ意味が変わってしまう点などが指摘・批判された。そして私自身も，促進よりも抑制処理という側面に，より興味が移っていった。

そこで，より適切な非注意の程度操作と，抑制処理を検討するためのパラダイムを模索する必要に迫られた。抑制処理現象としては，前述のストループ効果もあったが，非注意の程度操作がむずかしいため代替となるものを探していた。そのような頃，ネガティブ・プライミングの研究を知ったのである。

## 3．ネガティブ・プライミングと非注意の程度操作の検討

（1）"ネガティブ・プライミング"とは？　"ネガティブ・プライミング（以下NP）"とは文字どおり"負のプライミング"であり，通常のプライミング

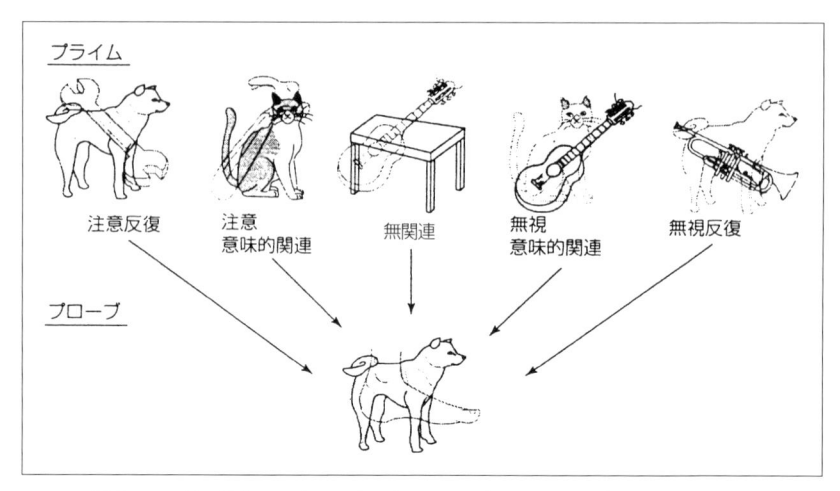

図 2-7-1　どの場合にネガティブ・プライミングが見られるか？（Tipper, 1985）

が先行刺激による後続刺激の処理促進であるのに対し，先行刺激が後続刺激の処理を抑制する（反応時間や誤答率を増大させる）現象をいう。そしてこれに対応させ，一般的なプライミングを"ポジティブ・プライミング（以下PP）"と呼ぶ場合もある。

では，どのような場合にNPがみられるかといえば，先行刺激呈示（プライム段階）の時に注意を向けられなかった刺激（ディストラクター）が，後続刺激呈示（プローブ段階）の時に，今度は注意を向ける刺激（ターゲット）として再び呈示された時である。この場合，プローブ段階のターゲットに対する反応時間または誤答率が増大し，その処理が抑制されたと解釈される。

もっとも有名なティッパー（Tipper, 1985）の研究を例に挙げる。図 2-7-1 のような色の異なる二つの線画（例：赤と緑）を重ねたものを呈示し，一方の色（図 2-7-1 では実線）の線画の命名をできるだけ速くかつ正確に行うことを課題とした。プライム段階とプローブ段階の呈示刺激に関係がない場合（統制条件）がベースラインとなる。まず，両段階でターゲットとして同じものが繰り返される，または意味的に関連したものが呈示された場合は典型的な PP 事態となり促進効果がみられる（それぞれ"反復プライミング"，"意味的プライミング"と呼ばれる）。一方，プライム段階でディストラクターであったものがプローブ段階で今度はターゲットとして再呈示された場合（無視反復条件），プローブ段階での反応時間が増大し，NP つまり抑制効果がみられる。また無視反復条件の文脈では，まったく同一ではなく意味的に関連したものが再呈示されても，効果は小さくなるが NP 効

果を生じさせる。

NPは，この例の他にも，様々な刺激や課題においてみられることがわかっている（Fox, 1995など参照）。

**（2）なぜNPが起こるのか？** NP生起の説明としては"選択的抑制説"と"エピソード検索説"が提出され，それを確認すべく様々な研究がなされている。前者は，プライム段階のディストラクターに対する抑制がプローブ段階まで持続するので，再呈示されたターゲットの処理が抑制されるというものである。一方後者は，プローブ段階でターゲットに反応しようとする時，「プライム段階では反応しなくてよい対象だった」という記憶（エピソード）が検索・想起されるので干渉・葛藤が生じ，その結果反応が遅れてしまうというものである。両説とも今までの研究知見との対応に一長一短があり，決着はついていない。

またNP効果の大きさを規定する要因の一つに，競合するディストラクターからターゲットを選択的に視認する際の困難さがある。一般には，この選択困難性が増大するに伴いNP量も増大するという知見がある。

**（3）NPの導入とRLT，そして実験結果** NPパラダイムは選択的注意事態を内包しており，選択困難性の操作とはその非注意の程度を変えることではないかと気づいた。先行研究ではターゲットとディストラクターの物理的距離などによって選択困難性を変化させていたが，それを系統的に変化させたものはなかった。そこで線画の輪郭線の太さを操作することで刺激強度を系統的に変化させ，選択困難性を変えようと考えた。実験デザインは，ディシェパーとトリースマン（DeSchepper & Treisman, 1996）をベースとした。

彼らの研究は無意味な線画を重ねて呈示し，注意を向けさせた一方の線画と，その隣に呈示した線画との異同判断をさせたものである。私は，この実験デザインに選択困難性の要因を加えるため，ディストラクター線画の太さをターゲット線画の太さで割った値，"Ratio of Line-Thickness（RLT）"と名づけたものを条件として設定した。このRLTが大きいほどターゲット線画への選択的視認の困難性が大きいと仮定した（図2-7-2）。したがって，RLTの増大に伴うNP効果の増大が予想された。

一連の実験による結果から，RLTの値に応じてプライミング効果が変化するという傾向が認められた（Kobari, 1998）。とくにRLTが1以上では，予想どおり抑制効果が単調増大する結果となった。しかし，先行研究に準ずるRLT＝1の条件でNP効果でなくPP効果の傾向がみられるなど問題点も残された。

**（4）問題と再分析，そして続く実験** さらに，そもそも「RLTが大きいほど選択困難性が大きい」という仮定が必ずしも妥当でないという可能性が提起され

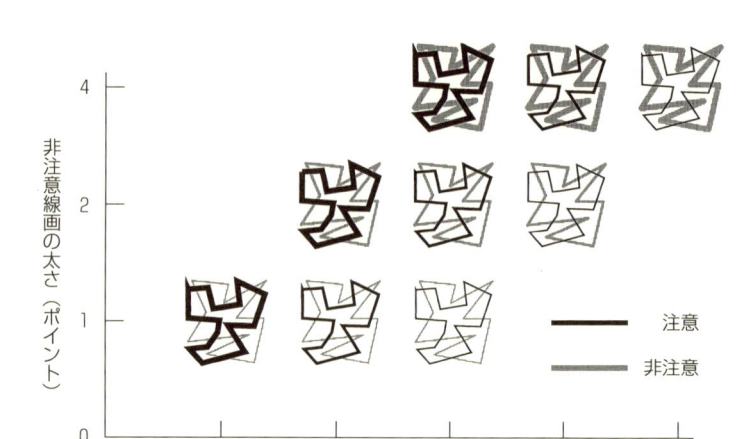

図 2-7-2　線画の太さ比率（RLT）による選択困難性操作（Kobari, 1998）

た。RLT＝2 や RLT＝4 よりも，むしろ RLT＝1 においてターゲット線画の注視がむずかしいという被験者が思いのほか多かったのである。

　ディストラクターの刺激強度が強く，それを無視しにくいという場合だけでなく，ディストラクターとターゲットの刺激強度が拮抗することから弁別が難しいので無視しにくいという場合が想定できたのである。この個人差を考慮して，RLT＝1 条件で PP だった被験者（PP 群）と NP だった被験者（NP 群）とに群分けをした上で再分析したところ，PP 群では RLT が 1 から離れるにつれて NP 傾向になっているのに対し，NP 群ではその逆というような鏡像的関係が見出された（Kobari, 1998）。つまり被験者の「無視の仕方」に大きく左右されているようなのである。さらにその後の実験を通じ，「無視の仕方」による群分けをして検討したところ，やはりある程度，各群ごとに異なった傾向があることを見出している。

　このように操作の点で問題は山積みではあるが，従来の注意と非注意という二分法に対し，非注意にも様々な程度があるという知見を提出できている。今後はより洗練された操作でさらにこの知見を明確にしていきたい。

## 4．新たなる展開

**（1）「手段のためには目的を選ばない」のか？**　　NP は抑制メカニズムを反映したものであると一般に考えられていた。そこで私は当初，NP を抑制処理の指

標として採用した。しかし，NPが抑制メカニズムのみを反映したものかどうかはまだ明らかでない。エピソード検索説が示すように，複数の促進メカニズム同士の干渉に過ぎず，その結果として抑制処理が現れるだけかもしれない。またそれ以前に，メカニズムがよくわかっていないものを使って，さらに別なものを検討することへの批判もある。とはいえ，反応時間の増大という抑制処理の現象は事実であり，NPを安直に抑制メカニズムと結び付けなければ，その限りでこのアプローチも有効であろう。また，私自身，次第にNP現象自体にも興味が移行しており，本来の目的を軸にしつつ，同時にNP現象を理解するためのデータとしても活かしていきたいと考えている。もっとも，テーマを手広くしすぎて収拾がつかなくなっては元も子もないので，そのあたりの戒めを肝に銘じた上の話であるが…。

**（2）促進と抑制，そして予測**　　またNPに限ったことではないが，実際に抑制メカニズムがあり抑制処理として表れたとしても，それは抑制メカニズムだけが働いているとは考え難い。あくまで促進メカニズムと抑制メカニズムとが働き，それらが相殺された結果，残った効果がおもてに現れるのであろう。同じことは促進処理でもいえるはずだが，とくにこちらの場合は抑制という存在をはじめから想定していないのが常であるように思われる。NPに代表されるような抑制処理に関心が向いてきている現在，促進と抑制の相殺の結果として認知処理を理解していくことが重要である。NP研究はそのための有効な視座を提起するものであろう。

　NP研究のおもしろく，しかし面倒なポイントとして，NPの文脈であっても些細な要因でPP効果が出てしまうことがある。被験者の無視の仕方で傾向が反対となった前述の私の実験結果など，まさにこの例であろう。これこそ促進と抑制との微妙なせめぎ合いの結果を示すものではないか。私の一つの大きな目標として，NPパラダイムをもとに促進と抑制を念頭においた予測式のようなものを提出できれば…と考えているが，まだまだ先は長いようである。

〈小針弘之〉

# 第8節
## 「おやなんだ？」と「あっこれだ！」の生理学的心理学―定位反応とは何か―

### 1. はじめに

　「おやなんだ？」と「あっこれだ！」の生理学的心理学って，いったい何のことなのだろう。多くの人はそういぶかるに違いない。そもそも，こんなことが心理学的研究のテーマになるのだろうか…と疑問に思う方も少なくないかもしれない。いやいや，これもりっぱな心理学の研究テーマなのである。

　種明かしをすればこうである。「おやなんだ？」とは，条件づけで有名なパヴロフ（Pavlov, 1927）が実験中に見出したイヌの反応に由来している。パヴロフが弟子の条件づけの実験を視察にいくと，それまで順調だった条件づけがうまくいかなくなってしまう。なぜかというと，イヌは実験室への，この物珍しい突然の来訪者（パヴロフのこと）を「気にして」しまい，条件づけが中断してしまったというのである。パヴロフはこのイヌの反応を目敏く発見し，何か珍しい刺激に対して出現するこの反応を"定位反射（orienting reflex; OR）"，あるいは"おやなんだ？（What-is-it?）反射"と名づけた。私たちもたとえば，道を歩いていて何か変わったものやこれまで見たこともないもの，つまり新奇なもの（これを新奇性noveltyという）を見つけた時など「おや？」と思うことがあるだろう。この「おや？」という反応がORというわけである。

　これ以来ORに関する研究が始まったといえるが，その後ソコロフ（Sokolov, 1963）が，ORは新奇性に対してのみではなく，生体にとって何らかの意味のある刺激（これを有意性significanceという）に対して増大して出現することを示した。この有意性は，「おやなんだ？」と対照させていえば「あっこれだ！（This is it!）」ということができる。したがって，ORは新奇性や有意性をもつ刺激に対して出現する反応であるといえる。

### 2. 大学での専攻と研究テーマ

　自分の研究テーマの選定には，誰でもそれなりの紆余曲折を経て，相当の理由を

第8節 「おやなんだ？」と「あっこれだ！」の生理学的心理学　77

伴いつつ決定されるはずであり，そこに至るまでには人によってはかなり苦心したりするものである。場合によっては，指導教官にテーマを与えてもらうこともあり得るだろう。ここでは，研究テーマが比較的自由に自分の意思で決定できる状況にあった場合の一ケースとして，私がこのテーマに取り組むことになった経緯などを記してみたい。

　心理学を志す学生は，少なからず臨床心理学を学びたいと思って大学へ進学してくるのではないだろうか。じつは私もご多分にもれず，臨床をやりたくて大学での学部を決めた者の一人である。ところが，私が進学した国立大学人文科学系の学部では，臨床心理学を学部生から専攻させるような体制にはなっていなかった。後に知ったことであるが，国立大学の人文科学系学部ではむしろ，いわゆる基礎領域の研究をかなり徹底的に教えられる場合が多いのである。臨床は，学部ではなく修士以上からという意味であろう。したがって，臨床心理学を学ぼうとやってきた学生がこのような事態に直面すると，どの基礎領域で研究しようか，どうやって卒業研究のテーマを決めようか，ひとしきり悩むことになる。

　"基礎"と"応用"の間には深くて暗い河がある…かどうかは定かではないが，"応用"の一領域としての臨床心理学における研究は，およそ学部生の目から見ても基礎研究とはまったく異なる。そもそも用いられている方法論やアプローチの仕方からして異なるのだから，当たり前といえば当たり前である。では将来，臨床心理学を学ぶためにプラスになる基礎研究があるのか？　この設問自体がすでに間違っていたのかもしれないが，学部生だった当時はかなり悩んだものである。私がいた大学の3年生では特殊実験研究という授業があり，すでに卒業研究の前段階的な論文を書くことが義務づけられていた。否が応でもテーマを決めなければならない。しかも，できればそれを卒業研究までつなげたい。そこで，最初に選んだテーマは"実験人格心理学"という領域のものであった。記憶が若干曖昧ではあるが，人格特性や動機づけと様々な課題成績を調べてみるような研究を行う予定であった。

　しかし，数多くの論文に目を通すうちに，「何か違う…」という漠然とした不安が生じてきたのである。心理学においては，独立変数にも従属変数にも心理量を扱った研究が多くの領域で行われているが，そういった手続きに対する漠然とした不信感のようなものだったと思う。つまり，実験変数としての独立変数にも，そしてそれに対する"心"の現れとしての従属変数にも，そのどちらにも心理量を扱うようなやり方で客観的な研究といえるのか，という疑問である。当時，このことをはっきり認識していたのかどうか自信がないが，とにかく最初に選んだテーマに対する興味は，以後急速に失われていった。

## 3．生理学的心理学との出会い―定位反応研究ことはじめ―

そのような時，私の目を引いたのが，自律系生理反応である皮膚電気反応（galvanic skin response; GSR）を指標とした，定位反応（OR）と馴化（habituation）に関する研究論文（Katkin & McCubbin, 1969）であった。なぜ私はこの論文に興味をもったのか？ 従属変数として生理指標を取得していたからに他ならない。先に述べたように，とくに従属変数としての心理量の測定において言語報告などに頼らざるを得ない他領域の研究に対して，私はかなり不信感を抱いてしまっていた。それとは対照的に，生理反応は本人が随意的に変えられるものではなく，きわめて客観的な従属変数と「思われた」のである。今から考えると，ずいぶん無知な学生であったことを暴露しているようで恥ずかしいのだが，とにかく生理指標を取得した研究は悩める私の救いとなった。そしてこれ以後，OR，GSR，馴化が私の研究におけるキーワードとなったのである。

3年次の特殊実験研究では上記の研究の追試を行ってみたが，卒業研究ではオリジナリティのある実験を行おうと，4年生になると，もっぱら論文をかき集めては飛ばし読みを繰り返していた。ヒトのOR研究は，ソコロフ（Sokolov, 1963）の著書 " Perception and the conditioned reflex " が欧米圏に紹介されて以後，さかんに行われてきたといえるが，研究初期の中心テーマは，ORを誘発する刺激の物理的特性についての詳細な検討であった。そこでは，ORを誘発するもっとも重要な刺激特性は新奇性であるといわれてきたが，1970年代後半から刺激の有意性を強調する研究が現れてきており，議論が繰り返されていた（Bernstein, 1979; Maltzman, 1979; O'Gorman, 1979 参照）。

そこで私は，問題を整理するため，まず新奇性について調べた研究結果を詳細に検討してみた。すると，新奇性の効果が示されなかった研究にはある共通点が認められたのである。実験操作としての新奇性は，通常，"刺激変化"の手続きが用いられているが，新奇性の効果が認められなかった研究では，視覚や聴覚など，ある単一の感覚モダリティ内での刺激変化が導入されていた。一方，新奇性の効果が示されていた研究には，単一モダリティ内での刺激変化を用いた研究と，複数モダリティ間での刺激変化を採用した研究の両者があったのである。このことから，複数の感覚モダリティにわたって刺激を呈示する事態はORを誘発させやすいのではないか，と誰もが予想するであろう。つぎに有意性について調べてみると，有意性の効果は新奇性の効果よりも安定して示され，有意刺激に対してはORが選択的に出現するという知見（Maltzman & Raskin, 1979 など）は非常に説得力があると思

われた。

　この二つの傾向を組み合わせるとどのような結果が得られるか。すなわち，複数のモダリティで刺激を呈示しつつ，同時に有意刺激を呈示した場合には，OR はどのように出現するのか。このことを検討するため，『定位反応における課題教示の効果』というテーマで卒業研究を行った。その結果，有意刺激に対する増大した OR のみではなく，有意刺激と異なるモダリティで呈示された非有意刺激に対しても増強した OR が示されたのである。

## 4．組織的に調べるということ

　その後大学院に進学した私は，卒論での結果をほとんど省みることなく，OR の指標として自律系生理反応以外の随意的反応を取得した研究を行おうと考えていた。しかし，修士1年の後期，すでに予備実験などを行っていた時，指導教官から「卒業研究での結果を組織的に調べてみてはどうか」と助言されたのである。新たな OR の指標への取り組みを始めていた自分にとって，この方向性は後戻りをするようで最初は気乗りがしなかった。しかし，修士も2年目になり，随意的反応を OR の新たな指標とする試みが，当初考えていたように簡単にはいかないことが判ってきた時，もう一度，卒業研究での結果を再考してみることも重要かもしれない，と考え直したのである。

　ここで，以下に紹介する実験の基本的デザインについて少々説明しておくことにする。実験は，馴化とテストの2セッションに分けられ，馴化セッションでは，ある感覚モダリティの刺激（馴化刺激）が一種類のみ10回ほど呈示される。その後のテストセッションでは，もう一種類別の刺激（テスト刺激）が系列に挿入され，馴化刺激と合わせて各々6回ずつランダムな順序で呈示される。被験者はこのテストセッションで，新たに導入されたテスト刺激に対するキー押しなどの運動反応を教示される実験群か，この課題を行わない統制群かのいずれかに配置される。したがって，呈示モダリティを視覚と聴覚に限っても，馴化―テスト刺激の組み合わせとして4条件が考えられる。すなわち，単一モダリティ呈示で2条件（視覚―視覚または聴覚―聴覚），複数モダリティ呈示で2条件（視覚―聴覚または聴覚―視覚）である。しかし，卒業実験で検討した条件はわずかにこの中の1条件（視覚―聴覚）のみであった。そこで，上記の4条件すべてについて実験を行うことにしたのである。

　さて，刺激特性という観点からテストセッションに呈示される刺激について整理してみるとつぎのようになる。すなわち，馴化刺激は馴化セッションですでに呈示

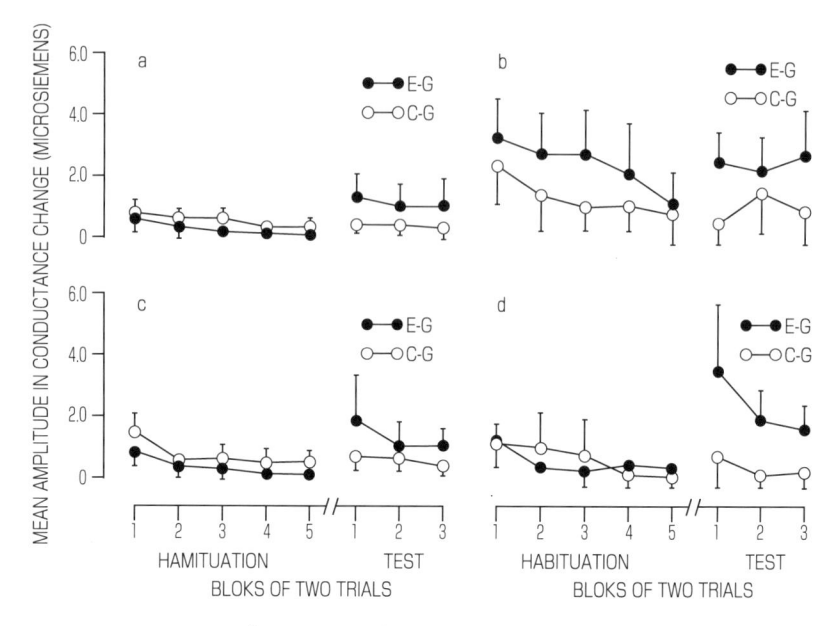

図 2-8-1 馴化セッション (HABITUATION) およびテストセッション (TEST) における"馴化刺激"に対する実験群 (E-G) および統制群 (C-G) の GSR 振幅値 (今井, 1988 を改編): 馴化刺激—テスト刺激の感覚モダリティの組み合わせとして,「視覚—視覚」(a),「視覚—聴覚」(b),「聴覚—聴覚」(c),「聴覚—視覚」(d) の 4 条件の結果をまとめて表示してある。図中の各点に付された垂線は標準偏差の 1/2 を示す。

されており,操作的には新奇性も有意性もないといえる。テストセッションで新たに導入されたテスト刺激は,統制群にとっては「新奇」である。一方,実験群にとってもテスト刺激は「新奇」であり,かつ課題関連刺激でもあるので「有意性」も付与されている。したがって,テストセッションにおいては,(1)刺激が単一モダリティで呈示された場合には,有意刺激に対する選択的 OR が出現する,しかし,(2)刺激が複数モダリティで呈示された場合には,有意刺激に対する選択的 OR のみでなく,有意刺激と異なるモダリティの刺激(ここでは馴化刺激)に対する増強した OR が出現するだろう,と予測(仮説)したのである。この仮説を検討すべく実験を行った結果,視覚—視覚条件(実験 I)および視覚—聴覚条件(実験 II)では予想どおりの知見が得られたが(図 2-8-1 a, b),聴覚—聴覚条件(実験 III)および聴覚—視覚条件(実験 IV)では,むしろまったく逆の結果が示されてしまった。すなわち,実験 III においては,非有意刺激に対する増強した OR が,実験 IV では選択的 OR がみられていたのである。

## 5. 真実はどこに

　修士論文をまとめはしたが，仮説が検証されなかった実験Ⅲと実験Ⅳの結果は，私にとって課題として残されていた。少なくとも実験Ⅲでは，従来の知見からも有意刺激に対する選択的 OR が出現するはずである。またさらに，複数モダリティで刺激を提示した実験Ⅳで，なぜ選択的 OR のみが出現したのか。視覚刺激を馴化刺激とした実験ⅠおよびⅡでは仮説と一致した結果が示されたことから，馴化刺激に音刺激を用いた実験ⅢとⅣの結果をどう考えればよいのだろうか…。もっとも，OR は音刺激に対して特有の出現傾向をみせるという報告でもあれば，この研究はここで一件落着となっていただろう。

　指導教官の強い示唆もあり，私はもう一度，実験ⅢとⅣとをやり直してみることにしたのである。先の実験ⅢとⅣでは，馴化刺激には鋸歯状波音を，テスト刺激には矩形波音を用いていた。また，この2種類の音は音圧こそ等しく設定されていたが周波数は異なっていた。一方，視覚刺激にはある幾何学的図形とその鏡映像を用いていた。刺激の物理的特性から考えても，視覚刺激と聴覚刺激とでは，2種類の刺激のバリエーションには大きな差がついていたといえる。些細なことかもしれないが，視覚刺激のバリエーションがパタンの違いであるとすれば，聴覚刺激もパタンの違いとして2種類の音を用意した方がよいのではないか。しかし，おそらくもっと重大だったと思われることは，鋸歯状波音は聴感上やや不快であると実験後に報告した被験者が少なからずいたことである。もしこの音が情動性反応を誘発していたとすれば，自律系反応である GSR に少なからず影響を及ぼしていた可能性は大である。そこで私は鋸歯状波音を用いることをやめ，矩形波音を，連続的に提示する場合と，断続的に提示する場合との2パタンを設定してみることにした。視覚刺激が空間的パタンにおいて異なるのであるから，音刺激には時間的パタンの違いを設定したのである。これが成功したのかどうか（鋸歯状波音を用いなかったことの方が重要だったかもしれない），やり直した実験ⅢとⅣでは，仮説どおりの結果が得られたのである。単一モダリティ呈示をした実験Ⅲでは選択的 OR が，複数モダリティ呈示を行った実験Ⅳでは選択的 OR に加えて，非有意刺激に対する増大した OR が出現したのである（図2-8-1 c, d）。このやり直し実験の結果と，すでに得ていた実験ⅠとⅡの結果をあわせてまとめたものが，私の学界デビュー論文（今井，1988）となった。

## 6. 研究するとは？―研究の舞台裏―

　私たちが通常手にすることができる心理学分野の各種雑誌や著作物は，内容的にも形式的にも非常に洗練され，整えられているものである。そこに報告されている様々な研究は，いわば完成美品であり粗悪品は滅多にない（が時にあるので気をつけたい）。その意味では，私の修士論文は失敗作だったかもしれない。しかし，失敗であったと気がつけば，つぎの研究への動機づけも得られよう。仮に，実験をやり直さず投稿論文を仕上げようとしていたならば，その後の私の研究はどのような方向へ向かっていたであろうか。幸か不幸か，人生はやり直しがきかないし，もう一つの選択肢をとっていた場合のことは皆目見当もつかない。現在の自分があるのは，あのとき実験を繰り返していたからなのだと，当然私は思っているが。

　ここに記したような私の個人的な"研究の舞台裏"は，おおよそ誰にも語られることなく，いつか本人さえも忘れていく類のことであろう。成果としての公刊論文は，研究活動の水面に現れたまさに氷山の一角にすぎない。その下にはその何倍もの隠された多くの背景活動があるはずである。日向に咲く研究成果の陰には，誰にでも人知れない地味な庭仕事があろうというものである。

## 7. その後の展開と課題―むすびにかえて―

　私はその後，刺激，被験者，あるい教示条件を少しずつ変え，同じテーマに沿った実験的研究を2編公刊した（Imai, 1990 ; 1991）。先のデビュー論文で，非新奇・非有意刺激に対して出現するORを，"選択的OR"と対比的に"警戒的OR"と呼び，続く二つの研究でもその出現を確かめたのである。さらに，この三つの論文における知見を中心に，博士学位論文（今井，1992）を書きあげる幸運にも恵まれた。ここに至るまでにも色々な"舞台裏"があったが，それらについて述べることはまた別の機会を待つことにしたい。ここでは，OR研究の現状と課題などをごく簡単に記しておくに止め，むすびにかえたい。

　1980年代の後半から，ORは処理資源配分（allocation of processing resources）と関連して出現するという仮説が注目され，本格的に検討され始めていた（Dawson et al., 1989 ; Filion et al., 1991 ; Siddle, 1991）。"処理資源"は1970年代の用語（Norman & Bobrow, 1975）であり目新しい概念ではないが，注意とORが直接的に結びつけられて検討されるようになったのはこの頃からである。たとえば，ORの特徴でもある刺激の反復呈示に対する馴化は，この仮説では以下の

ように説明される。すなわち，同じ刺激が反復呈示されるごとに，その刺激を処理するための資源配分量は次第に必要とされなくなる，つまり配分量自体が減少していくためであるというのである。

　この仮説に基づけば，私が報告した非有意かつ非新奇な刺激に対して出現していた"警戒的OR"はどのように説明されるであろうか。もし，ORが処理資源配分と関連しているのであれば，警戒的ORが誘発されている刺激に対する処理資源はより多く配分されているはずである。私は最近，この問題に取り組んできているが（今井，1999；2000），残念ながらまだ確証的な結果を得ることができないでいる。これについても，初心にかえり"実験を繰り返すしかない"と考えている。

（今井　章）

# 第III章
# 動物行動の背後を知る

　心理学がヒト以外の動物について研究する理由はいくつかあるが，一つには食物や配偶者を確保する，あるいは外敵から身を護るといった目的のために示される行動を，その動物種が生活する環境との関係において分析し，ヒトを含めた生物の行動の進化や発達の過程を理解することが挙げられる。これらはおもに，行動に見られる特定の種あるいは系統の特徴を把握することを基本的な手段とする研究といえる。

　動物行動を研究するもう一つの主な目的は，多くの種を通じて共通に備わっていると考えられる行動に焦点を当て，様々な操作を行うことによってその仕組みを考えることである。つまり，遺伝的な特質や経験効果が統制できるという利点を活かして，動物研究の結果をヒトの同様の行動のモデルとして理解しようとするのである。

　さらに最近では，動物の様々な「ヒトに近い」行動の仕組みや機能を理解することによって，むしろそれらの背後にどの程度ヒトと共通の「こころ」を考えることができるのかが議論され始めた。これはむしろヒトの視点から動物を理解しようとする試みである。このような擬人的な説明も，必ずしもかつてのように非科学的で意味のないものとして門前払いされることはなくなった。

　しかし，個々の研究が何を目指すかにかかわらず，実験者が言語によって直接にコミュニケートできない動物を対象とする研究では，動物行動の背景にあるこれらの過程を的確に理解するためには，周到な実験計画と信頼性のあるデータの収集，そしてその解析が必要である。それらの要件を満足するために，具体的な研究を行う際にはどのようなことに気をつけるべきかを，おもに実験室的な場面で行われている7つの研究例に沿って解説することが本章の主な目的である。

まず第1節および第2節では，それぞれ食虫目の実験動物であるスンクスの幼体が示す「キャラバン行動」の観察，そして放射状迷路のなかで効率的に餌を得るためのラットの行動方略の分析を通じて，これらの行動がその種の適応に果たしている役割を理解するために必要な方法を考える。つづく第3節から第5節では，それぞれスンクスの攻撃行動，ラットの明暗の選好の系統差，そして同じくラットの幼体の遊び行動の研究を例として，行動から示唆される過程をうまく把握するためには，どのような事態と分析手法を用いるべきかを中心に議論する。さらに第6節と第7節では，特定の実験動物をモデルとみなす立場から，生物全般に共通する基礎的な学習過程を理解するための方略と問題点を考察する。

　なお，本章で解説される研究はすべて実験室内で行われたものであるが，動物行動の研究では本来の生活環境における自然な行動の観察を重視する立場もある。現在ではこれらのいずれかのみが正しく他方は意味がないという極端な議論はなくなったが，生態場面と実験室的環境のそれぞれを舞台とする研究がもつ一般的な利点と問題点については第Ⅰ章第5節，および本章第2節・第7節で触れたので参照してほしい。

# 第1節
# スンクスのキャラバン行動の
# 規定因とその機能

## 1. スンクスとは

　心理学の教科書に登場する動物といえば，ラット，マウス，ハトあるいはサルといったところであろうか。スンクスは，日本においては一般的にはあまり知られていないし，動物の行動を研究対象とする心理学あるいは行動学の研究者であっても，なじみの薄い動物である。

　スンクス（*Suncus murinus*）は和名をジャコウネズミというが，ネズミの仲間（齧歯目）ではなく，モグラの仲間（食虫目）に属する。食虫目の中にはさらに8科があり，スンクスはトガリネズミ科（ジネズミ亜科）というところに分類される。トガリネズミは英語ではshrewと言うが，ヨーロッパでは比較的ポピュラーな動物である（図3-1-1）。

　行動研究にはあまり登場しないスンクスであるが，実験動物としては唯一の食虫目として広く利用されている。スンクスが利用されるのは，もちろん実験動物とし

図 3-1-1　スンクス（*Suncus murinus*）

---

(1) スンクスの実験動物化は，日本においては名古屋大学農学部の故近藤恭司教授らによってなされた。実験動物化されたものをスンクス，野生個体はジャコウネズミと呼んで区別している。

て有用な特性を具えているからであるが，その分類上の位置も重要である。食虫目は地上に出現した最初の哺乳類であり，有胎盤類に共通の祖先として多くの動物種を分化させてきたと考えられている。ヒトの属する霊長目もその例外ではなく，比較心理学的な視点からの研究においても興味深い動物種であることが指摘されている（辻，1993）。

## 2．キャラバン行動とは

　スンクスに限らずトガリネズミ科ジネズミ亜科の多くの種において，キャラバン行動（caravaning）がみられることが知られている。キャラバンとは，育仔期の親が移動する際に，幼仔が親あるいは同胞の身体（尾根部が多い）を次々にくわえ，連なって移動することをいう（図3-1-2）。

　この行動を見た人が思いつくのは，今では年中行事のように報道されるカルガモの親子の姿であろう。これに限らず，多くの動物種で仔が親に追従する行動が観察される。キャラバンはこのような場面に加えて，まだ自立移動できない仔を親が運ぶ（retrieving）ような場面でも観察される。たとえば，親ネコが子ネコを口にくわえて運んでいくことがあるが，スンクスの場合このような状況でもキャラバンが生じるのである。

## 3．なぜスンクスのキャラバン行動を研究するのか

　スンクスを対象として行動研究を行う一つの目的は，ドメスティケーション（家畜化；domestication）に伴う行動の変性過程を調べることである。ここでいうドメスティケーションとは，単に野生動物を飼い慣らし，家畜にするということでは

図 3-1-2　キャラバン行動（caravaning）

なく,「動物を自然淘汰の圧力から隔離して,人工的な環境下で長期にわたって維持する操作」という広義の意味を指している。このような操作は,動物に新たな環境への適応を要求する。これは,ある意味では生息環境における環境変動よりも大きなもので,動物の示す適応過程をより顕著に引き出す有力な手法だと考えられる。

ドメスティケーションの効果に関する研究は過去においてもいくつか行われてきたが,その多くはすでにドメスティケイトされた個体と野生個体との比較という方法であった。この「比較法」には,研究に供された個体がそれぞれの母集団を代表するといえるのかどうかという問題が指摘される。この問題をクリアする方法として,捕獲した野生個体を起源として経代的な維持・繁殖を行い,その間の変化を監視する「追跡法」がある。

この「追跡法」による研究を進めるにあたっては,適切なモデルとなる動物と変性過程をモニタリングするための技法が必要となる。すなわち,野生個体が一時期に相当数入手でき,実験室での飼育・繁殖が比較的容易で,明確な指標となりうる行動様式を備えた動物種を選択し,研究の当初から適切な行動観測を行わなければならない。キャラバンという非常に特殊で明確な行動を現すスンクスは,このような研究に最も適した動物種の一つであると考えられる。

しかし,キャラバン行動に関する資料は,そのほとんどが生息環境における野生個体の観察に限られている。そのため,まず第一にキャラバン行動の基本的特性を組織的観察に基づいて記述し,その発生・機構をある程度把握することを目的として,オープンフィールドを用いた観察による種々の研究が行われた。

### 4. キャラバン行動の基本的特性

私がここで紹介する研究に携わるようになった頃までに,すでにキャラバンに関するいくつかの事実が明らかになっていた。ここでは,キャラバン行動の規定因に関する研究の例を紹介する前に,その基礎となっている2～3の事実について簡単に解説しておく。

（1）**キャラバン行動の発現期**　キャラバン行動は仔の日齢が5日から22日の期間にわたって観察され,13日齢前後に最も頻繁に出現する（辻,1981）。キャラバン行動は5日齢以前に発現することはほとんどなく,その時期には親が仔をくわえて運ぶ行動も観察される。また,消失時期は仔の発育が遅れた場合などには延長することもあり,正常に発育している場合でも突発的な刺激に対してキャラバンが現れることがある（図3-1-3）。

（2）**キャラバン行動の成立パターン**　オープンフィールドでの観察事態にお

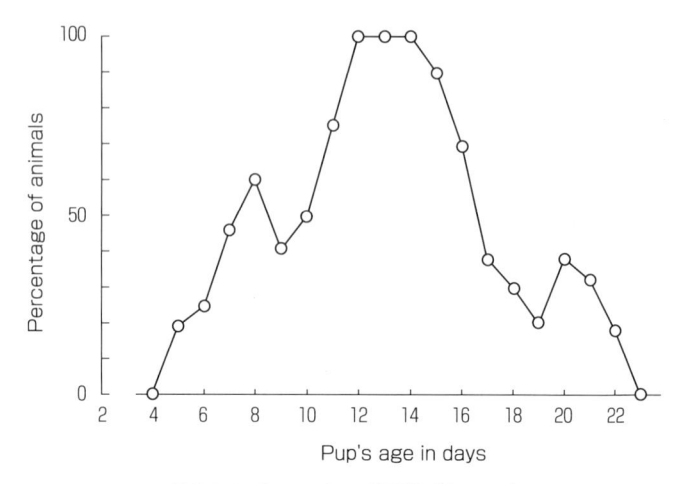

図 3-1-3　キャラバンの発現期（辻, 1981）

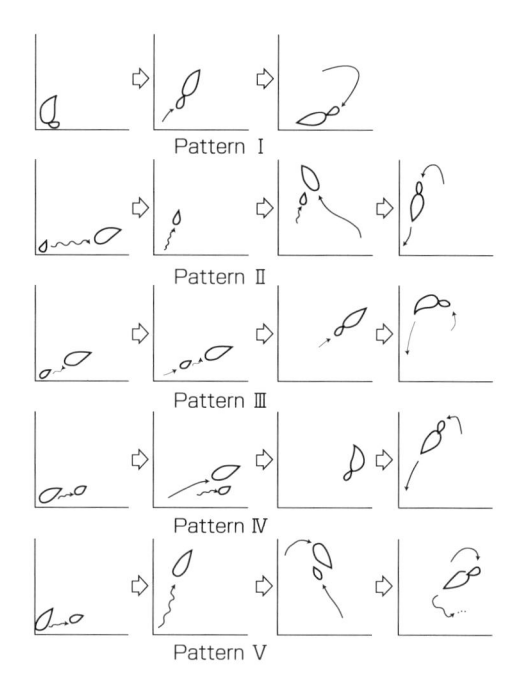

図 3-1-4　キャラバンの形成パターン
（Tsuji & Ishikawa, 1984）

いては，通常フィールドの4隅のいずれかに休息や授乳のための滞留地点（ベース）ができる。キャラバンはこのベースを起点として成立することが多いが，その過程には5種類のパターンが存在する（Tsuji & Ishikawa, 1984，図3-1-4）。パターンⅠは，ベースで親と仔が接触した状態で休息または授乳している時に，親が移動しようとしてそのままキャラバンが形成されるものである。この場合親はそれ以上移動せず，すぐに元のベースへ戻る。パターンⅡは，Ⅰと同様の状態から親だけが単独で移動し，残された仔がその後移動を始めると，親の方から仔に接近してキャラバンを形成しベースへ戻る。パターンⅢは，親がベースを離れると，それに気づいた仔が親を追跡，追いついてキャラバンになるというものである。パターンⅣは，親が休息中，仔が単独でベースを離れ移動し始めたときに，それに気づいた親が仔の進行に先回りして，キャラバンを形成させるものである。パターンⅤは，親と仔が独立にベースを離れ，フィールド内を移動しているうちに，偶然両者が接近した場合等に形成されるものである。このパターンでは，キャラバン形成後もベースに戻らず，再び親仔が独立移動に移行することも多い。

## 5．キャラバン行動の規定因とその機能に関する研究

　前述したようにキャラバンの形成パターンが複数存在することは，キャラバンが複数の規定因によって生起すること，またキャラバン行動が複数の機能をもつことを推測させる。これらの問題を検討する資料を得るために，単にキャラバンの出現の有無だけではなく，キャラバンの形成パターンごとに記録する観察を行った。

　（1）**方法**　　被験体には，沖縄県多良間島で捕獲したジャコウネズミを，実験室で維持繁殖した第1世代および2世代各4リッターを用いた。スンクスの1回の産仔数は3～4程度であるが，各リッター仔2個体のみを観察対象とした。床面にチップ（木クズ）を敷き詰めたオープンフィールドに，親と仔1個体を入れ15分間の観察を行った。1個体の観察終了後，仔のみ取り出し，続けてもう1個体の仔を入れ同様に観察した。

　（2）**結果**　　実際には，様々な測度によるデータを得たが，ここでは各キャラバン形成パターンの日齢に伴う出現頻度の変化のみを示す（図3-1-5）。図からもわかるように，パターンⅠ・Ⅱは早期に出現し，10日齢以降ではほぼ消失，代わってパターンⅢが出現し始める。続いてパターンⅤが現れ，順次消失しいく。すなわち，キャラバンの各形成パターンが仔の日齢に対応して一定の順序で現れること

---

（2）　データは1リッター2個体の観測値の合計とし，図には8リッターの中央値で示した。

が明らかとなった。なお，図ではパターンIVの出現頻度がきわめて低かったためにデータから省かれているが，出現順序としては，パターンIIIと同時期に観察されることが多い。

**（3）キャラバン行動の規定因**　　観察されたキャラバン形成パターンの発達的変化は，スンクスの初期発育の特徴と密接に関連している。5種のパターンのうち，IおよびIIは開眼（10日齢前後）以前の段階で出現しており，少なくとも視覚性の刺激によってキャラバンが形成されるのではないことがわかる。この時期は仔の自発的な移動も活発ではなく，移動能力も高くはない。キャラバンは，親の移動に伴って生じる視覚以外の感覚刺激などによって解発されていると考えられる。一方，開眼時期以降のキャラバンは，IIIやVのパターンによって形成される。パターンIIIが出現する段階では，移動能力は十分高まっており，さらに活動性も次第に高まっ

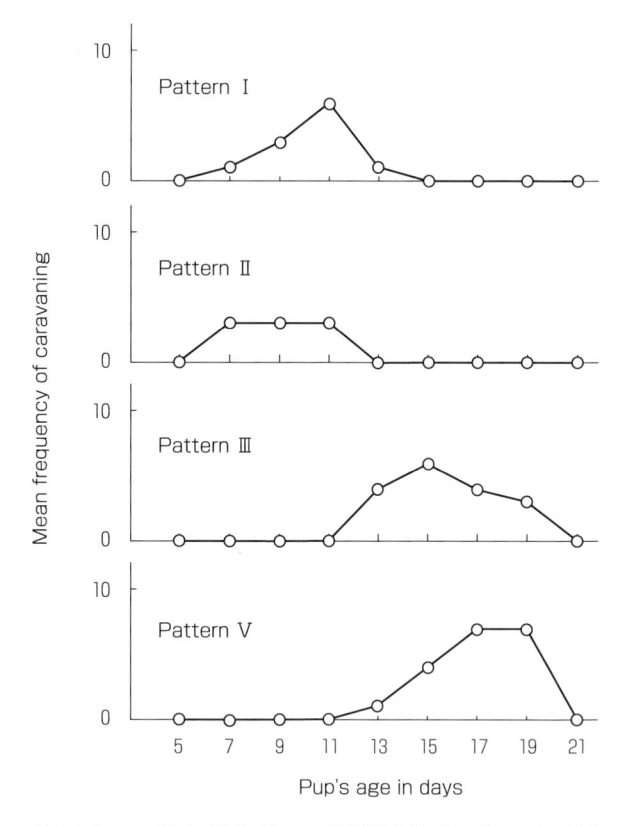

図 3-1-5　キャラバン形成パターンの発達的変化（Tsuji *et al*., 1986）

ていく。パターンⅢは仔が親に直線的に接近してキャラバンを形成していることなどから，親の視的運動によって解発されていると考えられる。このように，仔の感覚・運動機能の成熟に伴ってキャラバンを解発する要因が変化し，キャラバン形成パターンの変化となって現れると考えられる。

　**（4） キャラバン行動の機能**　　以上に示したような特徴を持つキャラバン行動は，個体や種の適応にとってどのような意味をもつのであろうか。ここでは，スンクスの発達初期の適応にとってどのような役割を果たしているかについて考えてみたい。

①仔を連れ戻す働き

　成立パターンの分析からも明らかなように，初期のキャラバンの一つの機能は，巣あるいは安全な場所に仔を連れ戻すというものであろう。成立パターンⅡにみられるように，ベースを離れた仔に対して親から接近，キャラバンを形成し直ちにベースへ戻るという行動は，マウスやラットの親が仔をくわえて巣に連れ戻す行動と同等である。

②親を引き留める働き

　スンクスは基礎代謝率が高い種であるため，1～3時間ごとに巣を離れ採餌に出かける必要がある。オープンフィールドの事態においても，個体差はあるが一般に活動量は多く，ベースができてもそこを離れないということはきわめて少ない。

　初期のキャラバンでは，キャラバンが成立すると親は直ちにベースへ戻るが，このことは，仔の側からみると親をベースに引き留めておくことになる。パターンⅠでは，ベースからの移動距離は非常に短く，キャラバンを形成したまま，親が繰り返しベースを出入りすることもある。

③仔の行動的世界を拡大する働き

　パターンⅢにおいても，日齢の早い時期では，Ⅰと同様にベースへすぐに戻ることが多い。しかし，仔の自発的な移動活動が活発になり始めるとキャラバンを形成した後の親の行動に変化が生じる。すなわち，キャラバンを形成したままフィールド内を移動することが多くなるのである。とくに，パターンⅤでは，キャラバンでフィールド内を移動中に，再び親仔が独立して移動を始め，ベースへは戻らないことが多い。

　離乳期にパターンⅤが支配的になることは，この段階のキャラバンが，仔が自立採食に備え，環境を探索して行動空間を拡大する役割を担っているとも考えられる。この点を考える上で，生息環境での離乳がどのように生じるのかが興味深いところであるが，残念ながらその詳細はまだ不明である。

## 6. 心理学における種特異的行動の研究

　ある種の動物に固有の特異的な行動を対象とし，その生物学的特性を解明しようとする研究は主に動物行動学（エソロジー）によって進められてきた。しかし，このような個別的な事例の研究も，行動の普遍的な意味を探る重要な接近方法である。
　心理学的な研究において，種特異的な行動が研究の対象とされるのには，いくつかの場合が考えられる。
　一つは，行動における進化の問題を意識した研究の場合である。今回紹介したキャラバン行動の場合も，親子関係として現れる多様な行動の一つととらえ，他の動物種との異同を検討することは，スンクスの系統発生上の位置とも相まって，興味深い問題である。あるいは，近縁種間におけるキャラバンの比較や，キャラバンの発現しない種における行動との比較も，進化の再構成を考える資料を提供することになるであろう。
　また，研究の実際上の問題として，たとえば母仔関係の研究を行おうとした場合，それは必然的に研究対象とする動物種に固有の母仔間行動を研究することになる。また逆に，母仔間行動の研究に適した動物種の選定が必要であるということもいえる。
　最後に，研究の出発点として「その行動がおもしろいから」研究するということもあるであろう。エソロジーの研究は多分にそのような側面があるように思われる。このようなことは，心理学においては比較的受け入れられにくいものであるように思うが，行動を研究するには，多かれ少なかれそのような意識をもつことも必要なのではないだろうか。もちろん，「おもしろい」だけで済ませてしまってはいけないが……。
　さて，これまでの研究によって，キャラバン行動の基本的特性については，ほぼ把握できたと思われる。しかし，このキャラバンを指標としてドメスティケーションの効果を明らかにしようという企ては，残念ながら十分な成果を挙げていない。さらに，個体史初期の母子関係であるキャラバンに加え，後期の配偶関係における性行動についても，非常に特徴的な行動パターン（post-ejaculatory attack）がみられることが明らかになった（辻，1989）。両者の行動がドメスティケーションによってどのような影響を受けるのか，またその関係がどのようになるのかということを検討することは今後の重要な研究課題である。

〈松尾貴司〉

# 第2節
# 放射状迷路における
# ラットの採餌行動

## 1. 採餌行動にみられる種特異性

　採餌行動とは，環境内を探索して食物や獲物を取得し，それを運搬または貯蔵して，摂食するまでの一連の行動を指す。その形態は動物によって様々であり，生息場所の特徴，獲物の捕獲技術，食物の種類などと深く関係してくる。ハイエナやライオンのように獲物を追いかけまわすものもいれば，クモのように獲物が網にかかるのを待ち伏せするものもいる。また，見つけた餌をその場で食べずに木の幹に穴をあけて貯め込むキツツキのようなものもいれば，それを横取りするリスもいる。

　採餌行動に関する行動生態学的研究では，行動によって得られる利益と行動自体の損失との損得勘定（トレードオフ）によって遂行行動が決定されると考える「最適採餌理論」が主流をなしている。この理論によれば，動物は単位時間・単位エネルギーあたりの採餌量が大きい餌場を選択することが予測される。つまり，いかに少ない時間やエネルギーでより多くの餌を採るかが重要になってくるのである。たとえば，リスやハムスターのような小型の齧歯目動物は，餌場で摂食するだけでなく，巣に食物を持ち帰って貯蔵する特性をもっており，彼らの採餌行動には，餌場から巣までの距離や持ち帰る食物の重量などの要因が影響を及ぼすと考えられる。

　レビーネ（Levine, 1959）は，餌の種類や分布状態に適した採餌方略の例としてwin-stay方略とwin-shift方略を挙げている。win-stay方略とは，一つの餌場を繰り返し訪れて採餌を行う方略のことを指し，win-shift方略とは，複数の餌場を移動しながら採餌を行う方略のことを指している。win-stay方略をとる動物の例として，ツグミ科に属するクロウタドリ（*Turdus merula*）が挙げられる。彼らは地虫を主食とする鳥だが，その虫は地中に密集して生息しているため，同じ場所から多くの餌を摂食することが可能である。一方win-shift方略をとる動物の例としては，ハワイミツドリ（*Loxops virens*）が挙げられる。彼らは花の蜜を餌とするが，その蜜は一度摂食されると再び補填されるまでには一定の時間を必要とする。したがって，効率的な採餌を行うには複数の花を移動して蜜を摂食しなければならない。

## 2．ラットの採餌方略に関する心理学的研究

　動物の採餌行動は行動生態学のみでなく，動物心理学においても関心を集めてきた問題である。もっとも両者の研究方法は異なっており，行動生態学が実際の生息環境下での行動観察を重視してきたのに対し，動物心理学では複数の要因を人為的に統制した環境での実験研究を重視してきた。しかし近年では両者が互いの長所を取り入れるようになり，実験室に生息環境の採餌場面を擬似的に再現したり，屋外の放餌場で実験を行うような方法がとられるようになった。ここでは心理学でも古くから研究対象となってきたラット（*Rattus norvegicus*）の採餌方略に関する研究報告を二つ紹介する。

　オルトンら（Olton *et al*., 1977）は実験室に生息場面を模したフィールドを設けて，ラットの採餌行動を観察している。フィールドには居住用の小部屋やトンネル，3本の塔などの物体が配置されており，ラットは21時間の絶食の後に45分間フィールド内に放置された。3本すべての塔の上に餌が置かれた条件では，1本の塔に留まって餌をとるのではなく，3本の塔の間を移動しながら採餌を行った。また1本の塔にのみ餌が置かれた条件では，たとえ最初に餌のある塔に遭遇してもその後に餌のない残りの2本の塔も訪れた。このような採餌行動は前述のレビーネの定義に従えば，win-shift方略に分類することができるだろう。

　またオルトンとシュロスバーグ（Olton & Schlosberg, 1978）は，このシミュレーション場面での観察結果を受けて，放射状迷路（図3-2-1）を用いた実験でラットの採餌行動を分析している。この実験では各アームの先端に置かれた報酬を効率よく摂食することが要求されるが，オルトンらは報酬配置のルールが異なるwin-shift課題とwin-stay課題の習得の速さを比較した。win-shift課題では，一度進入したアームへの再進入を回避して未進入のアームを選択することが要求された。一方win-stay課題では，一度進入したアームへ再進入して報酬を得ることが要求された（手続きの詳細は図3-2-2を参照）。実験の結果，ラットはwin-stay課題よりもwin-shift課題を短い訓練期間で習得した。さらに，遅延後にすべてのアームに報酬を置いた課題でも，ラットはwin-shift課題と同様に未進入のアームを選択する傾向を示した。

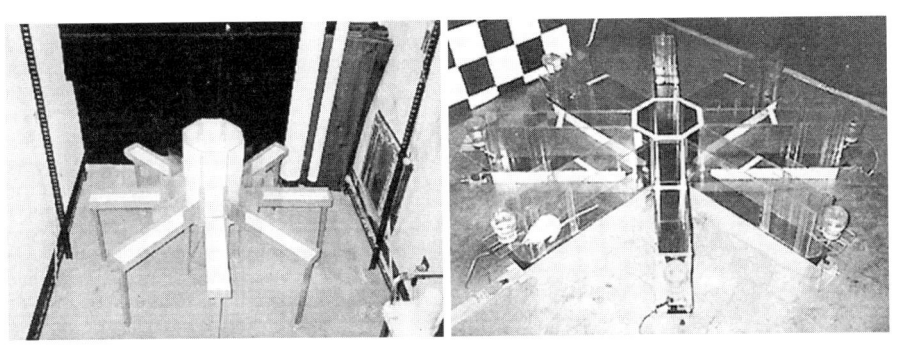

第2節　放射状迷路におけるラットの採餌行動　97

図 3-2-1　高架式放射状迷路（左）と廊下式放射状迷路（右）。どちらの迷路も中央のプラットフォームとそこから放射状に延びる8本のアームから構成されている。廊下式迷路の各アームの先端には飲水用のノズルと給水瓶が取り付けられている。

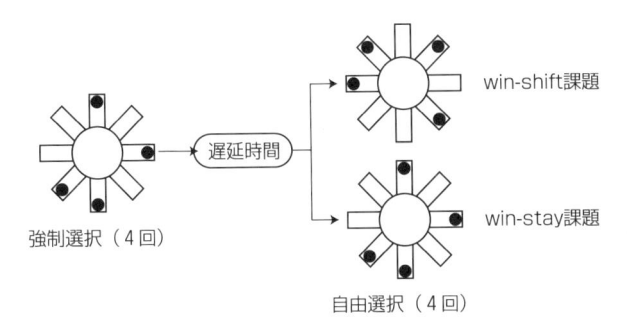

図 3-2-2　win-shift 課題と win-stay 課題の手続き。両課題とも，最初に実験者が任意に選んだ4本のアームへの強制選択が行われ，遅延時間をはさんだ後に4回の自由選択が行われる。遅延後 win-shift 課題では強制選択で未進入であった4本のアームに，win-stay 課題では既進入であったアームにそれぞれ報酬が配置される。

## 3．win-shift は採餌行動に特有な方略なのか？

　オルトンらの研究結果は，生息環境シミュレート場面と迷路実験場面のいずれにおいてもラットは win-shift 方略に基づいた採餌行動を行ったことを示している。しかし，他のいくつかの実験研究では，迷路に報酬が配置されない場面においても既に訪れた場所への再訪を回避する傾向が強いことが報告されている。
　放射状迷路を使ったティンバーレイクとホワイト（Timberlake & White, 1990）

の実験では，報酬をまったく与えない実験群と報酬を与えた統制群との比較が行われたが，両群の課題成績に有意差は認められなかった。しかし，報酬を与えないだけでなく食餌制限も行わなかった場合には成績が低下することが示された。この結果からティンバーレイクらは，ラットの win-shift 方略に基づくアーム選択は報酬による強化ではなく，食餌制限による摂食動因の上昇によって生じる行動であると結論している。さらに，アスターら（Uster et al., 1976）やベイティッグとシュラッター（Baettig & Schlatter, 1979）の実験では，食餌制限を受けず報酬も与えられない場面でも，ラットは未選択の走路や場所を訪れる傾向が強いことが確かめられている。これらの結果は，win-shift が効率的に採餌を行うための行動方略ではなくて，一般的な移動行動でも現れるような行動特性である可能性を示唆している。

そこで以下では筆者が行った放射状迷路実験を紹介しながら，ラットの選択行動の特徴について検討し，win-shift 方略のもつ生態学的な意味について考えていく。実験1では，ティンバーレイクらの行った実験を参考にして，食餌制限と報酬の組み合わせが異なる4条件のラットの選択行動を比較している。そして実験2ではこれまで紹介した実験とは異なり，報酬に水（水道水）を用いている。ラットの生息環境を考えると，水については特定の場所のみで得ることができ，そこではいつでも必要な量を摂取することができるだろう。したがって，餌の場合とは異なり win-stay 方略をとる可能性が考えられる。

## 4．実験1　食餌制限と報酬が遂行行動に及ぼす影響の検討（Haga, 1995）

**（1）被験体と装置**　被験体には実験経験のない雄ラット28匹を用いた。これらの被験体を食餌制限条件と報酬条件の異なる4群（各群7匹）に分割した。各群の条件は，食餌制限あり／報酬あり（DR群），食餌制限あり／報酬なし（DU群），食餌制限なし／報酬あり（NR群），食餌制限なし／報酬なし（NU群）である。装置には図1の左側に示した8本アームの高架式放射状迷路を用いた。

**（2）手続き**　DR群とDU群の被験体は馴致訓練開始の14日前から食餌量が制限され，実験終了時まで体重は自由食餌時の約85％に維持された。実験は5日間の馴致訓練と15日間の自由選択課題から構成され，馴致訓練では1日20分間の装置内自由探索を行わせた。探索時に報酬は配置しなかったが，探索終了後にDR群とNR群の被験体にはプラットフォーム上で30個の固形飼料（1粒45 mg）を5分間摂食させた。馴致訓練終了の翌日から各被験体には1日1試行の自由選択課題を15日間行わせた。自由選択課題とは被験体が8本すべてのアームに進入してプラットフォームに戻ってくるまで自由に探索させる課題であり，DR群

とNR群の試行では試行開始前に各アームの先端に固形飼料が1粒ずつ置かれた。

（3）**実験結果と考察**　各群の選択行動は，自由選択課題の各試行開始後8回の選択のうち未選択であったアームに進入した回数（未選択アーム進入数）によって比較された。もしもラットがwin-shift方略を用いているのであれば，未選択アーム進入数は多くなることが予測される（最大8回）。各群の平均未選択アーム進入数は，DR群で7.07回，DU群で6.81回，NR群で6.79回，そしてNU群では6.63回であった。この結果について1元配置の分散分析を行ったところ，群間に有意差は認められなかった。また，でたらめな選択をした場合の未選択アーム進入数の期待値は約5.6回（Eckerman, 1980）であるから，各群の被験体は明らかに未選択アームを選んで進入していたと考えられる。この結果は，先に紹介したティンバーレイクらの実験結果とは異なって，食餌制限の手続きがとられない場合であっても，ラットはwin-shift方略を用いたアーム選択を行ったことを示している。しかし，報酬の有無が選択行動に直接影響を及ぼさなかった点は，彼らの実験結果と共通するものであった。

## 5．実験2　水を報酬に用いた放射状迷路実験

（1）**被験体と装置**　被験体には実験経験のない雄ラット8匹を用いた。実験開始3日前から1日の給水時間を30分に制限して，摂水動因を高める手続きをとった。装置には8本アームの廊下式放射状迷路（図3-2-1右）を用いた。各アームの先端には飲水用のノズルがついた給水ボトルを取り付け，ノズル先端のタッチセンサーから送られる信号をインターフェイスを介してパーソナルコンピュータに取り込み，ラットがノズルを舐めた回数（リッキング回数）を記録した。

（2）**手続き**　給水制限開始後4日目から各被験体に1日30分間の試行を10日間連続して行わせた。各試行開始時に被験体をプラットフォームに置き，その後は迷路内を自由に動き回ってアームの先端にあるノズルから水を摂取させた。

（3）**実験結果と考察**　実験終了後タッチセンサーからのデータとビデオ録画画像を解析して，各アームへの進入順番と進入回数，リッキング回数の3項目についてデータをまとめた。図3-2-3に示したように，アーム進入回数とリッキング回数については日間の差は認められなかった。このことは，ラットが毎試行でほぼ同数のアームに進入し，同じ量の水を摂取していたことを意味している。次に，問題とされた摂水場面でのラットのwin-shift傾向の分析であるが，この点についてはアームの進入順序を分析することによって検討した。ラットのアーム選択がwin-shift方略に基づいたものならば，あるアームに進入した後に再度そのアームを訪

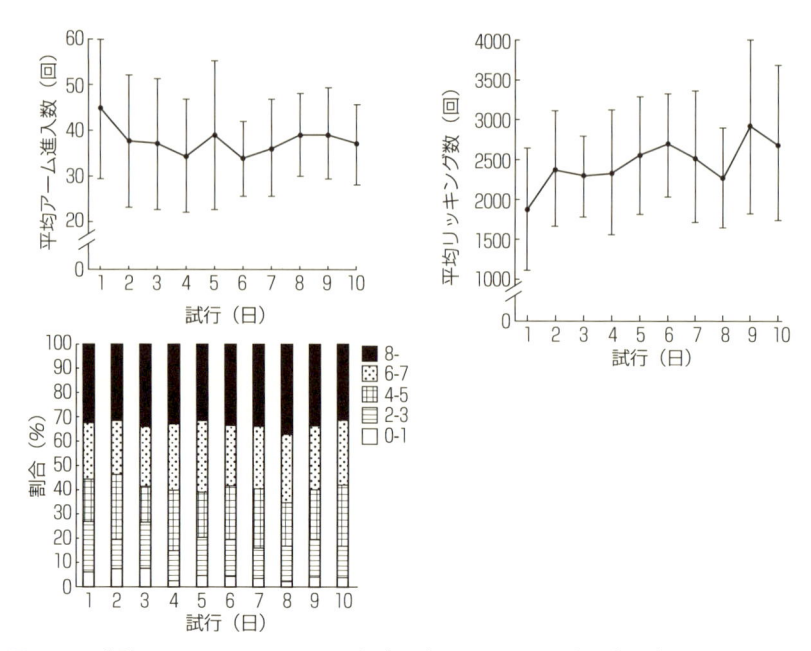

図 3-2-3　実験 2 における平均アーム進入数（左上），平均リッキング数（右上），および選択間距離分布（左下）の試行間推移。アーム進入数とリッキング数の図には標準偏差の値も示した。

れるまでには，他の多くのアームを訪れていると考えられる。この仮説を検証するために，同一アームへ再進入するまでに行われた他のアームへの進入回数を「選択間距離」と定義し，10 試行すべての選択についてカウントした。たとえば，同一アームに戻ってくるまでに他の 3 本のアームに進入した場合には選択間距離を「3」，同じアームに連続して進入した場合を「0」とした。カウントした選択間距離を，「0－1」，「2－3」，「4－5」，「6－7」，「8 以上」の 5 つのカテゴリーに分類し，図 3-2-3 の左下のパネルに試行ごとの分布を示した。図から明らかなように，「0－1」と「2－3」に分類される選択数が少なく，「8 以上」に分類される選択が多いことが示された。またこの傾向はすべての試行を通じて認められた。

以上の分析から，摂水場面においてもラットは直前に進入したアームへの再進入を回避する win-shift 選択を行うことが示された。この結果は固形飼料を報酬に用いた場合の実験結果と類似したものといえる。また給水ボトルには多量の水が入っていたので，1 個所に留まって十分な量の水を摂取することも可能であったのだが，ラットは実験開始時から終了時まで数多くのアームに進入して摂水した。このことから，ラットの win-shift 方略は，報酬の種類（食物／水），報酬の分布（少量／

多量),そして試行経験などの要因に依存しない特性であると考えられる。

## 6．win-shift 方略がもつ心理学的意味と生態学的意味

　上記の放射状迷路実験では，ラットの win-shift 方略は採餌行動に限定されない，より一般的な選択行動場面においても発現されることが確認された。食物がない場面，または1個所に留まって十分な量の水を摂取できる場面においても「未選択の場所を訪れ，既選択の場所への再進入を回避する」ような，一見面倒くさそうな行動をとるのは何故なのだろうか。この行動方略のもつ意味について，心理学的側面と生態学的側面から考えてみよう。

　迷路実験におけるラットの行動には「餌を食べる」だけでなく，「環境内を移動する」という要素が含まれている。したがって，その行動を単純に摂食動因によって生じたものと考えてしまうことにそもそも問題があるのかもしれない。ラットにとって実験環境には新奇刺激が数多く存在し，飼育環境と比較してその構造は複雑である。そのような事態では，食餌制限や報酬配置といった実験者側の操作とは関係なく，探索動因に基づく自発的な移動行動を行っているとも考えられる。探索動因とは外部環境内の情報を収集するための行動を喚起する内的状態（Toates, 1986）であり，飢えや渇きといった生理的欠乏状態とは異なるものと考えられている。また，探索動因のレベルは食餌制限や報酬強化といった実験者側の操作とは独立していることも報告されている（Dember, 1989）。摂食動因と探索動因の影響を分離して実験結果を分析するのは困難だが，放射状迷路におけるラットの選択行動が探索動因の影響を受けている可能性は否定できないだろう。

　それでは何故ラットは，餌がない場合にもわざわざ"未選択の場所を選びながら"探索を行ったのだろうか。この問いについて，ラットの生息環境での探索行動の特徴とその機能に着目して考えてみよう。未滞在の場所や直前の滞在から一定時間経過した場所を探索する傾向は生息環境下でも確認されているが（Barnett & Cowan, 1976），コーワン（Cowan, 1977）はそれが環境内を効率よく探索する「パトロール行動」としての機能をもつと述べている。彼によれば，パトロール行動とは新たな餌場や水源を発見したり，テリトリー内の変化や捕食者の存在を知るための探索行動であり，それゆえ未滞在の場所を隈なく訪れることには適応的な意義が含まれると解釈される。

　パトロール行動のような説明概念を実験室でのラットの迷路行動の解釈にそのままあてはめることには後述するような危険性がともなうため，慎重な態度で臨まなくてはならない。しかし，放射状迷路課題で発現される win-shift 方略の意味を説

明する一つの可能性として考えることは有効であろう。

## 7．生態学的アプローチの問題点

　実験研究で得られたデータを心理学の枠組みの中だけで考えるのではなく，生得的な行動特性や自然生息環境の特徴，そして行動の機能的価値や適応的意義を考慮して解釈することは，動物行動を理解する上で有効な手段である。このような姿勢は「生態学的アプローチ（藤田，1991）」と呼ばれ，近年心理学においても浸透してきている。しかし，あらゆる実験結果をこの観点から解釈することによって，大きな誤りを犯してしまう可能性には注意しなくてはならない。

　「適応論者の誤謬（adaptionist fallacy）」（Lewontin, 1979）と呼ばれるこの問題点は，すべての行動には進化の過程を経て適応的意義が備わっていると仮定する姿勢のことを指す。たとえば，高次な中枢神経系と学習能力をもった哺乳動物の場合，あらゆる場面で適応的な行動が発現されるとは限らない。適応的意義をもたない余剰的，非合理的な行動が発現される可能性も否定できないし，新奇な実験場面で新たな行動形態を獲得する可能性も考えられる。つまり，生息場面では「していない」行動を，実験室場面で「できるようになる」ことも否定できないのである。

　生態学的アプローチを有効に用いるためには，実験データの解釈に動物行動学や行動生態学の知見を適用するだけでなく，その解釈の妥当性を新たな実験によって検証することが望ましい。装置や手続きを変えて実験を行うだけでなく，実際の生息環境に近い屋外で，しかも過剰な統制や制約を課さない実験計画のもとで行うことも必要となってくるかもしれない。そのようなプロセスを経ることによって，動物行動のより深い理解が進むことが期待される。

（芳賀康朗）

# 第3節
# ラットの系統比較研究
―行動と遺伝との関連を探る―

## 1. 行動に及ぼす遺伝的特質の影響についての研究

　高等生物においても，その行動には経験の影響とともに遺伝的特質によって規定される側面があることは，現在では一般的な見解となっている。しかし，この問題を実証しようとすると，遺伝的要因による影響と経験的要因による影響とを明確に分離できないという事実にぶつかり，双生児研究のような少数事例に頼らざるをえない面があった。それを解決する一つの方法として，遺伝的コントロールがなされている実験動物を用いた研究が挙げられる。この研究分野が確立したのは意外に最近であり1960年代である。その理由としては，遺伝学がもっぱら形態の特性を対象として研究してきたこと，そして学習心理学が一時期において極端な経験論を主張する行動主義に支配されてきたことが挙げられる。

　以下では，動物心理学における中心的な被験体であるラットの系統比較研究を例として，この分野の研究方法と留意点について述べる。

## 2. 系統比較とは何か

　実験動物は，遺伝的コントロールの仕方により系統というグループに分けられるが，その一つに近交系と呼ばれる動物がある。これは，ある両親から生まれた同腹の雌雄を交配させること（兄妹交配）を20代以上続けることによって人為的に作られた動物である。兄妹交配は一種の近親相姦であり，近交化の過程で繁殖の低下など種々の困難が伴う。このため近交系動物のほとんどは，繁殖力が高く世代交代の周期が速い齧歯目が中心であり，現在，世界中の研究室で多数の近交系マウスやラットが維持されている。

　近交系は同系統内すべての個体がほぼ同じ遺伝子組成をもつという大きな特色があり，それを利用して系統のもつ種々の特性に及ぼす遺伝の影響を調べることができる。たとえば，ある近交系の個体を2群に分け，出生時から条件（ケージの大きさや飼育個体数など）の異なる環境で飼育した結果，成長後の両群で行動に差異が

認められれば，それは環境の影響によるものと考えられる。逆に，出生時（正確に言えば受精時からであろうが）からまったく同じ環境下で飼育された二つの近交系間で行動の違いを見出せたとすれば，それは各系統の遺伝的な特質の影響が大きいとみなすことができる。このように，同一環境下での系統間の行動の差異を遺伝的特質と関連づけて分析する方法を，系統比較研究と呼ぶ。

## 3．基本的な行動特性についての系統比較研究の重要性

これまで述べてきたように，遺伝的形質が異なる複数の近交系動物の行動を同一環境下で比較することは，行動に対する遺伝的影響を吟味するのに都合がよい。しかしながらこの手法を用いても，どのような要因が行動特性の系統差を引き起こすのかを推測することは必ずしも容易なことではない。たとえば，迷路課題の学習成績について系統差が得られたとしても，それは狭義の学習能力の差に起因しているとは限らない。活動性が高い系統が迷路内を活発に探索することによってゴールに到達する機会が増えたのかもしれない。また，同じ条件で食物制限を施したとしても，より空腹になりやすい系統の方がエサを求める動機は大きいかもしれない。つまり学習行動のように，多くの要因の相互作用によって決定される行動への遺伝的な影響を理解するためには，各系統の活動性，種々の刺激に対する感受性といった基本的な行動特性を把握しておくことが必要となる。

以下では，そのような基本的な行動特性の一つである明るさに対する忌避傾向に関するラットの系統差について紹介する。

## 4．ラットの毛色遺伝子と行動特性

ラットには多くの系統が存在していることは述べたが，われわれ素人が系統を見分けるポイントの一つは，肉眼でもわかるラットの毛色である。実験動物としてのラットは「シロネズミ」と呼ばれるように体毛の白いものが多いが，ラットのオリジンであるドブネズミは，いわゆるドブネズミ色をした動物である。この違いは毛色を決める遺伝子の一つである有色-アルビノ遺伝子（C-c遺伝子）による。この遺伝子対が劣性ホモ（cc）の場合，他の毛色遺伝子がどのようなものであれ，毛色は白で目は赤色となる。このような劣性遺伝子のホモの組み合わせをもつ個体は自然界で生き延びることはむずかしいのであるが，実験室環境下における人為的なコントロールで繁殖・維持ができるようになったのである。このアルビノ個体に対し，アルビノ遺伝子が優性ホモ（CC）またはヘテロ（Cc）の場合には，他の毛色遺伝

子の組み合わせにより黒あるいはドブネズミ色といった種々の毛色をもった有色個体となるのである。

　行動研究者はこのアルビノ遺伝子がラットまたはマウスの基本的な行動特性に影響しているのではないかと考え，いくつかの研究を行ってはきたが，かならずしもその仮説は支持されているわけではない。しかしながら，ここで紹介する明暗に関しては，アルビノ系統の方が光を忌避する傾向が強いという報告があるため（Wilcock, 1969），アルビノ系統である Wistar, F344，そして有色系統である BN, BDIX の 4 つの近交系を用いて，明るさに対する忌避性に毛色が関与するかを検討した。なお，ふつう Wistar は近交系ではないが，ここで使われた系統はわれわれの実験室で 10 年以上も兄妹交配を続けてきたものであり，近交系に近いものとして扱っている。

## 5．どのような事態で明るさへの忌避を検討すべきか：第 1 実験

　ラットが明るさを忌避する傾向を測定するにはいくつかの方法がある。たとえば，オープンフィールド内の照度を変化させ，それに伴う移動量や脱糞数を測定する方法（DeFries *et al.*, 1966, McClearn, 1960），装置内の照明を点灯または消灯するレバーをラットが何回押したかを計測する方法（Lockard, 1962, 1963, 1964），観察装置内に照度が異なる区画を設け，各区画内の滞在時間を測定する方法（Matuo & Tsuji, 1989, van der Staay & Blokland, 1996）などがとられてきた。しかし，先に述べたように，測定した行動に系統差が認められたとしても，その原因が何かを特定することは容易なことではない。オープンフィールド内の移動量や脱糞数は明るさではなく装置の新奇性により強く影響を受ける可能性もある。またレバー押しのような特殊な行動を要求する方法では，レバー押しとその効果についての学習能力の違いから系統間で差異が生ずる可能性もある。そこで，そのような影響が少ない事態として，ラットの生活場面に相対的に照度の異なる二つの区画を設け，そこでの活動量を測定することで明るさへの忌避性を検討することとした。

　具体的な手続きは以下のようなものであった。実験で使用した 4 系統のラットは，いずれも親世代から研究室に導入され同一環境下で生まれ飼育された個体で，生後 42〜46 日齢になった時点で装置内に 1 個体ずつ入れられ，約 1 ヶ月間装置内での活動量を測定された。装置は 21×41 cm のプラスチック製のホームケージであり，餌・給水ノズルのあるフィールド区画と，入り口から自由に出入りできる木製の巣箱区画とに分かれていた。巣箱には天井があり照明が点灯している時間（8 時〜20 時）でも 1 ルクス以下の照度であったのに対し，フィールドでは約 200 ルクスの照

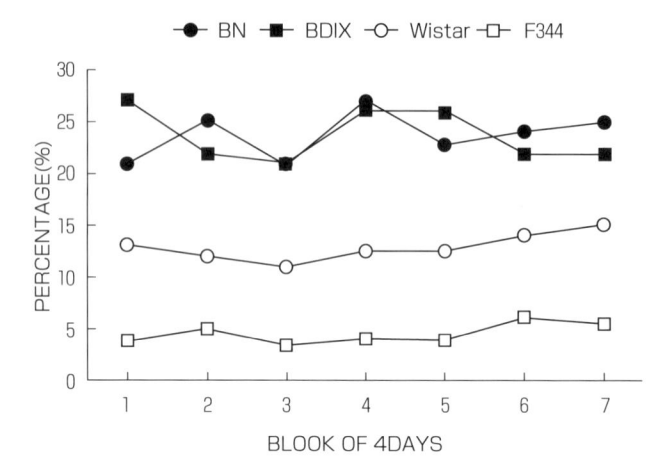

図 3-3-1　ブロックの推移に伴う各系統のL％の変化

度であった。フィールドには2組の赤外線ビームを走らせ、その切断回数を明所での活動量の指標として測定し、系統間での明るさへの忌避傾向に差異があるかどうかを調べた。

　実験の結果は、以下のようであった。図3-3-1は、1日のフィールド活動量において明期のフィールド活動量が占める割合（L％）を示したものである。このL％が低いほど、明期でのフィールド内の活動量が少ない、つまり明るさへの忌避傾向が強いということになる。図からわかるように、各系統ともL％は日数の経過によって変化することなく比較的一定である。つまりこの指標が実験期間の経過によって影響されにくい安定した指標であることがわかる。そして、BNとBDIXはWistarおよびF344のいずれよりもL％が高く、さらに同じアルビノ系であるWistarはF344より値が高いことが読みとれる。したがって、有色系よりもアルビノ系の方が忌避傾向が強いが、単にアルビノ遺伝子のみで決定されているわけではないことが示された。

## 6．L％は明るさへの忌避傾向を示しているか：第2実験

　第1実験でF344はL％が一番低かったのであるが、その原因が明るさ以外の可能性も残されている。たとえば、明期には実験者が給餌や清掃のために飼育室に入ることがあり、その際の物音や気配に対してF344が他の系統よりもより敏感だったとも考えられる。そこで第2実験では、明期のフィールドの照度を2週間ごとに、

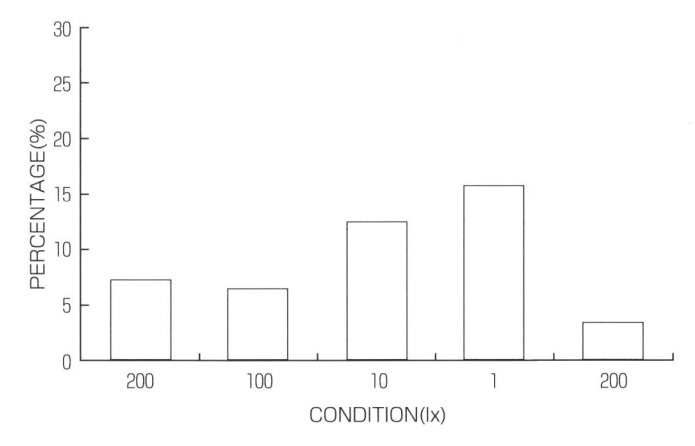

図3-3-2 各照度条件におけるL％の中央値（F344）

　200ルクス，100ルクス，10ルクス，1ルクスと下げていき，最後に再び200ルクスに戻すという操作を行った。

　図3-3-2は各照度におけるL％の中央値である。その結果，F344は照度が10ルクス以下になるとL％が増加し，200ルクスに戻すとまた減少している。つまりこの系統はフィールドがある程度明るいとそこでの活動量が減少することが示され，明るさ以外の刺激が活動量を決定しているわけではないことを意味している。

## 7．明るさへの忌避傾向は母親の影響か遺伝か：第3実験

　実験1の結果，明るさへの忌避傾向には系統間で差がみられたが，この差が遺伝によるものだと結論するのは早計である。たとえば，忌避傾向の強い母親に育てられた個体は発達の初期に光にさらされることが少なく，成長してからも明るい場所を避けるようになったのかもしれない。このような母親の影響を吟味するために，BD IXとWistarとの交雑第1代（異なる系統間の仔ども世代）の行動をみる実験を行った。この二つの系統は近交系またはそれに近い状態であるため，ほとんどの遺伝子対はホモである。したがって，BD IXが母親でWistarが父親の仔どもとBD IXが父親でWistarが母親の仔どもは，それぞれ育てる母親は違う系統であっても，ほぼ同じ遺伝子組成なのである。もし明るさへの忌避性が母親による影響のためならば，二つの交雑群のL％の間に差がみられるであろう。

　図3-3-3は，実験1で得られた親系統および二つの交雑群のL％の中央値を示したものである。ここから母親の異なる二つの交雑群の結果には差がなく，親世代の

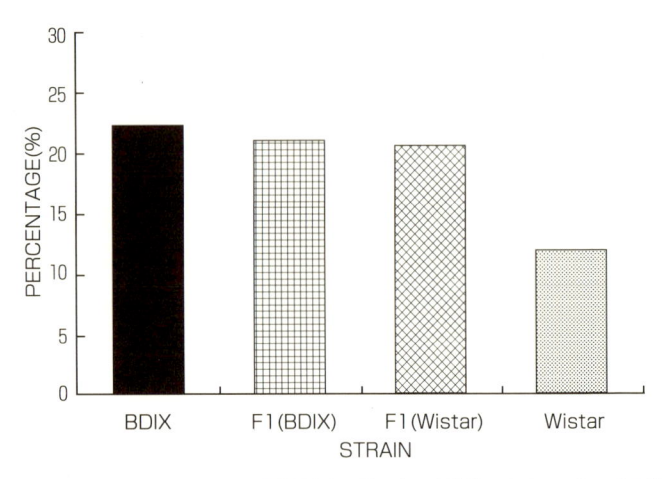

図 3-3-3　BDIX, Wistar および両系統を母親にもつ交雑群における L％の中央値

Wistar よりは BD IX の結果に近いと言える。つまり明るさへの忌避性は母親の行動によって決定されているわけではないことがわかった。

## 8. ま　と　め

　これまでラットの系統比較実験を紹介してきたが，マウスはラットに比べ詳しい遺伝子情報が得られており，遺伝子レベルでの操作も可能となっている。また人間の遺伝子についても，ヒトゲノム計画と呼ばれるプロジェクトが日進月歩の勢いで進められている。しかし，たとえすべての遺伝子組成がわかったとしても，行動と遺伝との関係が一挙に解明されるわけではない。多くの場合，一つの行動特性についても多数の遺伝子が複雑に関与し，単純にその結びつきを同定できないからである。したがって，行動と遺伝との関係を探る研究は，心理学，遺伝学，実験動物学，医学という様々な分野との学際的な取り組みが不可欠な分野なのである。

（松尾美紀）

# 第4節
# スンクスの攻撃行動

## 1. 攻撃行動の研究

　通常，動物を用いた攻撃行動研究では，攻撃性を表すと考えられるような行動を観察し，その回数をカウントする定量的な手法が用いられている。そして，どのような条件でその攻撃行動が増減するのかを明らかにしていくことで，攻撃性が生じる原因を究明するのである。

　その際，とくにこれまでよく検討されてきたのは，隔離飼育効果である。攻撃性は飼育環境によってかなり変化し，一般に雄の場合，同性の他個体と一緒に飼育した場合では攻撃性が弱まり，逆に隔離飼育した場合には攻撃性が高まることが知られている。

　そこでわたしは，スンクスにおいて隔離飼育効果が性の組み合わせでどのような違いを生じるのか検討することによって，この動物の攻撃性の性差を明らかにしようとした。雄と雌の攻撃は行動的に同じものなのだろうか。また，隔離飼育は性に関わらず同じように攻撃行動を変化させるのだろうか。この動物は系統発生的に哺乳類の基幹的な位置を占めるから，これらを検討することは，哺乳類の攻撃における性差を考察する際に重要な基礎データを提供することにつながるかもしれない。

## 2. スンクスの攻撃行動

　スンクスの2個体を，中に何もない適当な大きさの区画内にいれると特徴的な行動を示すのが観察される。典型的には，相手を威嚇する発声（警戒発声）を互いに繰り返し，時には相手の尾を咬み，取っ組み合う（レスリング）。攻撃行動が激しい場合には，咬まれた尾からにじむ血液で観察箱がかなり汚れてしまう。つまり，彼らは非常に攻撃的な個体間行動を示すのである。

　2個体がいつでもそのような状態になるわけではなく，場合によっては，何度か警戒発声で威嚇したあと，仲良く身体を寄せ合って片隅にうずくまってしまう（接触滞留）こともある。しかし，成体間で容易に食殺が起こること（辻・成瀬，

1985) などからしても全般にスンクスは攻撃性が高く，しかもその攻撃行動は明瞭であるといってよい。おもしろいことに，通常の実験用の齧歯目（ラットやマウス）では通常は雄同士以外にほとんど攻撃が見られないのに対して，スンクスの場合，雄同士でも雌同士でも雌雄間でも一見似たような攻撃が観察されるのである。

そこで，ここでは，幼仔の頃から他個体と一緒に飼育した場合（以下，群飼と呼ぶ）と，1個体だけで飼育した場合（隔離飼育と呼ぶ）での，攻撃行動の違いを検討した。つまり，雌雄それぞれに群飼育の個体と隔離飼育の個体を作り，その上で，雄同士の組み合わせ，雌同士の組み合わせで攻撃行動を観察することにした。

## 3．実験の方法と結果

**（1）基本的な方法**　さて，実験（Kawano, 1994）にあたっては，被験体の様々な条件を統制しなければならない。まず，4個体の母親から生まれた幼仔を互いに別の母親から生まれた個体同士になるように雄雌2頭ずつからなる4頭で4グループを作って，ランダムに母親の元に戻した。そして，30日間の授乳期間母親と一緒に飼育した後，これらの個体を母親から分離し，隔離群は単独で，群飼育群は4個体一緒に30日間飼育した。こうして，生育条件を統制し，最終的に雌雄16頭ずつ32頭のデータを得た。

観察時には，様々に生起する行動のうち，どの行動をカウントするかが重要になる。対象行動を決定するために何回か予備実験を行い，よく起こり（少なくとも起こる可能性があり），しかも比較的はっきりと同定できる行動を拾い上げた。それが，表3-4-1に示した諸行動である。そして，起こった行動を何度も再現して確認するためにビデオテープレコーダーをセットし，VTRの画面に収まる観察箱（36(w)×71(d)×45(h)cm）を置いた。そして，観察箱に2頭のスンクスを同時に入れ，そこで起こる行動を10分間観察することにした。

**（2）同性間攻撃における行動頻度の分析**　実際にこの実験を行った結果が図3-4-1に示されている。攻撃性は，警戒発声の数と，直接攻撃（尾咬み，身体咬み，レスリングの合計値）で代表させ，逆に親和性は接触滞留頻度で代表させている。攻撃的な個体間関係を示す警戒発声は隔離飼育群雄と隔離飼育群雌で多く，統計的にも生育条件の主効果が認められたが，性の主効果は認められなかった。親和的関係を表すと考えられる接触滞留の回数は群飼育群の雄と雌で多く，同じく生育条件の主効果が認められたが，性の主効果は認められなかった。つまり，雄同士だろうと雌同士だろうと同じ程度の攻撃性を示し，またそれは，隔離によって増大することがわかる。

## 第4節 スンクスの攻撃行動

表 3-4-1 観察した行動項目

| 項目 | 記号 | 定義・特徴 |
| --- | --- | --- |
| 接近 Approach | Ap | 相手個体に接近すること |
| 逃避 Escape | E | 相手個体から逃避すること，ないし，相手個体のいた場所から離れること |
| 対面 Facing | F | 相手個体に頭部を向ける，ないし，相手個体に頭部を突き出すこと |
| 警戒発声 Alarm vocalization | VA | 鋭い高音の発声 |
| 直接攻撃 Attack | At | 尾咬み・身体咬み・レスリングの各頻度の合計 |
| リアリング Rearing | R | 後肢で立ち上がること（上体の一部が壁に触れている場合も含む） |
| グルーミング Grooming | G | スクラッチ，洗顔，毛づくろいなどの，自分に対するグルーミング |
| マーキング Marking | Mr | 体側にある分泌腺を床や側壁に擦り付けること |
| 尾振り Tail-wagging | TW | 相手個体の前で尾を振ること |
| 宥和発声 Pacifying vocalization | VP | 幼仔期のアイソレーション・コールに似た発声 |
| 性器なめ Penis-licking | PL | 雄が，交尾のために一時的に突出した自己の生殖器を腹腔内に戻す際になめる行動 |
| マウント Mounting | M | 相手個体への背乗り |
| 接触滞留 Staying | S | 相手個体に接触した状態で同じ場所に滞留すること |

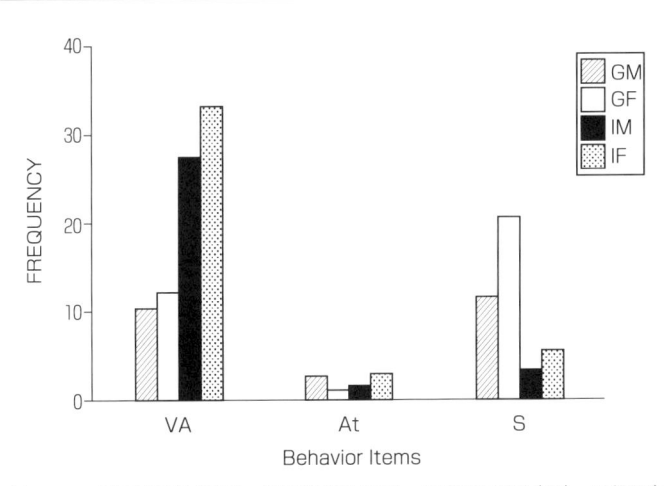

図 3-4-1 群飼育群雄（GM），群飼育群雌（GF），隔離飼育群雄（IM），隔離飼育群雌（IF）における警戒発声（VA），直接攻撃（At），接触滞留（S）の平均生起頻度

**（3） 同性間攻撃における行動パターンの分析**　では，スンクスは攻撃行動において本当に雌雄に違いがないのだろうか。単純な行動生起頻度の分析では現れないような違いがあるのではないだろうか。そこでわたしは，行動の系列分析を行うことにした。系列分析とは，行動の生起した時間的順序を記述しておき，ある行動のあとにどの行動が連続しやすいかを数量化して，結果的に行動の生起パターンを明らかにしようとする手法である。これは，生起回数のカウントなどの単純な定量的方法と違い，行動パターンの解明を目的とする点で，質的な解析と呼べるだろう。しかもその解析の元になっているのが記述データから抽出した回数であるので，個々の記述が正確ならば，一定の客観性が保たれるだろう。そのためにも，スンクスの行動をかなり網羅的に観察記述することが役に立つ。

行動推移の抽出と検定は，ルイスとゴッワ（1984）や粕谷・藤田（1984）に基づき以下のように行った（Kawano, 1992）。まず，すべてのデータを時間順に「被験体Aの接近」「被験体Bの警戒発声」などという形式でコーディングする。次に，被験体Aの行動が生起した後，被験体Bの行動が続いて生起する場合のみに注目し（AからBへの推移）Aの行動を先行行動とし，Bの行動を後続行動とする系列分析マトリクスを作る。その後，同様にBの後にAが生起する場合（BからAへの推移）のマトリクスを作り，さらに両者をプールして，個体間行動推移マトリクスを作成する。その後，この推移マトリクスに基づいて，ランダムに推移が起こった場合の理論値を［（先行行動の総回数）×（後続行動の総回数）÷（全行動数）］によって算出し，これと実測値の間で $\chi^2$（カイ2乗）検定を行い，統計的に有意な推移を見つけ出す。この一連の作業は大変煩雑なので，実際にはコンピュータプログラムを使って行動記述列を自動的に解析していく。

さて，こうして解析した結果を，行動の流れがわかるように描いたものが図3-4-2である。これは個体間の有意な行動推移のみを表した図であり，図3-4-2でいうと，一方の個体が接近したあと，もう一方の個体が対面し，次に一方は対面を仕返すかあるいは警戒発声をする，ということを意味している。矢印の太さは推移の生起頻度を表している。

これを見ると，行動の基本的な流れ（接近・対面・警戒発声・逃避間の，高頻度に生じる行動）は，雄が接近・対面・警戒発声・逃避，そしてまた接近，という流れがあるのに対して，雌では，対面から警戒発声への推移がとぎれていることがわかる。すなわち，基本的な行動パターンに性差が生じているのである。さらに，雄のパターンは尾振りを含む推移が現れ，比較的複雑だが，それに較べ雌の推移は単純である。こういった雌雄の違いは生育条件が異なっても保たれている。

つまり，スンクスは，行動の生起頻度においては生育条件の影響が明らかである

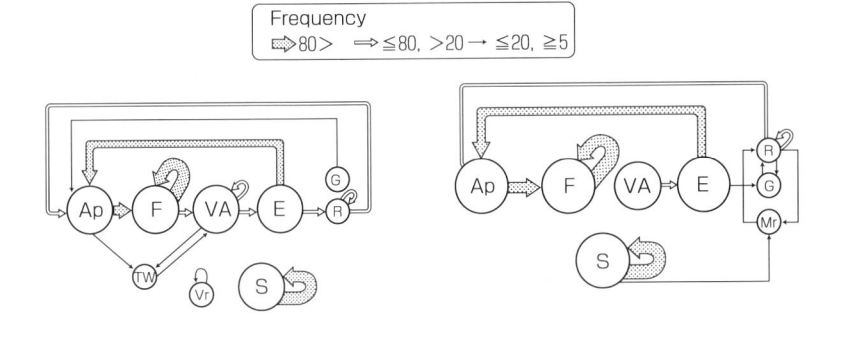

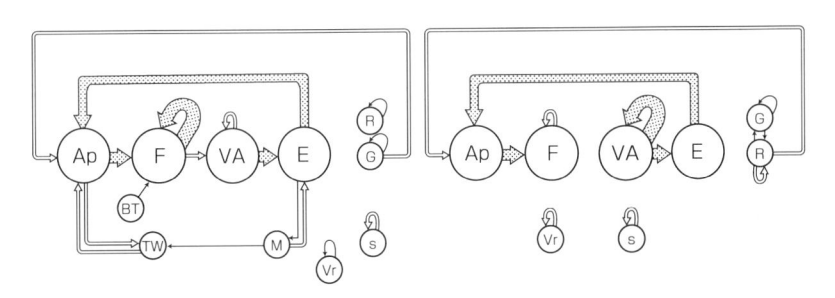

第4節　スンクスの攻撃行動　　113

図 3-4-2　群飼育群雄（左上），群飼育群雌（右上），隔離飼育群雄（左下），隔離飼育群雌（右下）における有意な個体間行動推移。矢印の太さは各推移が生じた回数を表す。

一方，顕著な雌雄差は認められないが，そのパターンには雌雄差が明瞭でしかも生育条件には影響を受けにくいものだったのである。こういったことは，おそらく頻度の分析だけでは把握することがむずかしかっただろう。

## 4．異性間攻撃の実験

**（1）実験手続きの概略**　では，異性間の攻撃はどうだろうか。はたして，生育条件は攻撃頻度や攻撃パターンに影響するのだろうか。

そこで次には，他個体とともに生育した個体（群飼育）と単独で生育した個体（隔離飼育）の異性間行動の特徴を検討することにした（河野，1995）。まず雌雄各20頭の被験体に対し，半数ずつに群飼育・隔離飼育を行った。前の実験と同様に，スンクスの幼仔をリッターメイトと30日間維持した後に離乳し，無作為に群

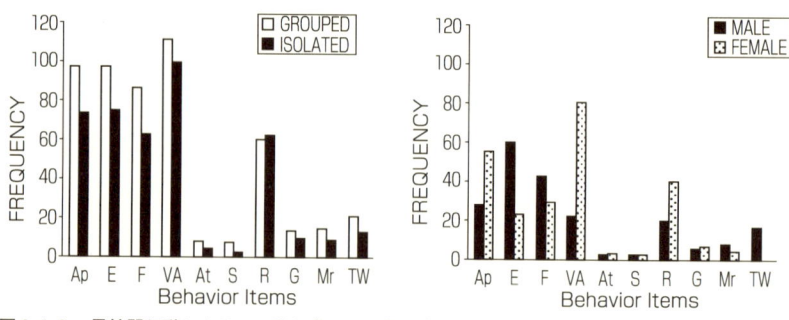

図 3-4-3　異性間行動における，群飼育群と隔離飼育群の平均行動生起頻度（左）と雌雄の平均行動生起頻度（右）

飼育群と隔離飼育群に割り当てた。次に，同性他個体との対面テストを連続して5回行い，確かに同性間では生育条件が攻撃性に影響すること，また，何度も同じ相手と対戦させても攻撃性は変化しないことを確認した。この同性他個体との対面テストの後，3日間単独飼育に戻し，最後に異性個体との10分間の対面テストを1回行った。異性個体は，同一の生育条件でリッターが異なる被験体とした。

**（2）異性間攻撃における行動頻度の分析**　まず，各行動の生起頻度を検討した。群飼育群と隔離飼育群の各行動項目を統計的検定にかけると，雄のマーキング以外には有意な差が認められなかった。さらに，雌雄の行動頻度を同一ペアごとに加算した後の平均値をみても，すべての行動で，群飼育・隔離飼育の群間には統計的な有意差はなかった（図3-4-3左）。

　生育条件による違いが主要な行動に認められなかったので，次に群飼育・隔離飼育両群をまとめ，行動頻度を雌雄別でみた（個体ごとの頻度の平均；図3-4-3右）。統計的検定を行うと，接近・逃避・対面・警戒発声・アタック・リアリング・尾振りに有意差があり，接近・警戒発声・アタック・リアリングは雌が，対面・逃避・尾振りは雄が多かった。これらは，雌が雄に対して優勢に攻撃し，雄は受動的に回避していたことを示している。性行動初期に雌の攻撃性が高く，雄はもっぱら雌との交尾を求めてその攻撃に耐えることは，辻（1989）がすでに報告している。そして，これには生育条件がほとんど影響しなかったから，雌雄間相互作用は性的なものであり，隔離飼育によって昂進する同性間攻撃とはかなり異なった機序に基づいていることが推測される。

**（3）異性間攻撃における行動パターンの分析**　では，行動系列のパターンを見た場合には，生育条件による違いは見出せるだろうか。先の実験にならって，群飼育群と隔離飼育群の個体間行動推移を描いたものを図3-4-4に示す（河野，

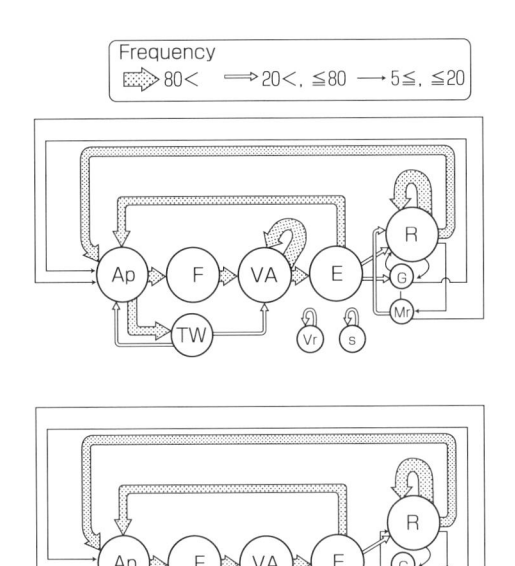

図 3-4-4　群飼育群（上）と隔離飼育群（下）における雌雄間の個体間行動推移

1994）。

　これによると，群飼育群では，接近→対面→警戒発声（自己推移あり）→逃避→接近の主要な推移が明瞭にみられた。一方，隔離飼育群では，接近→対面→警戒発声→逃避→接近の主要な推移がみられたが，警戒発声の自己推移は生じなかった。警戒発声に対して警戒発声で応える積極的で攻撃的なパターンはむしろ群飼育された雌雄間で顕著であることが示されたのである。ただし全体的には，生育条件が違っても主要な流れはほぼ同じだったといえる。両群に特徴的な推移は，接近－尾振り間の双方向性の推移であり，相手の接近に尾振りで対処していたことを示している。この尾振りという行動は，雄が雌の攻撃を宥める際に行ったり，雌が性的に受容的になっている際に行うものと考えられている（辻，1989）。

## 5．まとめと今後の課題

　以上のように，スンクスの攻撃を行動の生起頻度と行動推移のパターンという両面で分析してみた結果，頻度で明らかになる特徴とパターンで明らかになる特徴が

あることがわかる。

　同性間の攻撃に関していうと，攻撃の頻度では顕著な性差はなかった。しかし，パターンで見ると基本的な違いが一貫して見られ，それは，攻撃頻度を大きく変化させる生育条件によってもそれほど大きな影響を受けなかった。雌雄間の攻撃は特別で，これには，同性間攻撃には明らかに影響を及ぼしていた生育条件が攻撃頻度に影響しないだけでなく，パターンに対しても決定的な変化をもたらすことがない。

　おそらく，量的には同程度の攻撃をしている場合でも，スンクスの雄と雌では各性の組み合わせによって攻撃行動の背景にある内的メカニズムにかなり違いがあるのではないだろうか。

　しかし，残念ながらそれがどのようなものなのかをここで行った実験によって明らかにすることはできない。行動解析を詳細に行ってもそれはあくまで記述データであり，行動を引き起こす原因にせまるには，もっと被験体の内的状態を操作するような実験を行わなければならないのだ。今後の研究にはそれが求められるだろう。

　とくに，スンクスの雌の攻撃とその内的機序は研究対象として興味深い。なぜなら，本種の雌には性周期がなく（古村ら，1985），攻撃性を制御していると通常考えられる内分泌系との対応が予想しにくい点でその機序が注目されるし，さらに，キャラバンの行動発現時期と重なると予想される母性攻撃（主として雄に対してなされる，妊娠期ないし授乳期の雌の攻撃；総説は，牧野・小川，1982）の有無や機能も重要な問題となるからである。

　ところで，攻撃行動は通常，配偶個体やテリトリーなどを他個体から防衛する機能があると考えられる（Tinbergen, 1975）。そうであれば，生息地の自然環境下でスンクスがどのように生活しており，他個体とどのように相互作用して攻撃行動が発現しているかを調べることが重要な課題となる。しかし，スンクスのような小型で半地中性の動物の生態を直接に観察することは非常に困難である。この点を解決するためには，放飼場のような疑似自然環境を作って，そこでの行動を観察することが必要だろう。

　　　　　　　　　　　　　　　　　　　　　　　　　　　　　（河野和明）

# 第5節
# 動物の遊び行動について科学的に検討する
## ―系列分析を用いて―

## 1. 動物に「遊び行動」はあるのか：問題の出発点

　ヒトの子どもの様々な遊び行動のなかには，子ども同士の相互作用を含む社会的遊びというものがあり，その一つに，闘争事態をまねた「けんか遊び」がある。たとえばスポーツをまねたものや，戦争ごっこなどがその例である。日常的に行われるこれらの取っ組み合いなどは，本当の闘争行動とうまく区別されている。それは遊び行動が，闘争行動が本来もつ「相手の損傷」や「支配」などのような機能をもたないからだろう。また，子どもたちの楽しそうな表情や，特徴的な四肢の伸び方などが観察者にその行動を「遊び」と判断させているとも考えられる。このような「感情移入」に基づく判断基準には，ヒトについての常識的知識が大きく影響していると考えられる。

　一方で，われわれはヒト以外の動物にも同様の遊び行動があると認識している。たとえば仔イヌや仔ネコ同士の，取っ組み合ったり，追い掛けっこをしたりといったような行動を見て，動物が遊んでいると感じることがある。ここにはヒトの「遊び」の基準が同様にあてはめられているのだが，動物行動に直接ヒトの基準をあてはめると，事実を見落としたり，ありもしない現象を見出したりすることになり，危険である。かといって仔イヌに「本当に相手を傷つけようとはしていないのか，本当に楽しんでやっているのか」を問うことは不可能である。このため，感情移入とは別の，客観的な基準によって「遊び行動」の判断をする必要がある。

## 2. 動物の遊び行動の分類とその機能についての仮説

　多くの動物行動の研究者は動物の中でも哺乳類と一部の鳥類，および爬虫類に遊び行動と呼べるような行動が存在していると考えている。「遊び行動」には大きく分けて①ひとり遊び（solitary play），②対物遊び（object play），③社会的遊び（social play）があるとされている（Fagen, 1981）。

　従来の個別の研究では，これらの遊び行動に含まれる動作パターンの発達や進化，

経験の効果,あるいはその生理的機構の解明が目的とされてきた(Pellis & Pellis, 1992 ; Pellis, 1993 ; Thor & Holloway, 1984)。

また,動物の遊び行動は何の役に立っているのかという機能の問題については,成熟しつつある生体の有り余るエネルギーを方向付けなしに放出しているものであるとする余剰エネルギー仮説や,生体が「遊び」を通して動作パターンや,そのタイミングと方向づけを習熟するという練習仮説などがある。

## 3．動物の遊び行動の定義と分析方法

幼体ラットの遊び行動に関しては,たとえば「明らかに目的に欠け,力強く大袈裟な行動」(Poole & Fish, 1975)といった主観的な基準,あるいは特定の行動要素が含まれるかどうか(Panksepp, 1981 ; Pellis & Pellis, 1987)などの単純な基準に基づいており,充分に客観的な基準はないに等しい。前述のとおり,感情移入などの基準に頼ることはできないため,最初からある条件下の行動を「遊び行動」と考えるのではなく,観察する条件の違いによる行動の違いを把握することが必要である。つまり,ヒトと同様に遊び行動が幼体期に観察されやすいなら,その時期の行動の特徴を成体期の同じ状況下での行動と比較すれば,ヒトの場合と同様の特徴があることが確認されるかもしれない。

また,すでに述べたように,ある条件下での行動が遊び行動であるなら,その行動は本来の行動のような機能をもたないと考えられる。たとえばここで取り挙げる「けんか遊び」が,成体にみられる真の攻撃行動のような相手個体の損傷などという機能がないのであれば,そこに観察される動作(行動要素)の順序,つまり系列には成体の場合と異なる特徴が存在することが予想される。

このように個体間の相互作用を詳細に観察し,それぞれのラットが示す動作の順序を逐一記録して,それらの時間的なつながりの特徴を分析し,幼体期と成熟後の行動を比較することによって,前者が遊びであるかどうかを判断する手がかりが得られる。

## 4．被験体の選定

動物の遊び行動を検討する上で,どのような種を用いて観察するかを考える必要がある。ヒトに近く,認知能力が高いと考えられる類人猿を観察すれば,非常に興味深い行動がみられるかもしれないが,逆に様々な問題が生じる。第一にヒトに行動形態が似ていることにより,ヒトに対して行われる「感情移入」が介在する可能

性がある。第二に行動様式が多様なため，系列が多くなり過ぎると考えられる。また，類似する事態でも文脈によってその行動パターンが異なることが多くなり，そのため解析結果が複雑になり過ぎる問題がある。

　上記のことを考慮すると，ヒトと積極的な相互作用を示さず，感情移入の危険性が少なく，行動とその系列が比較的単純であり，かつ集団性の動物で，社会行動を頻繁に示す種が適当ということになる。ここではそれらの点を考えて実験動物であるラットを観察対象とした。またラットは性成熟までの期間が短いため，行動の発達的変化を追跡するのにも好都合である。

　また，ラットの社会的遊びの中では play-fighting というけんか遊びのような行動が頻繁に観察される。これは成体の雄が主に示す真の闘争行動に形態が似ているので，ここでは雄のみを用いることにした。

## 5．実験の進め方

**（1）　手続きの概略**　　最初にリッターメイト（同時に同じ母親から産まれた兄弟）の雄同士の相互作用を，離乳後だが性成熟には至らない40日齢前後と，性成熟後の90〜100日齢の2回にわたって観察した。リッターメイトの2匹の雄を20〜25日齢の離乳直後からペアでホームケージ内で飼育し，観察する日の24時間前にいったん別々のケージに分けた。これは，一時的に互いの接触を絶つ操作をすることによってその直後の対面場面での社会的行動が一時的に増加するというリバウンド効果を利用することで，行動が観察しやすくなるからである。その後それまでの飼育ケージ内に2匹を戻し，10分間の行動をビデオに録画した。さらに，同じ手続きを2匹が90-100日齢になった時点で再度行った。

**（2）　データの解析方法**　　上記の手続きでビデオに録画された行動を再生し，まず各個体が表3-5-1に示す行動項目を示した頻度を比較した。だが，社会的相互作用の特徴は各項目の頻度だけでは理解できないので，個体間の行動の推移を事象系列見本法（Bakeman & Gottman, 1997）という手法で分析した。具体的にはまず図3-5-1のように一方が先に示した行動を縦に，その後に他方の個体が示した行動を横にとり，各項目間の推移が何回起こったかを算出した。

　ここで大きな数値が示された推移がそのまま相互作用として生起しやすかった推移だとは言えない。頻度の高い二つの行動は，2個体がまったく独立にそれらを示したとしても偶然にそれが時間的に連続し，結果的に推移として計測されやすくなるからである。そこで，特定の行動項目AとBとの推移が偶然確率以上で，つまり有意に推移するかを統計的に明らかにするために，図3-5-1のように一方の個体が

**表 3-5-1　記録に用いた行動項目のリスト**

Locomotion：それぞれの観察場面において装置内で分割された区画の区画線を横切った回数。
Stand：前肢をケージの壁面にあてて後肢で立った姿勢。
Rear：後肢だけで立ち上がる。
Self-groom：自分の毛づくろいをする。
Stretch：後肢を移動せず、体を伸ばして相手個体などを探索する。
Rest：腹を地面につけて休む。
Paw：前肢を相手個体にあてる。
Nose：鼻先で相手個体の体をなでたり、押したりする。
Pounce：前肢をそろえて相手個体の背面に触れる。
Lie front：相手個体の正面に横向きになって伏せる。
Social groom：相手個体の毛づくろいをする。
Sniff：相手個体の体の匂いをかぐ。
Genital sniff：相手個体の性器周辺の匂いをかぐ。
Crawl over：相手個体の背中にはいあがる。
Crawl under：相手個体の腹の下に潜る。
Mount：前肢で相手個体の脇腹をはさみ、馬乗りになって臀部を前後に震わせる。
Approach：相手個体に近づく。
Lateral display：脇腹を相手に向け、背中を丸め、頭を低くした姿勢で相手個体に近づいていく。
Bite：相手個体を噛む。
Kick：相手個体を蹴る。
Bite and kick attack：相手個体の頭部のあたりを噛んだまま、ジャンプして後肢で蹴る。
Pin：一方の個体が仰向けになり、その腹を他方の個体が前肢で押さえつける姿勢。3秒以上継続したものを1回とした。
　On-top：Pin で押さえつける側。On-top になった個体がいったんパートナーから離れ、仰向けになっているパートナーが体勢を変える前に再び on-top の姿勢をとった場合も1回とした。
　On-back：Ping で仰向けになる側。個体の姿勢は submissive posture と同じだが、on-top と対になるものとして計測した。この項目は系列分析にのみ用いられ、頻度の分析は行われなかった。
Box：2個体が向かい合って立ち上がり、前肢を繰り返し相手の方に突き出す。
Wrestle：2個体が腹面を接触させたまま、もみ合って転げ回る。
Upright：相手個体に対して後肢で立ち上がった姿勢で向かう。
Freeze：硬直する。
Submissive posture：仰向けになった状態。Pinning で on-top の体勢をとった個体がパートナーから離れた時にも生起したが、この場合には系列として記録されたが、頻度としては記録されなかった。
Withdraw：相手個体から離れる。

|  | Paw | Pounce | Nose | |
|---|---|---|---|---|
| Paw | 6 | 7 | 4 | 17 |
| Pounce | 7 | 50 | 10 | 67 |
| Nose | 20 | 32 | 7 | 59 |
|  | 33 | 89 | 21 | 143 |

↓

|  | Paw | $\overline{\text{Paw}}$ | |
|---|---|---|---|
| Paw | 6 | 11 | 17 |
| $\overline{\text{Paw}}$ | 27 | 99 | 126 |
|  | 33 | 110 | 143 |

**図 3-5-1** 事業系列見本法に基づく項目間推移の算出方法。上の行動推移マトリクスを圧縮するため，注目する推移に含まれる項目以外はすべて加算する

AあるいはA以外の行動を示した場合それぞれにおいて，他方の個体がBあるいはB以外の行動を示した頻度を2×2のマトリクスに表し，$\chi^2$（カイ2乗）検定によってA→Bの推移が有意に生起したかどうかを確かめた。

**（3） 実験結果**　まず，各行動項目の頻度を成熟前と成熟後で比較すると図3-5-2のようになった。成熟前では pounce や crawl over といった，従来の研究で

も play-fighting の特徴とされている項目の頻度が高いが，これらは成熟後には少なくなり，逆に lateral display や upright といった真の闘争行動で頻繁に生起するとされる項目が増加した。また性行動に関係していると考えられる mount もかなり増加した。

また行動の推移については図 3-5-3 に示したように成熟前（a）と成熟後（b）ではかなり異なる傾向となった。成熟前では破線の上に配置されている非闘争行動の項目からの推移が，破線下の闘争行動項目の中でもっぱら pounce に向かっており，lateral display や upright といった項目への推移はまったくなかったのに対し，成熟後はこれら二つの項目への推移が有意に増加した。これらのことから，成熟前の個体間の行動は明らかに成熟後の行動とは異なり，威嚇や攻撃の機能をもたないもの，つまり一般に play-fighting と呼ばれる行動であると推測される。

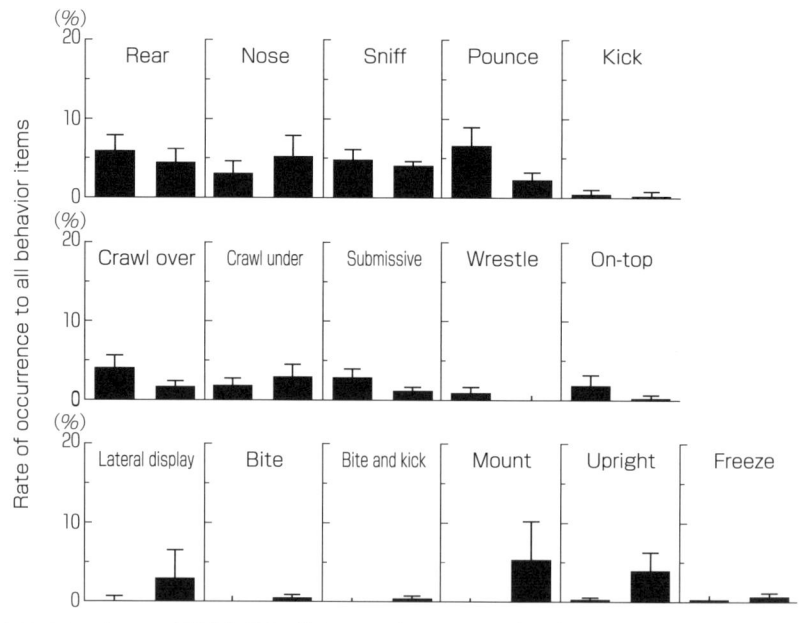

図 3-5-2　すべての行動生起頻度に対するそれぞれの項目の生起頻度の割合を成熟前後で比較したもの

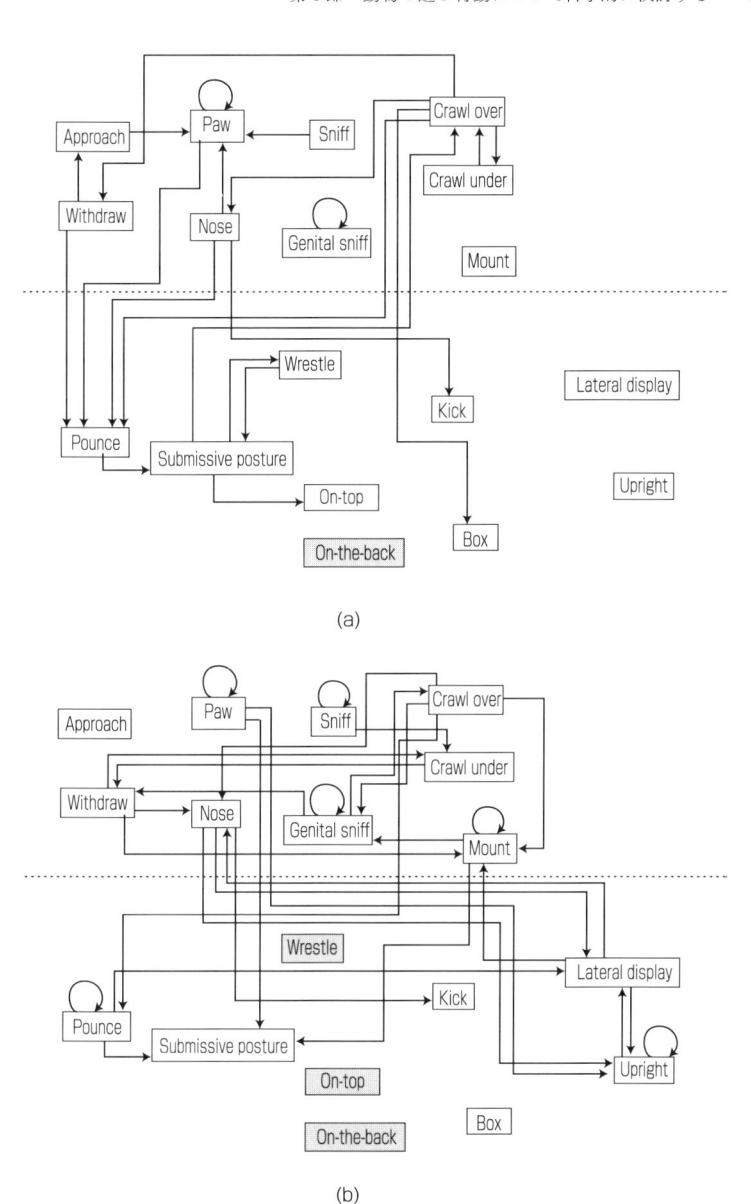

第5節 動物の遊び行動について科学的に検討する    123

図 3-5-3　(a)幼体と(b)成体におけるリッターメイト間の相互作用の行動系列

## 6. play-fightingが生起する条件：ノンリッターメイトの場合の検討

　では，play-fighting は成熟前の雄ラットの間では必ず生起するのだろうか。この点を明らかにするには，初対面のつまりリッターメイトではない個体の場合についても検討する必要がある。そこで次の実験として，異なる母親から産まれた2匹の幼体の相互作用について観察したところ，図 3-5-4 のようになった。面白いことに，ここには図 3-5-3 の（a）と（b）の両者の特徴がともに含まれている。つまり，play-fighting 的な行動推移と真の闘争行動の推移，さらには性行動を含む推移までが有意に示された。

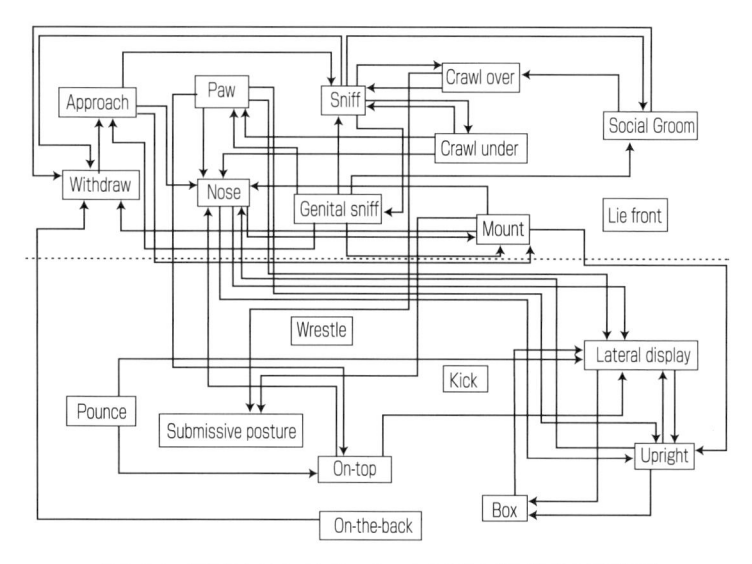

図 3-5-4　幼体におけるノンリッターメイト間の相互作用の行動系列

## 7. 実験結果が意味すること

　以上の観察結果から，成熟前の雄ラットの個体間で示される相互作用的な行動は，そこに含まれる項目の頻度からも，項目間の系列からも，成体間の真の闘争行動とは異なる play-fighting と呼ぶべき特徴をもつことが示唆された。これらのことから，幼体期の個体間では play-fighting 行動が生起し，それが成長とともに次第に

真の闘争行動へと移行していくが，幼体であっても個体同士が初対面の場合にはそれと同時に真の闘争行動の特徴もみられ，逆に成体のリッターメイト間でもplay-fightingから真の闘争行動への移行には，単に性成熟という要因のみではなく，個体間の接触経験が影響していることが考えられる。

## 8．今後の課題

　これまでの分析からラットにも「遊び」と呼べる行動があることがある程度推測できたが，同時にそれは真の闘争行動と完全に分離できるわけではないことも示唆された。また，この行動の機能についてもまだ明確な答えは得られていない。これらの問題については，今後以下のような点の検討が必要であろう。

　一つは，リッターメイトでない成体間の行動では，まったくplay-fightingの特徴が生起しないかどうかを検討することである。これによって，接触経験の影響をより明確にすることができる。また，リッターメイトの成体間でマウンティングが生じたことは，幼体期のplay-fightingが単なるその場の遊び以外の機能，つまり成熟後の性行動と関連している可能性を示している。この点についてplay-fightingの経験と他の行動場面との関連性を検討していく必要がある。

　さらに，視覚的な行動観察とは別の指標を併用することも今後の研究の進展には必要であろう。たとえば，ラットではplay-fightingと超音波発声との間に関連がある可能性が指摘されている。だが現在のところ，これらの関連性については間接的な証拠しか得られておらず，実際にplay-fightingが生じている時の発声の特徴については今後検討する必要がある。またこの点は，遊び行動に対する動機づけや情動の影響を分析するためにも重要だと考えられる。

〔山田裕子〕

# 第6節
# ラットの食物選択の個体間伝達
―動物における社会的学習―

## 1. なぜ動物の社会的学習を研究するのか

　一般に，他個体とのなんらかの接触によって影響を受ける学習のことを社会的学習という（定義に関しては，Galef, 1988；Heyes, 1994 を参照）。これは動物が試行錯誤的に行う個体学習（たとえば運動技能の向上の際に利用される学習）とは別の学習形態であるとされる。人間が他者の行動を観察したり，他者から知識を受け取るといった社会的学習によって，現在の高度な社会や文化を作ってきたことは明らかである。それならば，人間以外の動物も社会的学習能力をもっているのだろうか。あるとすれば，どのような能力をもっているのだろうか。それらを検討することによって，人間の社会や文化の成立過程を考えたり，人間と動物の心の連続性という進化論以来の大問題を考えるための手がかりが得られるかもしれない。それゆえ学習心理学では，その黎明期より動物の社会的学習能力が，多くの研究者の関心を集めてきた。

## 2. 社会的学習の証拠の乏しさ

　動物の学習実験を行った先駆者として，ソーンダイク（Thorndike, E. L.）の名前はよく知られている。彼は19世紀末に，様々な仕掛けがしてある問題箱からネコが扉を開けて脱出するまでの時間を計測した。つまり動物の試行錯誤的な個体学習の能力を検討したわけである。その一方でソーンダイクは，同じ問題箱を用いてネコやイヌなどの社会的学習能力についても検討している。
　訓練を積んだネコが問題箱から脱出する様子を，問題箱の経験のないネコに観察させる。その後この観察を行ったネコだけを問題箱に入れ，扉の開け方を学習する様子を調べたのである。ただしこの実験結果はソーンダイクの予想とは異なり，先行する観察経験は学習に活かされないという結果であった（このあたりの事情については，Boakes, 1984 が詳しく紹介している）。
　ソーンダイクの研究が象徴するように，動物の社会的学習能力を明確に示す証拠

は意外に乏しい。チンパンジーなどの霊長類や心理学が伝統的に用いてきたラットを含め，動物の社会的学習能力が明確になってきたのは比較的最近になってからのことである（歴史的な経緯としては，Heyes & Galef, 1996；日上, 1992；Whiten & Ham, 1992；Zentall & Galef, 1988 を参照）。その理由としては，学習心理学の研究の多くが最近まで個体学習に偏っていたことや，行動生物学などが主張してきた種ごとに独自な適応という視点が心理学になかったことなどが挙げられる。そのため，結果的に対象とする動物にとって不適切な課題を設定してしまい，動物の社会的学習能力の証拠がなかなか得られなかったのである。

### 3．なぜラットの食物選択なのか

　社会的行動の研究にとって適切な動物は，ラット以外にもたくさんいる。しかし一方で，ラットを用いて動物の社会的学習を研究することには利点も多い。たとえば，ラットは心理学の実験で長く用いられてきた動物であり，その扱い方に関するノウハウがすでにたくさん蓄積されている。また世代交代のサイクルが短く，発達的な影響を推論するのにも都合がよい。そのためラットを用いた実験ならば，短期間に統計的に裏付けられるほど多数のデータを集めることができる。しかしラット以外の動物を用いるとなると，それ相応の設備と実際に実験を始めるまでの準備期間がかなり必要となるだろう。

　ではラットはどのような事態で社会的学習の証拠を示す可能性が高いのであろうか。確かにラットは社会的な動物であり，仲間と様々な情報交換を行っている（Barnett, 1975；Lore & Flannelly, 1977）。しかしラットの視覚はあまり良くないといわれており，ソーンダイクのネコの実験のように，ラットに仲間の行動を視覚的に観察させるだけという実験は，あまり適切な方法ではないと考えられる。実際，レバー押しやシャトルボックスを用いた研究で，ラットの社会的学習能力を明確に示せたものは少ない（Heyes & Dawson, 1990；Russo, 1975）。

　他方でラットにとって食物選択は生きていくのに不可欠な能力であり，特別な訓練なしにその行動を示す。動物には単食性のものと雑食性のものがいる。雑食性の動物は単食性の動物とは違い，生きていくのに必要な栄養を得るために様々な種類の食物を摂取する必要がある。そのため，彼らは食べられるものと食べられないものとを識別し，栄養のバランスがとれるように適切な食物を選択しなくてはいけない。雑食性の動物である人間やラットなどは，経験や学習を利用することによってこの問題を解決している。それゆえ，ラットの社会的学習能力を検討するのに食物選択場面を用いることは，ラットにとって自然な課題を要求しているという点です

ぐれた方法である。ラットが食物選択場面で社会的学習能力を示す可能性は高いと考えられる。

## 4．ラットの食物選択の個体間伝達について何がわかっていたか

　それでは，ラットの食物選択の個体間伝達についてこれまでにどのようなことがわかっているのだろうか。ラットは仲間が食べた食物をにおいで同定することができ，さらにその後の食物選択場面でそれと同じ食物を選ぶようになることが知られている（Galef & Wigmore, 1983）。

　一般にラットは見慣れない食物を食べることに慎重であり，安全であるかどうかが確認されるまではそれを大量に摂取することはない。しかしココア風味の餌を食べた仲間と一緒にされたラットは，仲間の口などからにおう餌のにおいを確かめる。そして自分自身は一度も食べたことのないそのココア風味の餌を，その後他の餌よりも多く摂取するようになるという。

　つまり自分自身では食物の安全性を確認していなくても，仲間が摂取していることがわかれば，ラットはその新奇な食物を積極的に食べるようになるのだ。これはラットの食物の安全性に関する社会的学習であるということができる。ではラットは，食物の危険性に関しても社会的に学習することができるのであろうか。

　はじめての食物を食べた後に一度でも中毒症状を起こすと，多くの動物は以後その食物を強く避けるようになる（味覚嫌悪学習）。しかし，もし毒物である食物を自らは摂取することなく，社会的な方法で同定し避けることができるならば，それはより適応的な行動だと考えられる。なぜなら，毒物を一度でも摂取すれば死に至る場合もあり，そのような危険を冒すことなく毒物を避けることは，その個体が生き延びることに関して有利に働くからである。しかし，ココア風味の餌を摂取して中毒症状を示す仲間をラットに呈示しても，その後ココア風味の餌を避けるようにはならないことが報告されている[1]（Galef, Wigmore & Kennett, 1983；Galef, McQuoid & Whiskin, 1990）。

---

（1）　その後，非常に限定的な条件ならば，中毒症状を示す他個体の摂取した餌を避けるようになることが，一例だけ報告されている（Kuan & Colwill, 1997）。しかし一般論としては，ナイーヴなラットが食物の危険性に関して社会的に学習することができるという証拠はほとんど得られていない。この点に関して，最近邦訳もされた動物の意識の問題を扱った二つの本（Dawkins, 1993；Rogers, 1997）には誤った記述がある。

## 5. 実験で何を調べようとしたか

なぜラットは他個体の摂取した食物を避けるようにならなかったのであろうか。この問題を考える上でヒントとなる報告がいくつかある。たとえば、ニホンザルを用いた研究では、母ザルに味覚嫌悪条件づけをして子ザルにそれが伝達されるかどうかが調べられた（日上, 1990）。その結果、子ザル自身が過去に味覚嫌悪条件づけを経験していれば、母親の摂取しなくなった餌を避けるようになる事例があったと報告されている。

またラットを使った別の研究によると、自分自身で電気ショックを経験したラットは、その後電気ショックを受けた他個体のにおいが残る場所を避けるようになることが報告されている（King, Pfister & DiGiusto, 1975）。同様の報告は、ラット以外にハトやサルについても行われている（Watanabe & Ono, 1986 ; Masserman, Wechkin & Terris, 1964）。

これらの報告に共通することは、被験体である動物が過去に嫌悪状態を経験していれば、同じ経験をして苦しんでいる他個体からの情報を利用するということである。そうであるならば、食物の危険性に関しても、被験体であるラットがあらかじめ味覚嫌悪を経験していれば、中毒症状を示す他個体と一緒にされることで、他個体の摂取した食物をその後避けるようになるのではないかと考えられる。筆者はこの可能性を調べるために次のような実験を行った（Hishimura, 1998）。

## 6. 実験方法

**（1）手続き**　被験体のラットがあらかじめ弱い味覚嫌悪を経験していれば、中毒症状を示す刺激個体と一緒になることで、その刺激個体の摂取した食物をその後避けるようになるのかどうかを調べた。具体的には、図3-6-1に示したような手順で実験を行った。

まず最初の3日間を食餌制限期として、被験体（社会的学習能力を調べるための個体）と刺激個体（被験体に情報を伝えるための個体）とに与える餌の量を制限した。これには、今まで食べたことのないココア風味の餌を後でラットが時間内に十分食べるようにすることと、被験体と刺激個体を同じケージで飼うことで、お互いに慣れさせることの二つの理由があった。

4日目に条件づけ期として、刺激個体と被験体を別々のケージに分けて、被験体に1時間ココア風味の餌を与えた。餌を取り除いて、さらに1時間後に被験体の腹

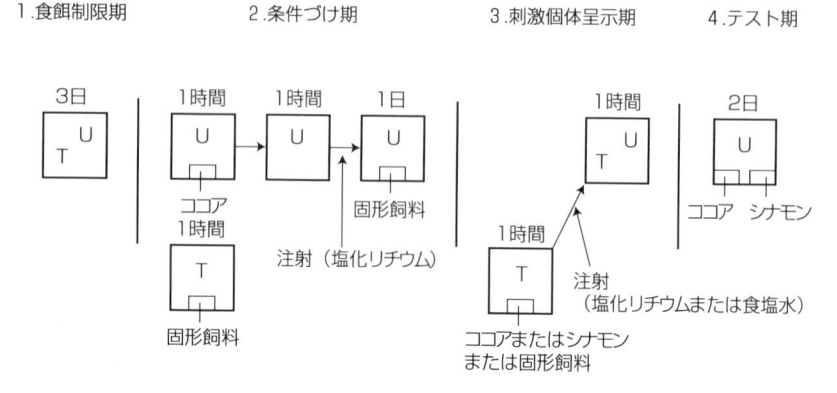

130　第Ⅲ章　動物行動の背後を知る

**図 3-6-1　実験の手続き（U：被験体，T：刺激個体）**

に毒物である塩化リチウムを注射し，翌日まで放置した。塩化リチウムを注射すると，ラットは中毒症状を起こし数時間の間じっとケージ内に横たわる。そして直前に食べた食物と中毒症状を結びつけて，以後その食物を避けるようになる。

しかし被験体がココア風味の餌をあまりに強く嫌悪するようになると，刺激個体が呈示されるかどうかに関係なく，その味覚刺激を食べようとしなくなるおそれがある。そのため今回の実験では，被験体自身があらかじめ経験する味覚嫌悪は弱いものにする必要があった。被験体が餌を摂取してから中毒症状を起こすまでの間に遅延をおくと，嫌悪の程度が弱くなることがわかっている。そこでこの実験では1時間の遅延がおかれた。なおこの間，刺激個体は別のケージの中で前日までと同様に食餌制限を受けた。

条件づけ期の翌日の刺激個体呈示期では，まず刺激個体ごとにココア風味の餌，シナモン風味の餌，あるいは固形飼料のいずれか一つを1時間与えた。そしてその直後に，塩化リチウムか食塩水を刺激個体に注射し，被験体と1時間一緒にした。塩化リチウムと違って，食塩水を注射されてもラットは健常なままである。薬物の効果ではなく，注射をしたこと自体の効果があるかもしれず，結果の解釈が複雑になってしまわないように，健常なラットを呈示する場合でもこのような処置をとった。

1時間後に被験体のケージから刺激個体を取り除き，テストとして被験体にココア風味の餌とシナモン風味の餌とを同時に呈示した。そしてそれからの2日間に，どちらをどれだけ摂取したかを計測した。このときに被験体があまりに空腹だと，どちらの餌もかまわず摂取してしまうおそれがあるので，被験体は条件づけを受け

うにした。てから刺激個体を呈示されるまでの間，固形飼料を自由に摂取することができるよ

（2） 群の構成　この実験は，刺激個体呈示期にココア風味の餌を摂取して中毒症状を示す刺激個体が呈示された群（CoLi群）が，その後にココアに対する嫌悪を強めるかどうかを確かめることが目的である。しかしそれは，統制群（PeSa群），つまり通常のペレットを摂取して中毒症状を示さない刺激個体が呈示された群との比較によって明らかになる。さらに，もしCoLi群で摂取量の低下が見られたとしても，それは単に他の個体から与えられるにおいを嫌ったためだったのかもしれない。そこで刺激個体が中毒症状を示している必要があるのかどうかを確かめるために，ココア風味の餌を摂取して健常な刺激個体が呈示される群（CoSa群）を設けた。さらにもともとの餌の選択性を確かめるために，シナモン風味の餌を摂取して中毒症状を示す刺激個体が呈示される群（CiLi群）と，シナモン風味の餌を摂取して健常な刺激個体が呈示される群（CiSa群）も用意した。このようにこの実験では，結果の解釈がより詳細に出来るように，様々な可能性を考えて群構成を行った。ただし一般的には，あまり群を増やしすぎてしまうと結果の解釈はかえってむずかしくなる。

（3） 事前の予備実験　なおこの実験を始める前には，予備実験をいくつか行う必要があった。たとえば，今回の実験で用いた餌は，先行研究（Galef *et al.*, 1983）と同じココア風味の餌とシナモン風味の餌であった。しかし，それが本当に適切な餌であるかどうかは，あらかじめ確かめておく必要がある。そこで，カレー風味の餌やニンニク風味の餌を用いてみたり，餌ではなくバニラエッセンスを混ぜた水道水などを試した。またココア風味の餌とシナモン風味の餌についても，通常はどちらをどれだけ好んで食べるのかを調べる必要があった。さらに，ラットに中毒症状を起こす薬物を注射する訓練をしたり，餌を呈示するための皿についても，ラットが中身の餌をこぼしたり，かじって壊したりしないように，その形を工夫する必要があった。

## 7．結 果 と 解 釈

　実験の結果は，図3-6-2のようになった。テスト期間中の餌の全摂取量（テストで被験体が摂取したココア風味の餌の量とシナモン風味の餌の量とを足したもの）に対するココア風味の餌の摂取量の割合という指標で，5群を比較したものである。図からも明らかなように，ココア風味の餌を摂取し中毒症状を示す刺激個体が呈示されたCoLi群では，他の4群よりココア風味の餌が選択的に避けられたことがわ

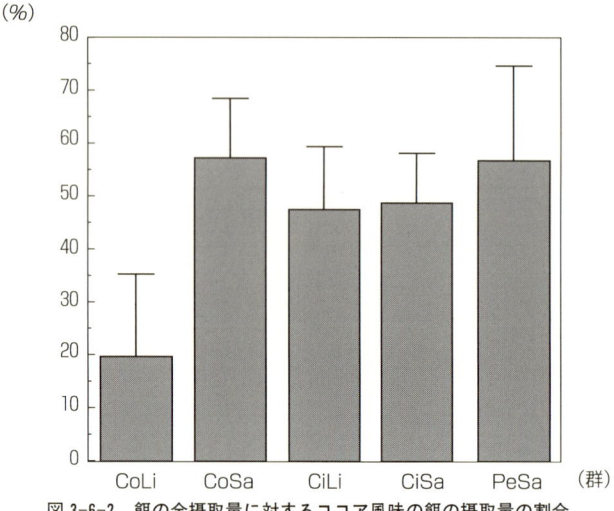

図 3-6-2　餌の全摂取量に対するココア風味の餌の摂取量の割合

かる。一方，CoLi 群以外の 4 群の間に統計的な違いは見られなかった。なおこの後，被験体が条件づけ期に摂取する餌をシナモン風味のものに変えた別の実験を行ったが，そこでも同様の結果を得た。そのため，この効果は特定のにおいに限定されない一般的なものであることが示された。

　このことから，ラットは自らがあらかじめ弱い味覚嫌悪を経験している場合には，その後に中毒症状を示す刺激個体と一緒になることで，刺激個体の摂取した食物を避けるようになることが明らかになった。ただしそれは刺激個体の摂取した餌が，かつて被験体自身が中毒を起こしたものと同じ餌の時だけであった。

　この結果は，先に示した被験体である動物が過去に嫌悪状態を経験していれば，同じ経験をして苦しんでいる他個体からの情報を利用するという報告と類似している。それゆえ，動物が他個体の痛みを理解するには，自分自身の同様の経験が必要なのかもしれないということが考えられる。もちろんこのことは，ここで紹介した実験だけでは確かめられるものではない。しかし，動物と人間との心的過程を比較する際のアナロジーとしては興味深い仮説であると思われる。

　なおこの後，筆者は実験の効果をより明確にするために，被験体の味覚嫌悪学習時に遅延時間をおかない場合や，刺激個体の呈示を被験体の中毒経験以前に行うなど，さらに細かく変数をかえる実験を行った。それらの細かい部分をおさえる実験を行って初めて，上で見られた効果を，中毒症状を示す刺激個体の効果であると自信をもって言うことができるようになった。

## 8. ま と め

　以上，筆者の行った実験を例に，動物の社会的学習の研究について説明してきた。当然のことではあるが，本稿で紹介した一つの実験の結果だけでは，先に動物の社会的学習を研究する理由として挙げた，人間の社会や文化の成立原因であるとか，動物から人間への心的過程の連続性などについてはまだ何も答えることができない。しかし，このような小さな実験を一つ一つ積み重ねることによって，次第にそれらに対する答えは明らかになっていくものと筆者は信じている。

　心理学の研究がたった一つの実験で完結することはあり得ない。一つの明確な実験を行うためには，多くの押さえの実験や予備的な実験を行う必要がある。また一つの実験を行えば，その結果によって生まれた新たな疑問を確かめる実験を行う必要がでてくる。そしてまた，その結果を十分に解釈するために新たな実験を行う。そのような地道な作業を多くの研究者が続けることが，動物の心を考える際には大切なことなのである。

〔菱村　豊〕

# 第7節
# 連合学習の機構を探る
―ラットの味覚嫌悪条件づけからわかること―

　この節で紹介する研究は、ラットの学習行動に関連した潜在制止という現象のメカニズムを検討したものである。この研究の進め方について具体的に解説することで、特定の動物種をモデルとする学習過程についての実験室的な研究がもつ意義と限界について考えてみたい。

## 1. なぜパヴロフ型条件づけを研究するのか

　たとえば、小さいころにイヌに噛まれてからは、どのようなイヌでも見ただけで怖くなって近寄れないという人がいる。この例は、二つの出来事（事象）が時間的に接近して経験されるとそれらの間に何らかの関連性が学習され、それによってある事物に対する個人的な感情や態度などが形成されることを示唆している。つまり、噛まれた痛みが噛んだイヌの姿や声と同時に経験されたことが、イヌを怖がる原因だと考えられる。また一般に連合学習と呼ばれるこのような学習過程は、たとえば夕焼けの翌日は晴れることが多いといった日常的な知識（知恵）の形成にも関わっており、さらにはそれらの経験的な知識がより複雑な観念や思考の要素を形成するという点でも重要な意味をもつ。では、連合学習の背後にはどのようなメカニズムがあるのだろうか。

　この問題の検討のために用いられる実験手法（パラダイム）の一つに、パヴロフ型あるいは古典的条件づけと呼ばれるものがある（Pavlov, 1927）。たとえば特定の音（条件刺激：conditioned stimulus, 以下CSと略す）を聞かせた直後に瞼に空気（無条件刺激：unconditioned stimulus, 以下USと略す）を吹きつけることを繰り返すと、ヒトは次第にその音を聞いただけで瞼を綴じるようになる。これはCSとUSとの間に関連性が学習された結果だと理解できるが、実験室で用いられるこれらの刺激は、それぞれ生活場面でのイヌの声や夕焼けの色、そして噛まれた痛みや翌日の天気といった出来事を代表させたものとみなすことができる。そこで、これらの刺激の呈示方法など様々な条件を操作し、それらが学習行動の形成や消失にどのように影響するかを確かめることによって、連合学習の機構を分析するのである。

## 2. なぜ実験室で研究するのか

　以上の話に納得がいかないという読者もあるかもしれない。つまり，われわれは本当にそのような知識をすべて自分の経験によって獲得しているのだろうか，という疑問である。たとえば夕焼けの翌日は晴れるといった知識は，親からあるいは学校で教えられたものとして得られたのかもしれず，自身の体験の結果ではないのかもしれない。たしかにヒトは自分自身の体験だけではなく，周囲の人や書物などからの情報によっても多くの知識を得ている。このような社会的な学習は決してヒトのみに特有の能力ではない（第6節参照）が，少なくともその能力と重要性はヒトにおいては非常に大きい。

　だが一方では，ヒトにおいても上述のような特定の事物に対する感情の獲得といった経験効果は個人的なものであり，したがってそれらのすべてが他者から教えられた知識でないことも事実であろう。つまり，われわれは自身の体験と社会的学習の双方によって現在の知識の総体を得てきたのである。

　このように，個々の人間は多様な経験を通じて知識を得ているために，たとえば夕焼けの翌日は晴れるという特定の知識が獲得された原因は本人に聞いてもわからないことが多い。さらに，個人間で共通の知識についても，それを可能にした経験は互いに異なる場合もあると考えられるが，ヒトにおけるこのような経験の個人差は高等動物の一般的な学習過程について知るためにはかえってノイズとなってそれを妨害する。したがって，二つの事象の経験がどのような仕組みによって知識化されるのかを知るために，生活場面における特定の知識の由来について本人の判断や推測を内省的に報告してもらうという方法のみに依存すると，一般心理学としては十分な成果が得られないことが多い。

　そこで，上で述べたような経験の個人差が影響しない状況と事象を用いた実験室的な研究が有効となる。また，たとえば「オロ」と「セラ」といった二つの無意味な綴りの対を繰り返し呈示し，その一方を手がかりとして他方を答えることを訓練する，いわゆる対連合学習も，実験室におけるこの種の代表的な課題である。

## 3. ヒトに固有な問題と動物実験の意義

　しかし，実験室事態で検討する場合でも，学習過程の研究ではヒトを用いること自体が種々の問題を生じる可能性がある。たとえば，特殊な仕事に従事していたり個人的な趣味をもつ人にとっては，上記の無意味綴りは意味をもつ場合もある。あ

るいは過去に類似の実験の被験者を経験していれば，それが経験効果として影響するかも知れない。

　だが，より重要な問題は課題への動機づけがむずかしいことである。つまり，実験室内での経験はヒトにとっては生活のために必要とは言えないものが多く，また倫理的な制約などから，たとえば学習によってうまく対処できなければ飢えや苦痛といった深刻な状態を招くような経験を与えることは許されない。すると，現実場面で示されるような高い動機づけ状態が実験室内では被験者に期待できない，つまり真剣になれない場合もあり，それが結果に影響することも考えられる。

　そこでこれらの問題を除去するためには，出生時点からの環境条件をかなり統制することができ，またある程度クリティカルな状況下での経験効果を分析できる実験動物をヒト（あるいは高等動物一般）のモデルとして用いるという方法が考えられる。実験動物を用いて単純な知識の獲得過程を研究するというこのような方法は，心理学では長い歴史をもつ。もちろん後述するように，動物によって得られたデータがどこまで一般化できるか，また動物ではどのような経験までが許されるかという「動物福祉」などの問題はあるが，二つの事象間の関連性を学習することは，ヒト以外の多くの生き物にとっても適応のために必要な能力であると考えられるため，その基本的な仕組みが多くの種に共通に備わっていると仮定することはあながち根拠のないことではない。

　そこで以下では，味覚嫌悪条件づけという技法を用いて行われた一つの実験を例として，動物の行動の変化から基礎的な学習過程の機構を検討するための手順を解説する。

## 4．ラットを用いた味覚嫌悪条件づけの研究

　第3節で述べられているように，ラットは野生のドブネズミを実験動物化したものであり，その結果として遺伝的に均質な近交系動物を入手できる。このことはとくに学習過程の研究にとって，遺伝的差異が実験結果に影響する可能性を排除できるという意味で大きな利点となる。またその他にも第6節で示されたように，ラットという種は統計的な裏付けを必要とする学習の一般的な過程についての研究にとっては多くの利点をもっている。そのような理由から，ラットは条件づけの研究に用いられる代表的な種となってきた。

　またラットは雑食性であり，様々な種類の食物を摂取する。したがって，時には毒を含むものを食べて中毒症状を引き起こしてしまうことがあるが，そのような経験をしたが生き延びたラットは，それ以降その食物に含まれる味覚刺激を避けるよ

うになる（第6節参照）。これが味覚嫌悪学習である。味覚嫌悪学習の能力は雑食性のラットという種の一つの特質とも理解できるが，学習の一般的な機構の解明を目的とする心理学では，むしろこの事実をある食物の味覚（CS）とそれに含まれる毒物（US）との関連性の学習，つまりパヴロフ型条件づけのパラダイムに沿ったものとみなした。そして，たとえば一回だけの経験によっても堅固な学習が生じるといった利点から，近年では特定の味覚を経験させてから中毒症状を引き起こす物質を投与し，その後のその食物の嫌悪の程度を測定するという味覚嫌悪条件づけの手続きが，パヴロフ型条件づけの機構を実験的に分析するための一つの代表的な手法となった。

## 5．具体的な研究事例：潜在制止の強度に及ぼす保持間隔の効果

**（1） 潜在制止現象についての習得不全説と検索干渉説**　すでに述べたように，この研究領域の主な目的はパヴロフ型条件づけによって生じる行動の変容の背後にどのような仕組みが存在するのかを理解することである。だが，ただ適当にある味覚をラットに経験させた後に中毒症状を生じさせても，それだけでは仕組みの解明のための有効な手がかりは得られない。関連する可能性のある様々な要因（変数）を操作してそれが嫌悪の程度に与える影響を体系的に分析し，それらの結果を整合的に説明できる仮説（モデル）を考え，さらにその仮説から導かれる予測を検証するという作業を通じて，機構についての推測がより確かなものになるのである。

従来からこの領域では，二つの事象を経験すると各々の記憶の間に結びつき（連合）が生じ，その強度（連合強度）が種々の要因（たとえば経験回数）によって変化するような機構が有機体の内部にあり，それによってパヴロフ型条件づけに基づく学習行動が形成されるという説が有力であった。そしてこの立場に基づく理論のなかから，異なる条件間での学習行動の相対的な強度について広範囲の予測ができるモデル（Rescorla & Wagner, 1972 など）が提出されたこともあり，従来のモデルのほとんどは，細部においては異なっていても，連合の形成という単一の機構によって多様な現象を説明しようとしてきた。

しかし比較的最近になって，パヴロフ型条件づけに基づく行動の変化が連合という仕組みだけに基づくものではないことを示唆するいくつかの事実が示されるようになった。そのなかに，潜在制止という現象を規定する要因についての分析結果がある。

潜在制止とは，パヴロフ型条件づけで CS として用いられる刺激を，その前に単独で呈示しておくと学習が弱まるという現象である。連合強度の変化のみによって

学習行動を説明しようとする従来のモデルでは，この現象は刺激の前呈示によってその後の条件づけによる CS—US 間の連合の形成を妨害する何らかの過程が生じる結果だと考える。これを習得不全説と呼ぶ。だが，最近になってこれとは異なる発想からの一つの仮説が提出された。検索干渉説と呼ばれるこの仮説（たとえば，Bouton, 1993）では，前呈示と条件づけは別個の経験として独立に記憶され，前者は後者による CS—US 間の連合の進展を妨害しない。だが条件づけ後のテストで CS を呈示されると，これら二つの経験の記憶が想起を巡って干渉を起こすために，CS に対する反応が弱まる。これが潜在制止の原因だと考えるのである。

**（2）異なる仮説の妥当性の検証** 習得不全説と検索干渉説のいずれが潜在制止の仮説としてより妥当なのか。この問題の実証的な解答は，各々の説から予測される結果が異なる事態を設定し，実際にどちらの予測が当たるかを実験で確かめることで与えられる。ここでは，そのような事態の一つとして，学習経験からテストまでの時間，つまり保持間隔を増大させることが潜在制止の強度に与える影響を取り挙げた。

各々の説からの予測は次のとおりである。まず習得不全説は条件づけ時に CS—US 間の連合強度の形成が妨害されることが潜在制止だと考えるので，保持間隔はその強度には影響しないと予測する。しかし検索干渉説では，前呈示の経験の記憶は US という生き物にとって重要な事象を含まないために，簡単に言えば時間経過とともに薄れ，したがって条件づけの経験の記憶を想起時に妨害する力が弱くなる。したがって，保持間隔が増大すると CS に対する反応が却って強まる，つまり潜在制止の強度は弱くなることを予測する。以下はこれらの異なる予測についての検証実験の方法と結果である。

**（3）具体的な方法の概略** 実際の味覚嫌悪条件づけの手続きは非常に簡単なものである。ラットが特定の味覚（サッカリン）溶液を一定量（10 ml）飲んだら，腹腔内に毒物（塩化リチウム）を注射するという手続きを一回だけ行えばよい。また刺激前呈示とは，この条件づけの前日までに味覚刺激だけを繰り返し（3 日間）経験させることである（カッコ内はこの実験で用いた刺激や日数である）。

むしろここでは，刺激の前呈示によって潜在制止が生じるか，そしてその強度が条件づけからテストまでの間隔の長さによって変化するかという 2 点を確かめるための適切な計画で実験を実施することが重要となる。そのために，前呈示を経験し条件づけの 2 日後にテストを受ける Pre-2 群，前呈示を受けず（その期間は水が与えられる）条件づけの 2 日後にテストを受ける Cont-2 群，Pre-2 群と同様に前呈示と条件づけを経験するが，テストは条件づけの 21 日後に行われる Pre-21 群，そして前呈示を経験せずに条件づけの 21 日後にテストされる Cont-21 群の 4 群か

## 第7節 連合学習の機構を探る

表 3-7-1 保持間隔が潜在制止の強度に及ぼす影響を検討するための実験デザイン

| CS前呈示 | テストまでの間隔 | |
|---|---|---|
| | 2日間 | 21日間 |
| あり | Pre-2 | Pre-21 |
| なし | Cont-2 | Cont-21 |

ら構成される2要因配置の実験を行った（表3-7-1）。

そして実験の最後に，すべての群が30分間にどれだけの量のサッカリンを飲むかが2日間にわたりテストされた。なお，被験体は実験開始の数日前から実験終了まで給水を制限されており，嫌悪が学習されないかぎり刺激溶液を積極的に摂取するように

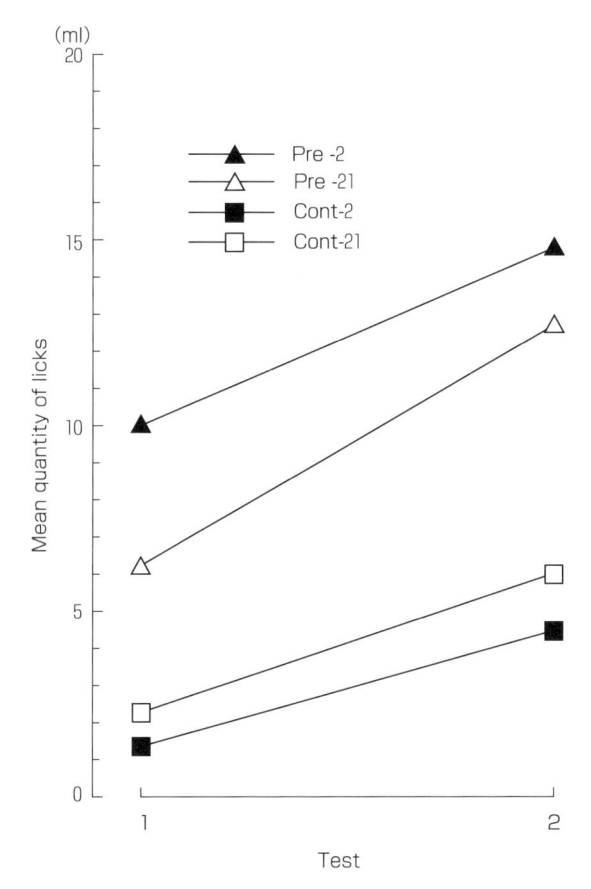

図 3-7-1 条件づけの前に前呈示を受けた Pre 群と受けなかった Cont 群が，2日間のテストのそれぞれで摂取したサッカリンの量。Cont 群では保持間隔の効果がない（見た目ではむしろ保持間隔が21日間の群で摂取量が増加している）が，Pre 群では保持間隔が長くなると摂取量は減少した。

動機づけられていた。

**（4） 実験結果とその統計的裏づけ**　テストで各群が刺激を飲んだ量を図3-7-1に示した。グラフから，3日間の前呈示を受けたPre-2群とPre-21群は，前呈示を経験せずに同じ保持間隔でテストを受けたCont-2群あるいはCont-21群よりもそれぞれ摂取量が多く，全般的な潜在制止の効果が確認された。しかし保持間隔の効果については，Pre-21群はPre-2群よりも摂取量が少ないが，Cont-2群とCont-21群との間には大きな差がない。このことは，潜在制止の効果が21日後のテストでは2日後のテストよりも弱くなったことを意味している。

しかし，テスト結果についてのこのような所見はあくまでグラフを眺めた印象であり，それは偶然である可能性は否定できない。そこで，この違いが確率論的に意味のあるものかどうかを統計的に確かめるという作業が必要となる。そのためにここで2要因配置の分散分析を行うと，たしかに前呈示の主効果と，それと保持間隔との交互作用が有意であることが確かめられた。これらの結果の意味を簡単に言えば，前者は前呈示によって潜在制止が生じたこと，また後者はPre-21群はPre-2群より摂取量が少ないことを示している。

これらの結果は，潜在制止の現象はCS−US間の連合の習得不全というよりは，むしろ検索時の記憶の干渉という過程の結果であるという仮説を支持したものと言える。

## 6．特定の動物種を用いた実験室的研究の限界

連合学習という知識獲得の基礎的な過程の理解のために実験室的な研究ではどのような方法が用いられるのかを，ラットの味覚嫌悪条件づけにおける潜在制止という現象を例として解説してきた。そして最近の研究からは，この現象にはここで示唆された記憶検索時の干渉以外にも，たとえば刺激の知覚的判断とか手がかりの相対的な確からしさの比較といった過程が関係していることが理解されるようになった。

しかし，ラットで得られたこれらの実験結果がすべて他のすべての動物にも必ず当てはまるとは限らない。たとえばラットではUSとしての中毒症状に条件づけが可能な刺激は嗅覚あるいは味覚刺激に限定されており，視覚や聴覚刺激とUSとの関係は学習できないが，ある種のトリでは餌の色といった視覚刺激が中毒症状に条件づけ可能であることが知られている。つまり，関連性を学習できる刺激の範囲あるいは特質が種によって異なるのである。あるいは能力的な面でも，極端な例では「風が吹けば桶屋が儲かる」の話のように，ヒトでは二つの事象間の関連性がいく

つもの連鎖となった複雑な連合を学習することは可能だが，ラットでそのような証拠はなかなか示されない。このように考えると，ラットがすべての動物の代表例だと簡単には結論できない。

また実験室的な研究手法のなかには，生活場面では様々な行動レパートリーを駆使して環境に適応している動物に，そこでは起こりそうもない人工的な事態とそれに対応するための特殊な行動を要求している場合もある。そして，このような生態学的な視点からの批判に対して，条件づけの研究者がこれまでそれほど積極的に応えようとしなかったことは認めざるを得ない事実である。

## 7．学習行動の生態学的研究の限界と実験室的研究のあり方

しかし，連合学習の過程を生態学の観察的手法から明らかにすることは，実験室的な研究よりもさらに困難を伴う。なぜなら，それぞれの動物種は長い進化の歴史のなかでその生息環境に適した行動の仕組みを遺伝的に受け継いでいるために，とくに下等な動物では通常の生活環境で個体ごとの経験に基づく学習行動に依存する度合いは小さい。つまり自然観察においては，そのような事例が観察されることは稀であり，ましてや環境変数と学習行動との関連性の条件分析を行うことはほとんど不可能である。したがって連合学習の研究，とくにその機構の解明を目指すためには，今後とも特定の実験動物をモデルとして使用する実験室的な研究が主流とならざるを得ないであろう。

特定の種を用いた実験室的な条件づけ研究についての前述の問題点は，それが生き物の基本的な学習過程を何ら明らかにしないことを意味するものではない。間違いなくそれはもっとも重要な接近法である。ただ，生物種はそれぞれの環境に多様な仕方で適応しており，したがって連合学習の過程を研究する際にも，その種に特有な制約やそれが具体的な行動に現れるまでに関与する他の要因を考慮する必要があること，さらに連合学習は決して経験に基づく適応過程のすべてではないことに留意すべきだということである。したがって適応行動のそのような多様性のすべてを明らかにするためには，ラットを用いた実験室的な研究のみならず，様々な動物種が自然界において示す興味ある事実にも目を向け，総合的な考察を行うことが必要である。

（石井　澄）

# 第IV章
# 「社 会」を 探 る

　社会心理学は，社会と人間との関わりを解き明かそうとする心理学の分野である。社会・文化や組織・集団などの社会的環境をどのように認識したり，そこからどのような影響をうけているのかを明らかにしようとする。さらには，人は社会に対してどのように働きかけたり，まわりの社会に適応しているのかをも研究の対象としている。流行やパニックのような集合現象のようにマクロなレベルのものから，集団間の葛藤や組織の中での服従などの集団レベル，さらには他者のパーソナリティ認知といったミクロなレベルまで，多様な社会心理現象を問題にするために，それらを取り扱う研究の方法も多岐にわたっている。

　社会心理学の古典的研究をいくつか思い浮かべてみても，そこで用いられている方法は様々である。たとえば，キャントリル（Cantril, 1940）による「火星からの侵入」は，大恐慌の時代にオーソン・ウェルズによるラジオドラマを聴いて人々がなぜパニックを起こしたかを，事件の後に実施した社会調査によって確かめている。あるいは，ジャニス（Janis, 1972）による「集団思考の犠牲者」は，ケネディ政権時の外交上の決断をとりあげ，それに関連する政治的文書を分析するという資料分析（Archival research）によって，才能に恵まれた人々が非合理的な集団的意思決定に陥るまでの要因の連関を推測している。さらには，フェスティンガー（Festinger, 1954）は，ひとが態度に反する行動をとらざるを得なくなるような状況をたくみに実験室の中につくりあげ，厳密に実験条件を統制した実験室実験によって「認知的不協和理論」の仮説を検証している。また，フェスティンガーら（Festinger et al., 1956）は，世界の終末を予言した宗教集団がその後にどのような布教活動を行って自分たちの感じている不協和を低減するのかを，研究者が信者としてその宗教集団のなかに入り込んで参与観察するというフィールド観察法によって，

認知的不協和理論の妥当性を現実場面で確かめている。

　社会心理学における研究法として代表的なものは，上に挙げた社会調査法，資料分析法，実験室実験法，フィールド観察法以外にも，実験室観察法，フィールド実験法，ゲームシミュレーション法などがある。それぞれの研究法は，その方法が事例的・探索的・観察的な方法であるか統計的・仮説検証的・実験的方法であるかという次元と，研究が行われる社会的場面が人工的で統制的な実験室的場面であるか非統制的で現実のフィールド的場面であるかという次元の，2次元上にそれぞれ位置づけることによって，その特徴を見ることができるだろう。また，それぞれの研究法には，それらによって得られた知見の外的妥当性や内的妥当性についても違いがある。たとえば，実験室実験によって得られた結果は，独立変数と従属変数の因果的関連を確定できるという点で結果の信頼性（内的妥当性）は他の方法に比べて高いといえる。繰り返し実験を行っても同じ結果がえられるという点や，実験で取り扱う要因以外の残余変数を統制できるということで要因連関の一般性が高いという点で優れているといえよう。ところが，そこで得られた結果が，現実のどのような社会的場面に当てはまるのかという外的妥当性の基準では，フィールド観察や社会調査法などに劣ることもあろう。一回限りの特異な社会心理現象がなぜ起きたのかを問題にする場合には，資料分析法や社会調査法が用いられるであろう。

　この章では，観察法，社会調査法，実験法，ゲームシミュレーション法を用いた研究例を紹介している。第1節の実験室観察では，観察したい行動が生起しやすい場面を実験室の中で作り上げたうえで，その行動を測定する評定項目を作成して観察を繰り返し行っている。第2節のフィールド観察では，現実のフィールドにおいてとなまれる多様な社会的相互作用を観察し，記録し，解釈しようとする。第3節では，環境関連の社会調査が現実場面でどのように実施され，それが社会的にどのような意味をもつのかを考える。第4節では，国際比較としての社会調査によって，文化の要因をどのようにして解明するのか，国際比較の問題点や方法で注意すべきことを解説する。第5節のフィールド（野外）実験では，現実場面における疑似実験の特徴を，環境関連の研究事例をもとに解説する。そして，第6節の実験室実験では，実験室における統制された要因操作のもとで得られた知見が現実の事象にどのように妥当するのかを解説する。最後に，ゲームシミュレーションの特徴とはなにかを，模擬世界ゲームのなかでの集団プロセスの事例をもとに解説する。各節では，様々なテーマについて，そこで用いられた方法がなぜ選択されたのか，その方法によってどのようなことが明らかにされたのかを，具体的手続きも含めて解説する。各節の方法の特徴や問題点に注意しながら読んでほしい。

# 第1節
# 実験室観察における観察評定項目の作成過程

## 1. 小集団の分析

　グループを組んで何らかの作業を行ったり，仕事をしなければならない場面はよくあるだろう。日本の企業では多くの場合，物を販売するのは営業課，社員の人事や福利なら総務課といった十数人から数十人単位の集まりを設定している。また，組織上規定されていなくとも，大学ならば教務委員会，企業ならば営業企画会議などの，特定の議題を話し合うための集まりも日常的に行われている。こうした集まりやグループのことを社会心理学では小集団と呼んでいる。

　小集団において，各メンバーがどのような役割をもち，その集団がどのような機能や構造をもっているかを分析することは，社会心理学の研究ではしばしば必要とされる。たとえば，ある課題を行うための作業グループが，その課題解決に成功するか，あるいは失敗するかは，集団内のメンバー間の相互作用にかかってくる。これを対人相互作用と言い，相互作用がどのような過程をとおして進められていくのか，またグループ内で様々な人間関係はどのように形成されるのかという問題を理解するためには，実際の相互作用場面を観察し，その結果を分析することが重要となる。ここでは，奥田と伊藤（1991）が行った実験室内での観察法を用いた研究を例にとって，とくに観察評定項目の作成過程について述べていきたい。

　小集団での対人相互作用を分析する目的は，大きく二つに分けられる（広瀬，1987）。その一つは，集団の目標に対するメンバーの様々な活動である集団機能を把握することである。集団機能の把握についての研究には，課題領域と社会的・情緒的領域の二つの側面から集団の機能を測定する IPA (Interaction Process Analysis: Bales, 1950) などがよく用いられてきた。一方は，集団内でのメンバー間のコミュニケーションのパターンや地位，役割といった集団構造を把握することである。そのための方法としては，多くのものが開発されてきたが，その一つにベールズらの作成した SYMLOG (a System for the Multiple Level Observation of Groups: Bales & Cohen, 1977) がある。この研究では，一定の期間をとおして相互作用が行われた安定した集団を対象として，そこにおける対人関係の次元を記述

することで，集団構造を把握することを目指している．本節では両者のうちの集団構造に着目し，SYMLOGを用いた方法を検討している．

## 2. SYMLOGとは

SYMLOGでは，対人関係の次元を以下の3次元で記述している．
①支配的―服従的（Upward-Downward：U―D）
②友好的―非友好的（Positive-Negative：P―N）
③課題志向的―感情表出的（Forward-Backward：F―B）

集団構造の分析にSYMLOGを用いることの利点については，広瀬（1987）が次の2点を指摘している．第1は，一連の相互作用が行われた後に全体の印象に基づき各メンバーの対人的行動を評価する評定法と，外部の観察者が相互作用を逐次的に観察し一定時間内の主な行動を記録していく逐次観察法の両方法が用意されている点である．第2は，SYMLOGでは集団構造を3次元ダイアグラム（図4-1-1参照）を用いて空間的に把握することが可能な点である．これによって，集団内の各メンバーが類似した対人行動をとっているのか，あるいは集団内に異なった行動傾向をもつメンバーが存在しているのかなどを明らかにすることができる．SYMLOGを実際の相互作用場面に応用した例としては，経営集団でのダイナミックスを調査したポーリー（Polly, 1987）の研究や，大学生を対象に性役割と対人行動との関連を分析した研究（Schneider et al., 1988）が挙げられる．

## 3. オリジナルなSYMLOGの問題点

SYMLOGをオリジナルな方法で用いる際には，いくつかの問題点が生じてくる．その一つとして，SYMLOGで示された対人行動の3次元の基準の妥当性に関する点である．とくに，F―B（課題志向的―感情表出的）の次元については，課題志向性と感情表出の統制という二つの側面を含めており，他のメンバーへの感情の表出を抑制しながら課題に注意と努力を集中することを表している．しかし，与えられた課題を達成しようとすることと，他のメンバーへの感情表出を抑制することは正反対の行動とは言えず，本来異なった要素を同一次元上に記述することは困難である．さらに，F―Bの内容は小集団での相互作用場面には明確な課題があることが前提となっているが，多様な相互作用場面では必ずしも明確な課題が設定されていない場合も多い．そのため，この基準自体の妥当性を検討する必要がある．

次に，観察基準の翻訳に伴う文化差の問題があげられる．ベールズらは小集団内

でのメンバーの行動は，観察が行為・非言語・イメージの三つのレベルで評価されると仮定している。しかし，日本人の非言語的な表出は欧米人に比してとぼしいことから，この観察基準をそのまま用いることは困難である。

最後に，SYMLOGには，前述したとおり評定法と逐次観察法の両方法があり，対人関係の変動や相互作用の過程を詳細に分析するには，逐次観察法の方が望ましい。しかし，逐次観察法では観察者がメンバーの個々の行動や非言語的表出を記録し評価しなければならないため，観察者自身が観察基準を事前に熟知し訓練することが必要になる。それに対して，評定法は逐次観察法より観察者への負担が少ない方法である。多様な小集団を対象にした相互作用研究を行う際には，熟練した観察者の行う逐次観察法の結果と整合した評定法を用いることができれば，より簡単な測定が可能となり，その適応領域も広がると考えられる。

ただし，評定法では記憶に基づく印象評定であるために評定時にバイアスがかかる可能性がある。とくにSYMLOGのオリジナルな評定方法では，UP，UFP，DFなどの複合的な評定カテゴリーを設けており，U，Dなどの単一カテゴリーと同一の重み付けをもつものとして評価されている。しかし，基本的な3次元にかかわる行動は，複合的なカテゴリーに分類された行動よりも，対人行動の方向性を規定する上でより大きな規定力をもつ。単一のカテゴリーを用いて対人相互作用を測定するほうが，集団の構造をより明確に把握できると考えられる。さらにこれによって，評定項目の数を少なくすることが可能になり，評定者の負担を軽減することで評定時のバイアスを減らすことができる。

以上の問題を解決するために，SYMLOGの3次元を再検討するとともに，新たな日本語版を作成しその観察項目の妥当性を検証し，評定法による簡便な相互作用の測定方法の作成することを目的とした。

### 4．観察評定項目の作成

ベールズらのSYMLOGの基本的3次元の枠組みを用い，奥田と伊藤（1989）の仮定した対人相互作用の3次元を考慮した評定法の観察項目を作成し，その妥当性を検討した。使用された3次元の基準の内容は以下のとおりである。

①リーダーの立場をとる―フォロワーの立場をとる（U―D）
②友好的な態度を示す―非友好的な態度を示す（P―N）
③文脈に沿った行動をとる―文脈から外れた行動をとる（F―B）

再定義した3次元の両極にあたる行動として，それぞれ3通りの表現を考え，計18の観察項目を作成した（観察評定項目1：表4-1-1参照）。観察場面としては，

## 表 4-1-1 観察評定項目 1

| 項目提示番号 | 観察評定項目 | 想定次元 | 因子番号 |
|---|---|---|---|
| 6 | みんなに指示をした | U | f2 |
| 9 | みんなの意見をまとめた | U | f2 |
| 7 | 積極的に発言した | U | f2 |
| 3 | みんなの気持ちを引き立てるようにふるまった | P | f1 |
| 1 | 雰囲気を和らげるようにふるまった | P | f1 |
| 2 | 友好的態度を示した | P | f1 |
| 14 | しらけた態度を示した | N | f3 |
| 17 | 相手の言うことに何でも反対した | N | f4 |
| 12 | 相手の立場を考えずにふるまった | N | f3 |
| 5 | まわりの雰囲気を考えてふるまった | F | f1 |
| 8 | 建設的な発言をした | F | f2 |
| 4 | 話題がそれないようにふるまった | F | f1 |
| 10 | 求められた時だけ発言した | D | f2 |
| 18 | 相手の意見にあえて反対しなかった | D | f4 |
| 11 | 相手の意見に従った | D | f2 |
| 13 | まわりの雰囲気にそぐわないふるまいをした | B | f3 |
| 15 | 自分かってな感情を表に表した | B | f3 |
| 16 | 相手の話の腰を折った | B | f4 |

因子番号 f1, f2 等は各々第1因子，第2因子等に高負荷を示したことを表している

SIMSOC（SIMulated SOCiety：Gamson, 1978）の中で行われた対人相互作用場面をVTRに撮影したものを使用した（以下観察1）。SIMSOCは社会システムをシミュレートした教育ゲームであり，約30名のプレーヤーが自己の個人目標や自分の所属する地域の利益を，様々な対人的相互交渉を通して達成していくものである。これの場面を4名の第3者の観察者に10分間提示し，各プレーヤーの行動を18の観察項目について，「しばしばした・ときどきした・ほとんどしなかった」の3件法で評定させた。

得られた128の評定データ（プレーヤー32名×観察者4名）の因子分析を行い，4因子を抽出した（表4-1-1）。結果が示すように，この観察評定からは3次元に厳密に対応した形では因子が抽出されなかった。この原因としては，以下の3点が考えられる。

第1に，U—Dに関する行動が同一の因子上（第2因子：f2）に負荷された点である。これはリーダー的行動とフォロワー的行動とは，その対比効果から1組の対の行動としてみなされ評定されたことを示している。

第2に,「文脈に沿った行動（F）」が因子として単独には抽出されず,「リーダー的行動（P）」の項目とともに第1因子（f1）に負荷されていたことが挙げられる。それに対して,「文脈から外れた行動（B）」と想定された項目が第3因子に高い負荷を示している。これは,「文脈から外れた行動（B）」が目立ちやすい行動であるのに対して,「文脈に沿った行動（F）」は顕在化しにくい行動であり,この観察項目では単独の因子として抽出することが困難であったためと考えられる。

第3の問題点として,第3因子（f3）と第4因子（f4）に高い負荷を示した評定項目の中にも,「非友好的態度（N）」の測定を意図した項目と,「文脈から外れた行動（B）」を測定しようとした項目とが混在している点が指摘できる。NとBに関する項目はともにネガティブな行動を測定しようとしているために,その内容が多義的に解釈されたことが原因として考えられる。

こうした結果から,対人相互作用に基づき集団構造を3次元で記述するという基本仮説は完全には支持されず,観察評定項目の選定には検討の余地が残されている。そこで,以下の3点を中心に観察評定項目の改訂を行った。一つ目は「文脈に沿った行動（F）」が独立した行動として評定されなかった点を考慮してFにかかわる項目を改訂した。Fに関する項目が顕在化された行動として評定されるには,集団の文脈を見極めるために必要な冷静さを示す行動を測定する必要がある。これは,Fに関する行動には集団の状況を把握するための冷静な行動が基礎となっているからであり,冷静さを示す行動は観察評定者により認知されやすいからである。次に,「文脈から外れた行動（B）」についても,Fと対になるように改訂した。最後に,Bと想定した「相手の話の腰を折った」という項目が第4因子に高い負荷を示したことから,以後この項目を「非友好的態度（N）」に含めるなど,Nについても改訂を行った。

## 5．観察評定項目の改訂

3次元の両極にあたる内容についてそれぞれ4項目を考案し,計24の評定項目を作成した（観察評定項目2：表4-1-2参照）。観察評定項目1からそのまま引き継いだ項目は,U,Dでは3項目,D,Bでは2項目,Nでは1項目であり,Fについてはすべての項目を新たに作成しなおした。

観察課題にも新たなものを用いた。観察1で用いたSIMSOCの相互作用場面は,長時間にわたるゲームの1場面であり,相互作用場面の文脈を評定者が理解することが困難であり,被観察者の行動の意図が観察者に推測され難いという問題点があった。そこで,5人からなる2組の小集団を設定し,各集団ごとに「アルバイトに

ついて」という話題を与えて，それについて 40 分間の討論を行わせ VTR に記録した（以下観察 2）。この場面の討論開始から 15 分間を抜き出して観察場面とした。評定法の手続きは，12 名の評定者が VTR を見終わった後，観察評定項目 2 に項目 1 と同様の 3 件法で評定させた。

分析方法は，120 の評定データ（被観察者 10 名×観察者 12 名）に基づき因子分析を行った。ただし反応比率に著しい偏りのみられた N に属すると想定された 1 項目（「相手の意見を無視した」）は分析から除外し，23 個の評定項目を用いている。その結果，内容的に妥当だと考えられる 6 因子が抽出された（表 4-1-2）。

第 1 因子（f1）には，「友好的態度を示す（P）」と想定された項目が大きな負荷

表 4-1-2　観察評定項目 2

| 項目提示番号 | 観察評定項目 | 想定次元 | 因子番号 |
|---|---|---|---|
| 18 | みんなに指示を与えた* | U | f4 |
| 19 | みんなの意見をまとめた* | U | f4 |
| 5 | 積極的に発言した* | U | f1 |
| 4 | 話し合いの中心にいた | U | f1 |
| 1 | みんなの気持ちを引き立てるようにふるまった* | P | f1 |
| 2 | 雰囲気を和らげるようにふるまった* | P | f1 |
| 3 | みんなと親しくつきあった | P | f1 |
| 6 | みんなに友好的態度を示した* | P | f1 |
| 21 | 相手の話の腰を折った+ | N | f5 |
| 20 | 相手の言うことに何でも反対した* | N | f5 |
| 9 | 相手に無愛想な態度で接した | N | f2 |
| 24 | 相手の意見を無視した | N | － |
| 13 | みんなに冷静な態度で接した | F | f3 |
| 14 | よく考えてから発言した | F | f3 |
| 16 | まじめな態度でふるまった | F | f3 |
| 15 | 感情を面に出さずにふるまった | F | f3 |
| 22 | 相手の意見を聞いてから発言した | D | f6 |
| 23 | 相手の意見に従った* | D | f6 |
| 17 | 相手から求められた時だけ発言した* | D | f3 |
| 7 | 黙りがちであった | D | f1 |
| 8 | まわりにしらけた態度を示した | B | f2 |
| 10 | まわりの雰囲気にそぐわないふるまいをした* | B | f2 |
| 11 | まわりの状況を考えずにふるまった | B | f2 |
| 12 | まわりに自分勝手な感情を表した* | B | f2 |

＊は観察評定項目 1 から引継いだ項目
＋は観察評定項目 1 と別の次元に移行した項目

表 4-1-3 観察評定項目 3

| 項目提示番号 | 観察評定項目 | 想定次元 | 因子番号 |
|---|---|---|---|
| 1 | みんなの気持ちを引き立てるようにふるまった | P | f1 |
| 2 | 雰囲気を和らげるようにふるまった | P | f1 |
| 3 | 相手の話の腰を折った | N | f2 |
| 4 | 相手の言うことに何でも反対した | N | f2 |
| 5 | みんなに指示を与えた | U | f3 |
| 6 | みんなの意見をまとめた | U | f3 |
| 7 | みんなに冷静な態度で接した | F | f4 |
| 8 | よく考えてから発言した | F | f4 |
| 9 | まわりにしらけた態度を示した | B | f5 |
| 10 | まわりの雰囲気にそぐわないふるまいをした | B | f5 |
| 11 | 相手の意見を聞いてから発言した | D | f6 |
| 12 | 相手の意見に従った | D | f6 |

を示しているが，同時に「リーダーの立場をとる（U）」に関する項目も混在している。これは，ともに対人的にポジティブな行動でPとUが，依然として評定者に混同されやすいことを示唆している。しかし，全体から見るとこの因子はPに関する内容を表している因子と考えて差し支えない。第2因子（f2）に高負荷を示した評定項目は，「相手に無愛想な態度で接した」という項目を除いて，「文脈から外れた行動（B）」関する行動として想定されたものである。第3因子には，すべて「文脈に沿った行動（F）」に関する項目と意図されたものが，高い負荷を示していることから，Fに関する因子と示唆される。第4因子（f4），第5因子（f5），第6因子（f6）に高負荷を示したものは，各々「リーダーの立場をとる（U）」「非友好的態度を示す（N）」「フォロワーの立場をとる（D）」と想定した2項目ずつが属している。

以上の結果から，第1因子（f1）にUとPとの，第2因子（f2）にNとBとの混在が認められるが，おおむね3次元の仮定に基づく因子構造が見出された。そこで，各因子に高い負荷を示した上位2項目（第2因子のみ1番目と3番目）を取り出し，12項目による因子分析を再度行った。表4-1-3の観察評定項目3の結果から明らかなように，各項目は仮定した3次元の両極に対応した因子構造を示している。

## 6．評定項目作成の試行錯誤

観察2で得られた小集団内の相互作用を，観察評定項目3を用いて3次元ダイア

152　第IV章　「社会」を探る

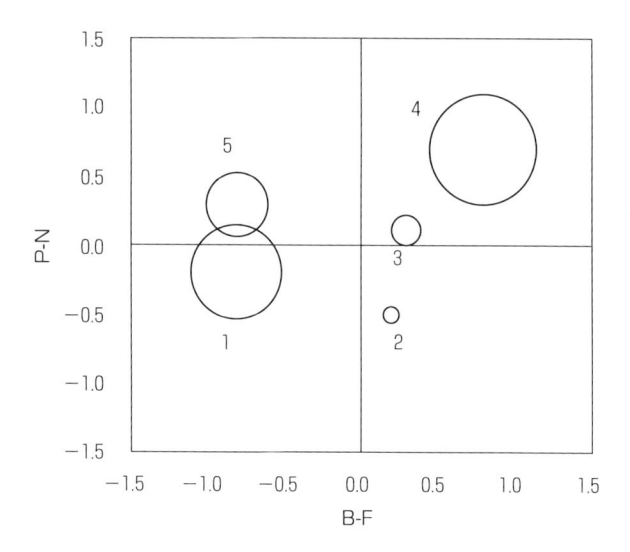

**図 4-1-1　3 次元による集団構造のダイアグラム**
（図中の数字は被観察者の番号，円の大きさはU―Dの得点を表す）

グラムに示したものが図 4-1-1 である。この作図方法としては，各被観察者ごとにP―N 次元ではPの得点からNの得点を差し引いた値を，F―B 次元ではFからBの得点を差し引いた値を用い，それぞれを垂直軸と水平軸にプロットする。次にU―D 次元も同様に差を求め，マイナスの値を避けるためにこれに 4 点を加えたものを算出し，円の相対的大きさを決定し座標軸上に記入する。

　図 4-1-1 の結果から集団内の対人関係を空間的に把握すると，以下の点が指摘できる。被観察者 4 が友好的で冷静に討論を行い集団をリードしているのに対して，被観察者 1 と 5 はまわりの雰囲気にそぐわない行動で集団を別の方向へ引張っている。さらに被観察者 2 と 3 は討論の文脈には沿おうとしているが，積極的にリーダーシップを発揮して集団をまとめようとはしていない。これらの 3 次元ダイアグラムの結果は，評定者が集団の対人相互作用の観察から受けた印象とも比較的よく一致しており，観察評定項目 3 の 12 項目の妥当性を支持していると考えられる。

　このようにして小集団における対人相互作用を記述するための観察評定項目が一応の完成をみたが，この過程を振り返ってみると様々な試行錯誤のあとが示されている。まずベールズらの 3 次元の改訂である。とくに三つ目の「課題志向的―感情表出的」次元はオリジナルのまま用いることが困難であったため，文化差などを考慮して「向文脈的行動―反文脈的行動」に改訂している。評定項目の作成も最初の

観察1では，当初研究者が意図していた項目が評定者に別の意味でとらえられたり，対人相互作用の中で現れてこない行動を測定しようとしたり，必ずしも明確化できなかった。このため観察評定項目1から引続き使用できた項目は18項目中の11項目に過ぎず，異なったカテゴリに再分類した項目も生じた。観察評定項目1から2への改訂でも，同様の不明確さや反応比率の偏りが生じている。結局最終的に観察評定項目3で用いられた項目の中で，当初から残っていたものは約半数の7項目だけであった。こうしたことを解決する方法の一つとしては，研究者が調査しようとしている概念を，具体的な行動に置き換えることが必要である。すなわち，抽象的な概念から具体的な行動をイメージする，逆に対人相互作用中の個々の行動がどのような概念と結びついているのかを常に念頭に置いて，日常の人間関係を観察することである。そうすることによって，単にこのような観察評定項目の作成だけにとどまらず，実証科学としての心理学的な人間理解にも寄与すると考えられる。

(奥田達也)

# 第2節
# フィールドワークにおける非定型的な観察法
——家族同伴でのハノイの路地のフィールドワークから——

## 1. はじめに

　1998年5月から1999年2月まで10ヶ月間，文部省の在外研究員としてベトナムの首都ハノイで生活した。ハノイの人々の生活世界——とくに路地に面した家々で暮らす人々の人間関係——をフィールドワークという手法で識ろうというのが目的である。家族同伴（妻と2歳の娘）でのフィールドワークである。ハノイの人々と同じように路地で生活する中から，私の家族も含めての関わりを通して，彼らの人間関係の在り方をとらえたいと考えた。手探りと試行錯誤を重ねていった研究であるが，フィールドワークにおける非定型的な観察法の一事例として，ここに紹介したい。

## 2. ハノイという現場(フィールド)で

　（1）現場(フィールド)へ「入る」　　ハノイへ渡ったのは1992年の一人旅以来，6年ぶり2度目であった。1998年5月1日，空港から一直線に伸びる道で紅河を渡り，久しぶりのハノイに入った。前回来たときには，静かな街という印象を受けたのだが，バイクが大幅に増えて，街の様子は一変していた。旧市街のミニホテルに2週間ほど滞在し，ローカルな市場が近いという条件で探した比較的新しい地区の家に入居した。

　ハノイの路地では，実に多彩なことが日々展開している。朝早くから一日中，物売りの独特の声が響く。人々がそこで食事をしたり赤ん坊をあやしたり，座り込んでお茶を飲んだり井戸端会議を開いたりしている。日差しの強い昼間は人通りがまばらになるが，夕方になると待ちかねたように子どもたちが路地に出て，夜が更けるまで遊ぶ。路地は，朝も早いが夜も遅い。

　ハノイで話されている言葉は，もちろんベトナム語である。私は少し日本でもベトナム語を勉強しておいたのだが，初めはほとんど話せず，聞いてもチンプンカンプンだった。言葉がわからなくてもどうにか生活はできる。しかしこれでは面白く

図 4-2-1 人々でごった返す市場の風景（ハイノ旧市街，ドンスワン市場付近）

ない。なかなか現場(フィールド)の人々との関係が作れないからである。

　住み始めた家では，前居住者からのお手伝いさんがいた。名前をメンさんといい，私より少し年上の 39 歳（数え年）である。ところが，メンさんはベトナム語しか話せないので，意志の疎通がなかなか上手くいかない。思わず英語で話しかけてしまったときには，「英語はわからないよ」と言わんばかりにそっぽを向かれてしまった。

　自分が否応なしに背負っている自文化というものがある。それと現場(フィールド)の文化との差異が大きければ大きいほど，現場(フィールド)に「入る」ということはエキサイティングである一方，負荷の大きいものとなろう。異文化との出会いと戸惑い——フィールドワークの第一歩である。

（2）**現場(フィールド)に「居る」**　メンさんの家は，我が家の向かいにある小さな商店である。6 月 10 日に日本から妻と娘がやってきて，メンさんの商店にしばしば出入りするようになった。メンさんはすぐに背の低いプラスチック製の椅子を出し，お茶を入れてくれたりする。娘はこの場にすぐに慣れて，メンさんの娘のハーちゃん（8 歳）などによく遊んでもらうようになった。日本語もまだろくに話せない 2 歳の娘である。ベトナム語が話せないなどということは問題ではないのだろう。

　そう簡単にいかないのが私の方である。ベトナム語が話せるかどうかは大問題で

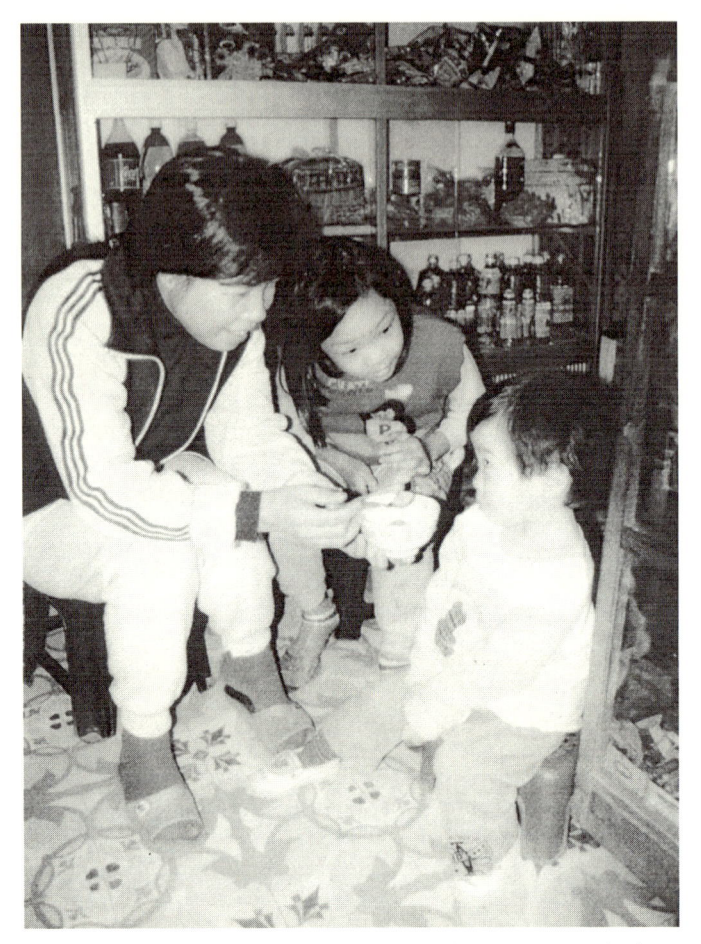

図 4-2-2　メンさん，ハーちゃんと我が娘・茜（メンさんの商店の中で）

ある。一生懸命勉強は続けたのだが，2～3ヶ月たっても，相変わらずほとんどベトナム語が話せず苦労した。単語はときおり聞き取れても，話そうとするとぶつ切れの言葉が散らばるだけ。メンさんもご主人のフンさんもとても好意的なのだが，間がもたず，その商店に長く「居る」ことができないのである。自由にふるまっている娘が羨ましい。

　娘と一緒に商店にいるときは，少しは間がもてて，多少は「居る」ことができる。妻も同席しているなら，メンさんらと対応する負荷は分散される。そんな機会をとらえて慣れていくしかない。

現場に「居る」ことができるようになっていくこと，これもまたフィールドワークの重要な一過程（プロセス）に違いない。

**（3） 現場（フィールド）で「識る」**　メンさんの商店にそれなりに「居る」ことができるようになったのは，会話らしきことが少しできるようになった5ヶ月ぐらいたったころだったろうか。こうなると状況がだんだん変わってくる。文字どおりの参加観察をしながら，現場（フィールド）で「識る」ということが増えてくる。「観る」だけでなく「察する」ことをもとにつけるフィールドノーツも厚みを増してくる。気づいたことはできる限り何でも忘れないうちに書き留めるということを繰り返した。

とはいえ，それほど着々と事が進んでいったわけではない。朝起きて，近くの路地の店で朝食を食べ，娘を保育園に送っていき，妻と私はベトナム語の勉強をする……。生活パターンができてくると，これらはあまりに日常的な営みとなる。自分でも「こんなので研究と言えるのだろうか」と思えてくる。

そんな悩みが膨張してきたときには，こんなふうに自己弁護してみるのである。「フィールドワーカーは，どこまでいっても異邦人であることからは抜け出せない。そのことを自覚しながら，現場（フィールド）の人々との関係の中に少し居候させてもらいながら生きる。そのことを通してしか『識る』ことができないことがたくさんあるのではないか」。

そんなふうに開き直って，それが正しいと信じるしか，フィールドワークは続けられないのかもしれない。

**（4） 現場（フィールド）について「考える」**　路地には，ハノイの人々の生活を形作るエスノメソッド（文化を形作っている暗黙のルール）がたくさん隠されている。異邦人であるからこそ，それをある程度解きほぐせるのかもしれない。アタリマエであることは，アタリマエであることにすら気づきにくいものであるが——それを私たちは「文化」と呼んでいる——現場（フィールド）の人々にとってはアタリマエであることが，異邦人にとってはアタリマエでなかったりする。

たとえば「馴染み」。ハノイの人々にとっては，この馴染みの人間関係をとても大切にすることがよく見えてくる。家族や親戚はもちろん，親しくなった人との関係が非常に緊密なのである。それは路地や市場の物売りとの関係もそうである。同じような物を売っている物売りはたくさんいるから，物売りたちも馴染みの客を作ろうとする。物売りたちはしばしば「*Mai nhé！*（明日ねー！）」という言葉を発するのだが，それには馴染みの継続を図る意図が込められている。文字どおり「また明日」というよりは，「またおいでね」とか「また買ってね」という意味合いで使われるからである。

その一方ハノイの人々は，知らない人に対しては非常にぞんざいとも思えるほど

の行動をとる。郵便局などで順番待ちをしていれば平気で割り込みをしてくるし，バイクや自転車で走っていると，横手から，まわりを確認することなくバイクが飛び出してきたりする。私が暗黙のうちにもっている文化の基準からすれば，「もっと気を使ってよ」ということになる。

ハノイの人々にとっては，馴染みの人との関係と見知らぬ人との関係，この境界がとても明瞭である。日本人にとっては，おそらくその中間領域にいる人たちがもっといて，それを私たちは「世間」と呼んでいるのであろう。ハノイの路地に生きる人々には，どうやらこの世間というものはないらしい。

路地の空間は，昼間は人々に共有された場である。ところが夜になると重たいシャッターで家々が閉じられ，路地と家の中の境界が歴然と出現する。治安は大して悪くないのだが「ハノイには泥棒が多いから」と人々は言う。夜に出現するその境界は，馴染みの人との関係と見知らぬ人との関係の明確な境界を体現しているように見える。

**（5） 現場を「書く」**　フィールドワークで識り得たことを，フィールドワーカーは何らかの形で表現せねばならない。五感をフルに使って得たことすべてをとても表現しきれるものではないが，限界を覚悟で，通常はエスノグラフィー（民族誌）を書くということになる。私も，ハノイでの生活をしながら5ヶ月ぐらいで識り得たことを，まずまとめてみた（伊藤，1999 a）。

その拙文の中で私は，メンさん一家と私の家族との関係，朝食の店との馴染み，路地に面した家の構造，ベトナム語の人称代名詞と人間関係などについて，できるだけ普通の言葉で記述してみた。こういう場合，専門用語が頻出するような論文調の硬い文章は似つかわしくない。具体的なエピソードを盛り込み重ね合わせ，自分がそのとき感じたことも織り込みつつ，それでいて共感をもって読んでもらえるような平易な文章で書いていくのである。それが，現場をリアルに伝える有効な手段の一つなのだろう。

ところでベトナム語の勉強は，3ヶ月目あたりからベトナム研究文化交流センターというところに通いながら続けていた。そこの授業では，作文の宿題がときどき出た。自分の考えをベトナム語で表現できるのは面白い。そのうちに私は，ハノイの路地のことを，ベトナム語でも書いてみようという気になった。少しずつ書いては先生に直してもらい，また書き足すということを繰り返した。

こうして何とか書き上げたものを，10ヶ月間のハノイ滞在が終わる頃，また別のベトナム人や心理学研究者にも見てもらって仕上げ，ベトナムで唯一の心理学雑誌「*Tâm Lý Học*（心理学）」に掲載してもらえることになった（伊藤，1999 b）。はじめにはベトナム語で挨拶言葉ぐらいしか言えなかったことを思えば，格段の進

歩と言えるかもしれない。ベトナム語で書いたことによって，現場(フィールド)でお世話になったメンさんはじめ多くのベトナム人に読んでもらうこともできた。

「普通の言葉で書く」と同時に「現場(フィールド)の言葉でも書く」，そのことには重大な意義があることに気がついた。

**（6）現場(フィールド)から「離れる」**　10ヶ月住んだハノイの家を出て帰国するのは辛かった。ようやくベトナム語での会話も少しはまともにできるようになっていたし，切っても切れない強い関係を，たくさんの人との間に作ることができた。家族同伴のフィールドワークでなければ，こんなにも豊かな関係をハノイの人々と築けなかったかもしれない。とくに娘は，ベトナム語もかなりわかるようになり，多くの人々と私をつなぐ役割をするなど，大活躍をしてくれた。また，娘はすっかりメンさんやハーちゃんに懐いていた。メンさんとの関係は，お手伝いさんと雇い主ということから始まったのだが，私たち家族にとっては，ハノイで一番信頼できる良き姉貴分になっていた。

季節の巡りをおおむね一通り経験して，もう1年ここに滞在したいと本気で思った。そんなふうに思えるフィールドワークができたということ自体，幸せなことであろう。

1999年2月28日の帰国日，早朝の出発にもかかわらず，何人もの人が見送りに来てくれた。タクシーを呼び，全部で100キロ以上ある荷物を詰め込み，大家さんにお礼を言って家の鍵を渡した。メンさんは，ずっと娘を抱っこしてくれている。いよいよ出発という時になり，メンさんが娘を私に引き渡すと，彼女の目から大粒の涙がボロボロとこぼれた。3歳になったばかりの娘も，これでしばらくお別れだとわかったのだろう。「バック・メーン！（メンおばさーん！）」と泣き叫んだ。妻も泣いている。私も柄にもなく目頭が熱くなった。タクシーのドライバーは，「荷物が重たいなぁ」などと不平そうに言いながら，私たちの名残を引き裂くように車を出発させてしまった。

出会いがあれば別れもある。そんな私たちの日常にありうるすべてものを含みうるのがフィールドワークなのであろう。

## 3．行きつ戻りつのフィールドワーク

ここでは私のハノイでのフィールドワークを，「入る」「居る」「識る」「考える」「書く」「離れる」という項目に分けてまとめてみた。もちろんフィールドワークは，多くの実験的な研究，あるいは定型的な観察法による研究のように，必ずしも順序よく進んではいかない。「居る」ことをしながら「考える」こともするわけだ

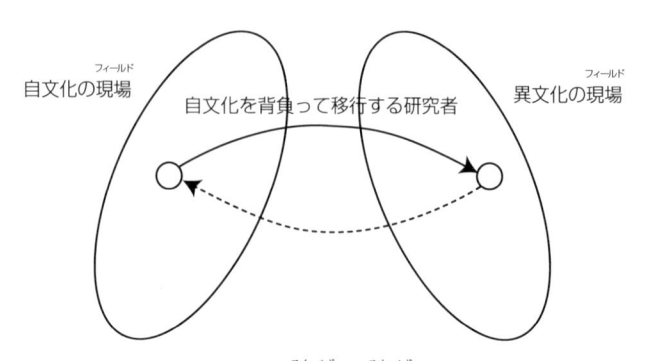

## 図 4-2-3 文化を背負って現場(フィールド)から現場(フィールド)へと移行する研究者

（もちろん研究者は行きっぱなしではなく戻ってくることもある。フィールドワーカーとしての研究者は，しばしば"旅人"となる！）

し，「書く」ことを通してあらためて「識る」こともある。これらの他に「気づく」「聞く」「撮る」なども，当然フィールドワークには含まれていくものである。

また現場(フィールド)でどんな事が展開していくのは，フィールドワーカーにも予想がつかない。半分以上は，なりゆきに任せるしかない。思いがけないハプニングが，一つの重要なエピソードとして記録されることにもなったりする。一方，とくに記録するものもない平凡な日々がしばらく続くこともある。

フィールドワーカーにもいろいろなスタンスがあって，かなり綿密な計画を立てて現場(フィールド)に入っていく人もいるし，本当になりゆきまかせで，あまり計画も立てずに現場(フィールド)に入っていく人もいる。私の場合は，後者に近かった。あまり褒められるやりかたではないだろうが，現場(フィールド)（私の場合，かつて一人旅をしたベトナムのハノイ）そのものに惹かれてフィールドワークが始まるというのも，あっていいものと思う。

私にとってハノイという現場(フィールド)に入ったのは，現在住んでいる水戸市という現場(フィールド)からの移行に他ならないものだった（図4-2-3）。そこでは，自分が暗黙のうちに身につけている「日本文化」という自文化を背負って移行することになる。身に染み込んだ文化を，そんな簡単に脱ぎ捨てられるものではない。「日本文化」を背負った私の身体，その身体を「ベトナム文化」にさらすことによって，自分が知らず知らずのうちに背負っている「日本文化」に気づいたりする。たとえば，私はあまり周囲に気を使わない人間だと思っていたのだが，ハノイの人々との関わりを通して，「気を使う」という「日本文化」に自分も染まっていることに気づかないではいられなかった。

また今回の移行は，私にとっては，「実験室的な定型的研究」から「フィールド

ワーク的な非定型的研究」への移行でもあった。私は学生時代，むしろオーソドックスな実験室研究をしていたからである。その移行で自分が背負っていった文化が何であるのか，そのことについては目下思いを巡らせているところである。

この移行はさらにまた，以下最後のまとめとして述べる「近代科学の知」から「フィールドワークの知」への移行でもあった。

## 4．近代科学の知とフィールドワークの知

　これまでの心理学の主要な流れは，近代科学の知としての心理学を確立することであった。近代科学の知では，理論の適用が基本的に例外なく妥当する〈普遍性〉，主張するところが首尾一貫しており多義的ではない〈論理性〉，誰でも認めざるを得ない明白な事実として存在しているという〈客観性〉が重視されている（中村，1992）。

　しかし近代科学の知としての心理学には限界もある。すべての心理学的事象は，関係の中に存在し，関係の中でその見られ方・感じられ方が変わる。近代科学の知としての心理学が見落としてきているもの，あるいは掬いきれないものは数限りなくあると言ったほうがむしろ妥当であろう。

　近代科学の知に意味がないということではない。中村（1992）も指摘しているように，それは私たちの生活の中で間違いなく役に立ってきているからである。それに基づいた心理学も，またしかりである。しかし，それが唯一の正しい普遍性のある知である，というわけではないということを，私たちは認識せねばなるまい。

　ここで私たちが取り上げるべきは，フィールドワークの知である。中村（1992）の言う臨床の知と同義であるが，そこでは，対象間あるいは対象と研究主体である研究者との関係を重視しつつ，目で見て観察するだけでなく，身体で識ることが重視される。フィールドワークの知では，ともすると主観的であるとして排除されがちであった研究者の身体的経験も重視して，物事を理解していくのである。

　もちろん自分が「わかった」というだけでは，学問の知とはなりえない。それを，歴史的資料なども用いた厚い記述（Geerts, 1973）を通して，研究者と現場(フィールド)との関わりも含めた生の物語(ストーリー)を相互主観的・共感的に伝えるのである。フィールドワークでは，その成果の発表として，写真やビデオを用いた表現も試みられている。

　フィールドワークの知による研究では，手続きは非常にマニュアル化しづらい。フィールドワークの中心は，いわゆる参加観察であり，それは基本的には誰もが日常生活の中で自然と行っていることに他ならない。しかしながら，心理学などの研究者にこそ可能な方法論的視点やテクニックがある。それに一つの指針を与えてく

れるのがエスノメソドロジー，すなわち社会・文化の中で暗黙のうちに機能しているエスノメソッド——社会成員にとって自明な現実を編み出す暗黙の手続きであり，生の自然を人間生活の対象物へと変換する文化の構成原理（南，1993）——の生態を明らかにしようとするアプローチである。そこでは，詳細な参加観察や会話分析などが用いられる。通常とはあえて違ったルールを導入する違背実験（テレビ番組の「どっきりカメラ」に類似した手法）が用いられることもある。

そのような方法論をも採用して，もっと現実性(リアリティ)のある心理学を目指したいというのが私の主張である。それは『現場(フィールド)心理学の発想』の中で論じた「"社会"のある社会心理学にするために」（伊藤，1997）ということに他ならない。私たちは，たくさん矛盾も抱えつつ，社会的・文化的・歴史的な関係の中に生きている存在である。そういう視点で見直したときに，心理学研究の在り方は自ずと変わってくるのではないだろうか。

ここではハノイという現場(フィールド)での私の研究を主に紹介してきたが，「複雑多岐の要因が連関する全体的・統合的場」（やまだ，1997）と定義できる現場(フィールド)は，地理的に遠くにあるとは限らない。研究者の認識の仕方によって，いかなる場も現場(フィールド)となりうるのである。現場(フィールド)は身近なところにいくらでもあるのであって，要はそれを現場(フィールド)としてとらえる五感と感性が，研究者に備わっているかどうかにかかっている。

他の研究を紹介する余裕がなくなってしまった。須藤（1996）や箕浦（1999）などに紹介されているフィールドワークなども参考にしていただきたい。

（伊藤哲司）

# 第3節
# 現場からの要請に基づく環境関連の社会調査事例
―下水道をもっと知ってもらうために―

## 1．現場における社会調査の位置づけと問題設定

**（1） 学術的研究と実践的研究**　学術的な研究の場合は，仮説を検証したり仮説探索的に行うために，言いかえると，ある事例から一般性・普遍性を見出すために実験や調査を行うことが多いだろう。それに対して，実践的な提言を目的とする場合は，普遍性というよりは，個別の問題に対し，その原因や関連する要因を見つけ出し，個別の問題解決につながるような提言をするために調査を用いる。

最終的に具体的な提言に結びつけるためには，できるだけ様々な角度からデータを集め，それをたたき台として何度も議論を繰り返すことが必要とされる。議論の際に，どのような側面を考えなければならないのかということに気づき，整理するために，調査が行われるのである。

また，調査といっても，アンケートだけでなく，インタヴュー，現場の観察など，様々な方法を用いる。それらを総合的に組み合わせて考えることで，ようやく一つの提言が見えてくるのである。それは，一筆書きでなぞれるようなステップがあるのではなく，行きつ戻りつの波の揺り返しのようなプロセスを経てたどり着くものである。

この節では，そのプロセスを下水道の広報という事例を題材として紹介する。

**（2） 環境問題と下水道**　みなさんは，下水道と聞いてどのようなイメージをもつだろうか。多くの人は毎日水を使っているだろうが，それがどこへ流れていくかということを気にしたことがあるだろうか。自分が口にする飲み水である上水道については，ときどきニュースなどで見ることがあるかもしれないが，使ったあとのことはほとんど気にとめていないのではないだろうか。

下水道は，排水を浄化して川へきれいな水を返すだけでなく，大雨による浸水を防ぐ，衛生的な町づくりなど，都市生活に欠かせないものである。そもそも，近代下水道が整備され始めたきっかけは，ペストの流行を防ぐためであった。近年は，処理水を高層ビルのトイレや列車の洗浄用に使ったり，高度処理をして親水公園を作ったり，下水処理のときに発生する汚泥からブロックを作り再資源化するなど，

様々な活用がはかられている。

　このように環境問題のお手本とでもいうべき下水道が，なぜごみ問題などに比べてあまり大きく取り上げられないのだろうか。どうして，多くの人々に関心をもたれないのだろうか。このように「住民が下水道に関心をもたない」という**問題に対し**，「人々が下水道に関心をもってもらうための情報提供のあり方にどのような問題があるか」という**原因や関連要因を明らかにし**，「どうすればもっと人々が下水道に親しみをもてるようになるか」という**提言に結びつける**ために調査を実施した。

## 2．予　備　調　査

　下水道をもっと知ってもらうためにどうすればよいのかといわれても，わたしたちは下水道の専門家ではないので，いきなりアイディアがわいてでてくるわけではない。専門的な知識を学ぶだけでなく，これまで下水道事業として何をやってきて，何がうまくいってきたのかなどといった検討材料を集めなければならない。そして，人々がどのように考えているのか，下水道にどのようなイメージをもっているのかを把握しなければならない。

　多くの人々がどう考えているかということを把握するためには，アンケート調査を行うことが一般的なやり方であろう。しかし，アンケートを実施する前に，どのような調査項目が必要か，どのような論点があるのか，などといった議論をするための材料集めが必要なのだ。アンケート調査はお金もかかるし時間もかかる。大金を投じて，失敗しましたではすまない。できるだけ，事前に論点となることについて目星をつけておく必要がある。

　本調査では，大規模なアンケート調査を実施する前に，①既存下水道広報の整理，②施設見学会での観察及び質問紙，③主婦を対象としたグループインタヴューを行った。

　**（1）　既存の下水道広報の整理**　　はじめに，これまでどのような広報活動が行われているのかを整理した。行政担当者にお願いして，日本中の政令指定都市での取り組みに関する資料を集めてもらった。幸いにして，各都市とも取り組み一覧のようなものをもっていたので，あまり大きな苦労はなかった。しかし，資料は集めればよいというものではなく，全体像が一目でわかるように整理しなければならない。「A市ではあれもこれもやっています」という羅列では，何を議論していいのかが見えてこない。一つひとつのばらばらな事例から，全体像を把握するために，意味のあるまとまりを作る必要がある。そこで，どのようにそれまでの取り組みをまとめたらいいのかをプロジェクトメンバーで話し合いながら整理した。この過程

では,最終的にわかりやすく整理することも大事だが,話し合う中で,問題点などが見えてくることも重要な側面である。

話し合いの結果,最終的には,施設見学会・展示会,お祭りやイベントなど,住民が足を運んでくるような「住民参加型」と,パンフレットや記念品の配布など,住民に直接手に取ってもらったり目にしてもらうなどする「メッセージ型」に分けて整理した。これらを整理する中で,「メッセージ型」の典型であるビデオやパンフレットは,多く作られているが,配布・設置場所が限定されているなどの課題があることがわかった。また,都市によっては,シンボルマークやキャラクター・デザインなどをうまく活用しているところもあった。

(2) **施設見学会での参与観察**　書面で見るだけでなく,実際の取り組みを自分の目で見ることも欠かせない。これは,いかなる調査でも鉄則であろう。実際の現場を見ることと資料などを読むのとでは,まったく異なった印象をもつし,自分の目で見てみないと実感できないことがある。アンケートで調査すべき必要な項目は,机の上で考えているだけでわいてでてくるものではない。わたしたちも,実際に,施設見学会を実施しているところへ行って参与観察し,さらに,簡単な質問紙調査を実施した。質問紙は,来場者に受付で渡し,見学会前の態度・知識を回答した上で,見学終了後,再度回答してもらった。

観察や質問紙の回答からわかったことは,見学会への参加者は,ほとんどが施設付近の住民であり,中高年層と,小さな子どもがいる家族が多いということであった。そして,見学会により,下水道事業についての理解が深まり,臭い・汚い・暗いといういわゆる3Kイメージが低減することもわかった。

しかし,説明者によって,理解の深まり方が異なることも気になった。この説明者は,ふだんはあまり人と接することは少なく,定期的に検査をしたり実際に機械を操作したりしている技術者であった。このような技術者が説明するときには,聞いた人の理解度が一定以上になるように,説明マニュアルが必要だろうという課題が見つかった。

(3) **グループインタヴュー**　上の2つは,いわばメッセージの送り手の立場から何をしてきたか,どうすればよいのかという視点で考えてきた。今度は,メッセージの受け手の立場から考えてみる必要がある。そこで,主婦層を中心として,グループインタヴューを行った。対象者は,年齢,職業,居住形態などにばらつきをもたせるように配慮した。1グループ7~8名として,2グループ計15名に実施した。

インタヴューに際して,事前に先入観や知識をもたせないために,下水道ということを伏せて「公共事業についての座談会」というタイトルできてもらうことにし

た。

　インタヴュー結果の概要は次のとおりだった。公共事業と聞いて，電気・ガス・水道を思い浮かべる人が大多数で，また，ごみ問題に関する意見も上がった。しかし，下水道と回答する人はいなかった。行政区分では，水道局と下水道局が別の組織であることを知っている人はいなかった。下水道を意識する場面を尋ねたところ，ほとんどふだんはあまり意識しないが，強いて答えるとすると，トイレに関することが多かった。また，道路端の排水溝が詰まったときという回答もあった。下水道の役割認識では，水洗トイレ利用に関する発言が多数を占めた。年齢の高い人では，浄化槽利用経験があり，その比較による下水道のありがたみについての発言があった。このほか，年度末になると工事が増えるといった苦情があった。

　以上三つの予備調査を通じて気づいた点があった。それは，メッセージの送り手と受け手のギャップである。つまり，メッセージの送り手は様々なツールを工夫して，メッセージを発しているにもかかわらず，受け手である一般の主婦層にはほとんど浸透していなかった。しかも，施設見学会では効果的な成果を上げているが，足を運んでくる人が限られていた。これらの結果から，広報主体（送り手）と一般住民（受け手）の接点がほとんどなく，まずは接触する機会を増やすことが大事なのではないかと考えられた。とくに，高年齢者層よりも，若～中年齢者層の方がとくに接点がないのではないかということもわかってきた。

　以上の議論をもとに，一般の住民が下水道とどのような接点を作れるのかという観点からアンケート調査を実施した。

## 3．アンケート調査の実施

　**（1）　調査票の設計**　　調査票はどのような考え方で設計するかによって内容が大きく異なる。また，あれもこれも尋ねたいことがあっても，せいぜい8ページか，多くても10ページに収まる量にしなければ，回答してもらえないと思った方がよい。

　本調査では，予備調査の結果を踏まえて，メッセージの送り手と受け手の間にどのような接点を作ることができるかということを中心に考えながら質問項目を作成した。

　**（2）　方法**　　調査を実施する上で，重要だがよく見落とされるのが，何を母集団とするかということである。詳細は社会調査法の入門書に目を通していただきたいが，目的のある調査には，必ず母集団を明確化する習慣を身につけてほしい。本調査では，調査対象は東京23区在住20歳以上男女7,000人とし，住民基本台帳から

層化二段無作為抽出法により抽出した。

調査票の配布・回収方法は，郵送により配布し，返信用封筒に回答した調査票を入れて送り返してもらうという，通常の郵送法を用いた。発送時に，謝礼を兼ねたボールペンを同封した。ボールペンは，回収率を高めるための道具の一つである。発送時にボールペンを入れるだけで，回収率が高まることが経験的に知られており，回答者にテレホンカードなどを渡すよりもコスト的に少なくすむというメリットがある。これから社会調査を実践しようとする者には，おぼえておいて損のないテクニックである。

さらに，回答締切期日直前に，礼状を兼ねた督促状も送付した。指定の期日までに返送しない対象者も多いが，督促状によって返送率が高まる。しかも，礼状を兼ねることで，督促されているという圧力感を低減させる効果もある。また，今回のように多数を扱う場合には，未回答者だけを選別して督促状を送るという作業をするよりは，コストが少なくすむ。これも，回答率を高めるための有効なテクニックである。

実際の有効回答率は52％だった。一般に，通常の郵送法による回答率が20〜30％程度であることに比べると，かなり高い回収率であったことがわかる。

**（3） 結果の集計** このような調査を行うと，早く結果を見たいとはやる気持ちがでてしまうが，まずは，データのクリーニングを行い，単純集計表を作成しなければならない。データのクリーニングとは，明らかにおかしな回答をしているものを除外したり，回答者が質問意図を取り違えていないかなど，無効票を探し出してチェックすることである。

単純集計表を作成するのは，文字どおり単純作業で苦痛だろうが，まずは単なる回答の分布を丁寧にながめるところから始めなければならない。単純集計結果からも，いろいろとおもしろい傾向が見えたり，提言のためのアイディアがでてきたりするものである。ここでは詳しい内容は割愛するが，実際にこの調査でも，「下水道といえば水洗トイレ」というようなイメージがはっきりとわかったり，興味深い結果が多かった。

次に単純集計からクロス集計へと移る。クロス集計は，すべての組み合わせをやり出すときりがないので，意味のありそうな項目にねらいを定めてみていくことが必要だろう。たとえば，下水道への日常生活における配慮行動では，男性より女性の方がしっかりやっているのではないかという予想のもとに，下水道配慮行動と性別のクロス集計をとってみたら，確かに男性の方が実行度が低かった。また，下水道料金の負担感は，男性よりも女性の方が高かった。おそらく，女性の方が家事を担うことが多いため，公共料金に対して敏感なのだろうと考えられる。

さらに，自由記述や，記述式回答を丁寧にながめる習慣も身につけよう。今回は，連想語による回答を求めた質問項目があったが，その回答はかなり役にたった。

## 4．結果のまとめ方と考察の組み立て

**（1）　結果全体をどうまとめるか？**　　単純集計やクロス集計だけでも，他に様様な面白い結果があるのだが，先へ進もう。こういった膨大な調査結果をどのように整理し理解すればよいのだろうか。実は，このあたりになると，論理的に導かれたり，決まった手順をすれば見えてくるということはあまりない。根気よくデータを眺め，研究者同士であれこれ話し合ってみるしかないのである。

ここでは，最終的な目標が，いかに一般の人々に下水道を理解してもらうかということであるので，その流れに沿って検討を進めた。

アンケートの結果をどうまとめるかということを考えているうちに，わたしたちはあることに気づいた。それは，事業の担当者は，直接的に下水道そのものの理解を求めたがり，直接的に下水道の話をアピールしたがるが，一般の人々はほとんど下水道単独で考えるのではなく，いくつかの文脈のもとでしか想起しないということである。一般の人々は，たとえば，上水道とセットであったり，水環境全般について考える中で下水道の重要性に気づいたり，公共事業という枠の中で考えたりするのである。そこで，わたしたちは，まずは，一見遠回りに見えても「相対的に入り込みやすい話題」をいかに提供するかが重要なのではないかと考えた。つまり，担当者は自分の持ち場からしか考えつかないが，そこから少し離れた視点をいかに持ち込むかということが重要であり，一般の人々との下水道のとらえ方のギャップを埋める接点を見出そうと考えたのである。そこで，表4-3-1のように，一般の人々にとって想起しやすい話題をいくつか列挙し，実際に広報をする際に留意すべきコメントと，その論拠として対応する結果を整理した。表4-3-1を見てわかるとおり，とくに，連想語の分析結果がかなり決め手となった。記述式の回答は，具体的なアイディアを探す上で，重要な手がかりとなることが多いので，根気よくながめる習慣をつけるとよいだろう。

**（2）　具体的な提言につなげるために**　　結果をまとめただけでは，現場からの要請に十分応えられたとはいえない。さらに具体的に「誰に」「どうやって」メッセージを送るかということまで検討して，はじめて意義のある提言となる。そこで，アンケートの結果をさらに掘り下げながら，メッセージの受け手である人々の特徴を明らかにし，その情報接触の特徴を記述した。具体的には，メッセージの受け手については，年齢・職業など（ここでは対象者層と呼ぶ）別に分けた。また，情報

表 4-3-1　一般の人々が下水道を考える接点となるポイントとその論拠となる結果

| 想起されやすい話題 | | 話題導出の背景 |
|---|---|---|
| 下水道イメージ | | ●下水道という言葉から想起されやすい，トイレや汚水といったことから連想される臭気や不潔感に対して，清潔な印象などを雰囲気作りから入ることが効果的である。 |
| | 【処理場見学会】 | 見学によって2割ほどイメージが上がる。においでは3割ほど上がる。 |
| | 【グループインタヴュー】 | 「下水道と言えば水洗トイレ」という想起が多かった。 |
| | 【アンケート】 | 連想語として想起される語に，「くさい」など臭気に関することを含め不潔感に関する回答が400から500件あった。 |
| 日常生活での関係 | | ●日常生活において気をつけるべきことやできることを知りたいというニーズが強く，日常生活と下水道との関係を説明するところから取りかかると理解を得やすいと考えられる。 |
| | 【処理場見学会】 | 下水道について日頃意識することがあるという割合は7割弱であった。 |
| | 【グループインタヴュー】 | 日常生活であまり意識することはないが，いわれてみると重要だと思うという意見があった。また，日常生活で気をつけるべき点について知りたいというニーズがあった。 |
| | 【アンケート】 | 下水道を意識する場面で最も多かった回答は，風呂トイレなど日常生活に関することであり，8～9割だった。また，「下水道について知りたいこと」の自由回答の中で，日常生活の中でどういう点に気をつけるべきか知りたいといった記述が多くみられた。 |
| 環境（水）との関係 | | ●下水道そのものにはそれほど関心が高くない者でも，水質汚濁など環境問題への関心は高いといったことがあり，河川や港湾の水質改善など，環境問題の中で下水道事業が果たしている役割というところから説明すると理解を得やすいのではないかと考えられる。 |
| | 【処理場見学会】 | 見学前後で「環境にやさしい」という項目に対して「そう思う」という回答が6割から9割に増えた。 |
| | 【グループインタヴュー】 | ビデオ視聴により，さらなる処理水有効利用ニーズなど，環境に対する取り組みを積極的に行うべきだという意見が多かった。 |
| | 【アンケート】 | 連想語として想起される語に，環境に関する事項が多かった（水環境398件，汚染192件，エコロジー379件）。ふだん関心をもって見聞きするニュースとして，「環境問題」という回答が9割弱と最も多かった。 |
| 社会生活との関係 | | ●都民が快適で衛生的な社会生活を営む中で，普段意識されにくいところに下水道があるが，その役割の重要性を訴えることが効果があると考えられる。 |
| | 【処理場見学会】 | 見学前後で，下水道機能に関する理解度が2～4割程度増加した。 |
| | 【グループインタヴュー】 | 排水溝へ落ち葉や雪を捨てるといった行動に対してどのように対処したらいいのかといった質問があった。 |
| | 【アンケート】 | 連想語として想起される語に，衛生面などまちづくりに関する必要性がやや多かった（衛生116件，必要性171件）。 |
| 社会生活との関係（基本機能） | | ●生活に欠かせない汚水や雨水の処理を担っているという基本的な機能に関する理解は非常に重要である。 |
| | 【アンケート】 | 基本機能の理解度は8～9割程度であった。 |
| 社会生活との関係（高次機能） | | ●環境，高度情報化，地域社会などへの貢献を訴求することは重要である。 |
| | 【アンケート】 | 高次機能の理解度は5～7割程度であった。 |
| 公共・公益事業としての関係 | | ●道路を掘り起こす工程を伴ういくつかの公共事業と混乱して下水道事業に関する工事をとらえられるなど，公共・公益事業の一つとして下水道事業もとらえられることがあり，こうした傾向をふまえた上で公共・公益事業としての貢献に対する理解を求める必要がある。 |
| | 【グループインタヴュー】 | 年度末になると（下水道とは特定されてはいないが）工事が多く見られ，公共事業全体として効率化を求めるという意見があった。 |
| | 【アンケート】 | 連想語の中に，工事に関する事項が多く見られた（161件）。 |
| 家計との関係 | | ●電気，ガス，水道料金などとともに，家計の中で支出している様々な公共料金という位置づけの中で，下水料金をとらえるといった傾向があり，こうした傾向をふまえた上で，事業に係る費用に対する理解を求める必要がある。 |

出典：新たな下水道広報活動に向けた基本戦略―わかりやすく親しみやすい下水道事業を目指して―報告書（㈱三菱総合研究所，1997）p.56 をもとに作成。

表 4-3-2　各種広報媒体の

| 広報媒体 | | | 広報でとくに留意すべき特性 | | | | | |
|---|---|---|---|---|---|---|---|---|
| | | | 訴求の形態 | | | | 速報性 | 二次的訴求性 |
| | | | 感覚訴求 | 知識伝達 | イメージづくり | 対話 | | |
| マスコミュニケーション | 印刷媒体 | 新聞 | ○(視覚) | ◎(能動詳細) | △ | × | ○ | |
| | | 雑誌 | ○(視覚) | ◎(能動詳細) | △ | × | | ○(回読) |
| | | 書籍 | ○(視覚) | ◎(能動詳細) | △ | × | | |
| | 放送媒体 | テレビ | ◎(視聴覚) | ○(受動概略) | ◎ | × | ○ | |
| | | ラジオ | △(聴覚) | ○(受動概略) | ○ | × | ○ | |
| | | BS・CS | ◎(視聴覚) | ○(受動概略) | ◎ | × | | |
| | | CATV | ◎(視聴覚) | ○(受動概略) | ○ | × | | |
| | その他 | 電子媒体(ホームページ) | ○(主に視覚) | ◎(能動詳細) | ○ | ○(質疑応答) | ○ | |
| ミニコミュニケーション | 直接広告 | DM広告 タウン紙(誌) | ○(視覚) | ◎(能動詳細) | △ | × | | |
| | | 料金明細表 | △(視覚) | ◎(能動詳細) | △ | × | | |
| | | 折込広告 都の広報紙(誌) | ○(視覚) | ◎(能動詳細) | △ | × | | |
| | | 区の広報紙(誌) | ○(視覚) | ◎(能動詳細) | △ | × | | |
| | | 局の広報紙(誌) | ○(視覚) | ◎(能動詳細) | △ | ○(質疑応答) | | |
| | | 直接広告 パンフレット | ○(視覚) | ◎(能動詳細) | △ | × | ○ | |
| | | マニュアル | ○(視覚) | ◎(能動詳細) | ○(動機づけ) | × | | |
| | | 回覧板 | ○(視覚) | ◎(能動詳細) | △ | ○(質疑応答) | ○ | |
| | 定置広告 | 屋外広告 | ○(主に視覚) | ○(受動概略) | ○ | × | | |
| | | 交通広告(吊り広告など) | ○(視覚) | ○(受動概略) | ○ | × | | |
| | | 屋内広告 ポスター | ○(視覚) | ○(受動概略) | ○ | × | | |
| | | 映像広告 | ◎(視聴覚) | ○(受動概略) | ◎ | × | | |
| | その他 | 電子媒体(メール配信など) | △(主に視覚) | ◎(能動詳細) | △ | ○(質疑応答) | ○ | |
| パーソナルコミュニケーション | | 施設開放・展示会 | ◎(体験) | ◎(能動詳細) | ◎ | ◎ | | ○ |
| | | 祭り・イベント | ◎(体験) | ◎(能動詳細) | ◎ | ◎ | | ○ |
| | | キャンペーン | (多様) | (多様) | ◎ | ◎ | | ○ |
| | 学校教育 | 施設見学 | ◎(体験) | ◎(能動詳細) | ◎ | ◎ | | |
| | | 授業 | (多様) | ◎(能動詳細) | (多様) | (多様) | | |
| | ケア | 現場対応 | (多様) | ◎(能動詳細) | ◎ | ◎ | ○ | |
| | | 窓口対応 | (多様) | ◎(能動詳細) | ◎ | ◎ | ○ | |
| | | モニタリング | (多様) | (多様) | ○ | ○(質疑応答) | | |
| アプローチグッズ | | | (多様) | (多様) | ◎ | × | | ○ |

【一般的な接触可能性算出の前提】
算出方法：「暮らしにかかわる情報源」での回答をもとに算出した値（10％未満を四捨五入）を，便宜上「■」が10％相当で表記したもの（「+」は10％以下）
各層の便宜上の定義：20代若者（年齢層が「20～24歳」「25～29歳」），中壮年者層（年齢層が「30～34歳」「35～39歳」「40～44歳」「45～49歳」「50～54歳」），高齢者層（年齢層が「55～59歳」「60～64歳」「65歳以上」）
　　　　　　　　　大学生など（職業が「学生」），主婦（職業が「主婦」），自営業者（職業が「自営」），通勤者（職業が「会社員・公務員」）
該当する質問項目：原則として「暮らしにかかわる行政情報源」
　　　　　　　　　「電子媒体」の値は，インターネットや電子メールの利用に対する関心度（他設問）で，

第3節　現場からの要請に基づく環境関連の社会調査事例

## 〜と期待される対象者への効果

| 訴求対象との接触可能性 | | | | | | | | | |
|---|---|---|---|---|---|---|---|---|---|
| 暮らしにかかわる行政情報源としての一般的な接触可能性 | | | | | | | | 各層事業に応じた政策的対応の可能性 | |
| 若年者層 | | | | 中壮年者層 | | | 高齢者層 | 居住地域別層 | 特殊層 |
| 小学生 | 中高生 | 20代若者 | 大学生など | 主婦 | 自営業者 | 通勤者 | | （広報範囲限定の任意性） | |
|  |  | ||||| | ||||| | ||||| | ||||| | ||||| | ||||| | 地方面単位での限定 | 専門紙などの活動 |
|  |  |  |  |  |  |  |  | 用いる雑誌選択での限定 |  |
| （極めて具体的な情報入手が必要となった場合に限定して想定される） | | | | | | | | 一般に非限定 | |
|  |  | ||||| | ||||| | ||||| | ||||| | ||||| | ||||| | 放送局単位での限定 |  |
| （一般テレビ聴取者のうち特殊な受信設備を有する一部の者に限定し想定される） | | | | | | | | 一般に非限定 | |
|  |  |  |  |  |  |  |  | 放送局単位での限定 |  |
|  |  | I | II | + | + |  | + | 一般に非限定 |  |
|  |  | I | I | I | I | I | I | 配布エリア単位での限定 |  |
|  |  | II | II | |||| | |||| | |||| | |||| | 〈要検討〉 |  |
|  |  | III | III | |||| | |||| | |||| | |||| | 一般に非限定（都全域） |  |
|  |  | |||| | |||| | |||| | ||||| | ||||| | ||||||| | 区単位での限定 |  |
| （実績はないが都や区の広報紙（誌）程度の水準が想定される） | | | | | | | | 〈要検討〉 | パブリシティを意図 |
|  |  |  |  |  |  |  |  | 一般に個人単位で任意 | パブリシティを意図 |
|  |  |  |  |  |  |  |  | 下水道局内を中心に任意 | 局内中心に配布 |
|  |  | I | I | III | III | II | III | 一般に町内単位で限定 |  |
|  |  |  |  |  |  |  |  | 設置可能な場所で任意 |  |
|  |  | III | III | II | II | II | I | 一般に線区単位で限定 |  |
|  |  | II | II | I | I | I |  | 提出可能な場所で任意 |  |
|  |  |  |  |  |  |  |  | 映写可能な場所で任意 |  |
|  |  | I | II | I | + | + | + | 一般に個人単位で任意 |  |
|  |  | I | + |  |  |  |  |  |  |
|  |  | + | − |  |  | + |  | 来訪者・参加者での限定 |  |
|  |  |  |  |  |  |  |  | 学校・学年単位の限定 |  |
| （主婦・自営業者・高齢者などを中心に想定される） | | | | | | | | 来訪者・問合者での限定 | |
|  |  |  |  |  |  |  |  | 一般に個人単位で任意 |  |
| 配布機会接触者に限定されるが高確率での接触が想定される） | | | | | | | | 配布機会接触者での限定 | |

「関心があり実際に利用している」との回答率
「料金明細表」の値は，下水道料金の把握（他設問）について「届いた明細書をひととおり見ている」との回答率
「パンフレット」の値は，下水道事業の情報源（他設問）としての「下水道局の広報紙（誌）」の回答率
「施設開放・展示会」の値は，施設見学会への参加意向（他設問）で「ぜひ参加したい」との回答率
「祭り・イベント」の値は「区民祭りなどでの展示」「シンポジウムや講演会」の合算値
：新たな下水道広報活動に向けた基本戦略—わかりやすく親しみやすい下水道事業を目指して—報告書（㈱三菱総合研究所，97）p.69をもとに作成

接触については，野波ら（1997）を参考にして，規模は大きいが影響力はそれほど大きくないマスコミュニケーション，回覧板，ポスター，パンフレットなどのミニコミュニケーション，見学会や展示など直接的な会話が可能なパーソナル・コミュニケーションに分けた。これら対象者層とメディアの種類ごとに組み合わせを考え，どのような特徴があるかがわかりやすいように結果を整理した（表4-3-2）。

この検討に際しては，アンケート結果を中心にしながら，マーケティングなどの参考書を調べたり，下水道事業の特徴も考えながら，予備調査の結果もすべて総合的に考えながら，プロジェクトメンバーで繰り返し議論しながら整理した。

## 5．考えの道筋を整理

あれこれと網羅的に考えてきたが，最後に，自分たちがたどってきた道のりをもう一度振り返り，広報戦略を考える上でどういう手順で考えればよいのかを整理した（図4-3-1）。すなわち，はじめに知ってもらいたいことを絞り込んだ上で，対象者別に，どのようなツールを用いて，どのようなメッセージが考えられるのか考えるという道筋をたどることで，具体的なアイディアがでてくるだろうという，いわば「思考の流れ」をまとめた。そして，実際の広報は，どれか一つではなく，可能な方法の組み合わせによって行われるため，それぞれのつながりを理解できる必要があるだろう。

これだけを見ると，ごく常識的なことをまとめただけのようにも見えるが，実際に調査し，議論を積み重ねないとでてこないようなアイディアも多かった。たとえば，主婦を対象に料金明細表の裏にメッセージを載せてはどうかという提案がそうだ。下水汚泥再利用商品として，トイレ・イメージを逆手に取り，芳香剤を作ってはどうかという案も出てきた。また，工事・現場に古い管と新しい管の比較模型を作るという案もあった。

こうしたアイディアだけでなく，インタヴューやアンケート調査から，「多摩川が泡立っている」（これは放流の際に空気が混ざるためであり，必ずしも汚染しているわけではない）など，見た目で汚れたイメージが醸成されるなど，実際の浄化とは関係のない点にも配慮する必要があるといったこともわかった。

このように，自分たちが考えてきた道筋を整理することで，具体的なアイディアもわいてくる。裏返していうと，言われてしまえば当たり前ということでも，様々な角度から調査をし，議論を繰り返すことでしか，具体的な提言を導き出すことができないのである。

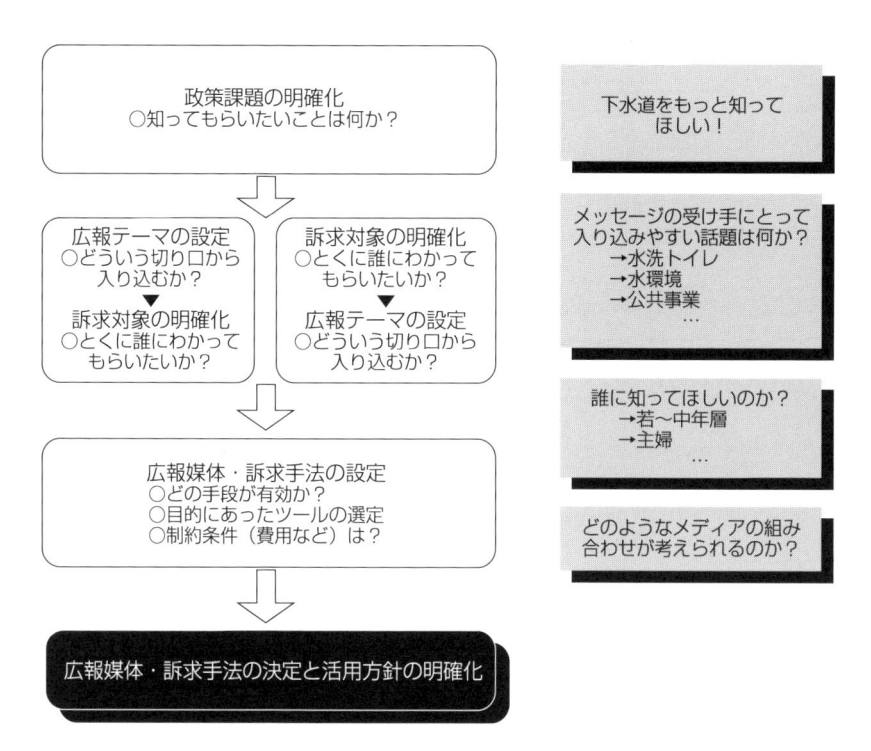

第 3 節　現場からの要請に基づく環境関連の社会調査事例　173

```
┌──────────────────────────┐        ┌──────────────────┐
│   政策課題の明確化         │        │ 下水道をもっと知って │
│ ○知ってもらいたいことは何か？│        │   ほしい！        │
└────────────┬─────────────┘        └──────────────────┘
             ▼
┌────────────────┐ ┌────────────────┐  ┌──────────────────┐
│ 広報テーマの設定 │ │ 訴求対象の明確化 │  │ メッセージの受け手にとって│
│ ○どういう切り口から│ │ ○とくに誰にわかって│  │ 入り込みやすい話題は何か？│
│  入り込むか？   │ │  もらいたいか？  │  │ →水洗トイレ        │
│      ▼        │ │      ▼        │  │ →水環境           │
│ 訴求対象の明確化 │ │ 広報テーマの設定 │  │ →公共事業          │
│ ○とくに誰にわかって│ │ ○どういう切り口から│  │  …               │
│  もらいたいか？  │ │  入り込むか？   │  └──────────────────┘
└────────┬───────┘ └────────┬───────┘
         └──────────┬────────┘           ┌──────────────────┐
                    ▼                    │ 誰に知ってほしいのか？│
┌──────────────────────────┐            │ →若〜中年層        │
│ 広報媒体・訴求手法の設定   │            │ →主婦             │
│ ○どの手段が有効か？       │            │  …              │
│ ○目的にあったツールの選定  │            └──────────────────┘
│ ○制約条件（費用など）は？  │
└────────────┬─────────────┘            ┌──────────────────┐
             ▼                          │ どのようなメディアの組み│
┌──────────────────────────┐            │ 合わせが考えられるのか？│
│ 広報媒体・訴求手法の決定と活用方針の明確化 │ └──────────────────┘
└──────────────────────────┘
```

**図 4-3-1　下水道広報戦略策定プロセスイメージ**

出典：新たな下水道広報活動に向けた基本戦版—わかりやすく親しみやすい下水道事業を目指して—報告書（㈱三菱総合研究所，1997）p.58 をもとに作成

（大沼　進）

# 第4節
# 文化による違いを探る
―国際比較研究のむずかしさと意義―

## 1. 日本人は会社人間？

　よく，「日本人は会社人間だ。仕事のために家庭を犠牲にしたり，仕事が原因の過労死なんて，他の国では考えられない」とか，「日本は受験戦争があるからいじめがおこるんだ」「日本ははしを使う文化で日本人は繊細だ」など，日本人は○○だ，式の議論を聞いたことはないだろうか。でも，ここでよく考えてみよう。本当にそれは日本に固有な現象といえるだろうか。みなさんは，受験戦争のない国でもいじめがよくあることをご存知だろうか。箸を使うのは日本だけではなくて，アジアの国々では箸を使う国が多いのを知っているだろうか。日本人が会社人間で家族を大事にしていないというのは，ほんとうだろうか。

　日本は他の国に比べて，確かに退職率や無断欠勤率が非常に低く，勤務時間は長い。行動面を見ると，会社に強い忠誠心をもっているように見える。では，これまでの調査の結果はどうだろうか。実は，日本人とアメリカ人を比較した調査では，日本人の方が会社に対するコミットメントが低いという，通説と逆の結果になる場合が多かった。例を挙げると，リンカーンとカールバーグ（Lincoln & Kalleberg, 1985）の調査は8000人以上の日本人とアメリカ人を対象とした大規模なものだった。調査の結果，会社に対するコミットメント，職務満足共にアメリカ人の方が日本人よりも高いことが示された。けれど，リンカーンとカールバーグは，日本人の方が会社に対するコミットメントが低いという結論を出すのをためらった。リンカーンとカールバーグは日本人は中庸を好むため，極端な回答を避けようとする傾向（過小評価バイアス）があり，コミットメントと職務満足の得点が低いのはそのためであると論じた。またリンカーンとカールバーグは実際の職務満足の程度は国によってそれほど変わらないはずで，日本で職務満足の得点が低いのは仕事に対する期待のレベルが高いからだと論じた。そして，日本とアメリカでは職務満足の得点は同じだと仮定して，コミットメントの程度を調整して比較した結果，日本の方がコミットメントが高いという結果を得た。

　これに対し，ベッサー（Besser, 1993）は，リンカーンとカールバーグの調査は

方法的に問題はなく，平均値の違いを疑う必要はないと論じた。リンカーンとカールバーグの調査は非常に大きく多様なサンプルを用いており，日本人の過小評価傾向を最初から考慮に入れて，アメリカ人には7点尺度，日本人には5点尺度で答えさせている。では，なぜ日本人の方が退職率が低いなど，行動面ではコミットしているように見えるのか。ベッサーは，それは家族や同僚など，他者からの期待や社会的なプレッシャーが影響を及ぼしているのだと考えた。

確かに，日本とアメリカの文化に関する研究では，日本では対人的な結びつきが重要であるため，他者の重要性が高いと言われている。そこで私たち（Ando, 1994；Abrams, Ando, & Hinkle, 1998）は，日本人とイギリス人を対象として，退職行動に影響を及ぼす要因を探る調査を計画した。退職意図に影響を及ぼす要因として，組織への帰属意識と主観的規範（他者からの期待），態度を仮定した。もしベッサーの議論が正しければ，日本では主観的規範（他者からの期待）が退職意図に影響を及ぼすだろう。

## 2．2カ国語で質問紙を作る

この調査では，質問紙に含まれる主な尺度の原文が英語であったため，まず英語で全体の質問紙を作成した。

英語で質問紙を作成する際に注意したことは，質問文の内容を日本語で正確に微妙なニュアンスまで表現できるかという点である。辞書に訳語として載っていたからとして，その言葉の意味が本当に同一であるとは限らない。とくに動詞の場合，まったく同じ意味になるという方が少ないだろう。たとえば，「I am identified with my company」を「私は会社と自分を同一視している」と訳した場合，「はい」と答える人はいるだろうか。Identify は英和辞典には「同一視する」と載っているが，国語辞典で「同一視する」を引くと，「同じとみなすこと」とある。上の質問文の場合，会社と自分を同じものとみなすわけではないので，やはりニュアンスが違う。日本語の「話す」という動詞も英語にすると「Speak」「Tell」「Talk」などいろいろあって，それぞれにイメージする話し方も違うし，状況も違う。

言葉の意味は背景によっても左右される。たとえば，「あなたは仕事に満足していますか」と尋ねた時に，社会の中で仕事は生きがいで，大きな満足感を得られるのが当然だ，という期待が形成されていたら，自分が実際に得られているものと比較して，「いいえ」と答えることが多くなるだろう。逆に，仕事は収入を得るためのものだから，自分自身に満足が得られることはめったにないことだ，という期待

ができていたら，その低い期待の水準と比較して，自分は「満足している」と答える場合が多くなるだろう。

　また，日本では「過小評価バイアス（under-estimating bias）」があると言われている。「大変そう思う」や「まったくそう思わない」というような回答の選択肢の極端なものを避けようとする傾向だ。同じ程度に質問に対して同意したとしても，アメリカ人なら「大変そう思う」に印をつけるところを日本人は「ややそう思う」と回答する。

　言葉によって意味を伝えようとする時，その言葉を示す音節自体には何の意味もないが，言葉は一種の記号であり，シンボルである。そのシンボルの受け手が正しく解釈して初めて意味をもつ。シンボルを解釈する時に，その記号体系や解釈のプロセスを共有していないと，100％同じ解釈にはならない。違う文化では記号体系や文脈を共有していないことが多いため，誤解が生じることがある。

　解決法の一つは，最初からなるべく意味が明解で異なった解釈が不可能な質問を選ぶことだ。そのためには，どちらの文化の人でも間違いなく解釈できるか確認するために，質問文を作成する段階で両方の文化の人にチェックしてもらうとよい。第2に，予備調査を行うことが重要である。事前に実際に質問紙に回答してもらい，わかりにくい質問にはしるしをつけてもらう。それによって，どの質問文に問題があるのかを回答をみながら検討することができる。第3に，質問文が正確であるということが前提だが，平均値の比較から結論を出すことを避けて，変数間の関連を調べるという方法なら，相対的に回答バイアスの影響は小さくなる。たとえば，重回帰分析の場合，標準偏回帰係数を求める時には独立変数も従属変数も標準化（平均0，分散1にすること）するので，平均値や分散の影響を受けにくくなる。ただし，変数間の関係が線形でない場合には変数を標準化しても解決できない。

　質問紙を日本語に訳したら，第3者に日本語から英語に訳しなおしてもらい，さらに別の人にその英語がもとの英語と同じ意味かどうか確認してもらう。これは「バック・トランスレーション」と呼ばれ，国際比較調査では一般的に行われている手続きである。この方法によって，一つの言葉が二つの意味をもっていることはないか，など違う言語でも文の意味が正確に解釈されているかチェックする。この段階でもとの英語の文章に問題があることがわかる場合もあるので，調査を開始する前に英語と日本語，両方の質問紙を完成させておくことが必要である。

## 3．回答のお願いをする

　国際比較調査では，対象の選定が非常に重要である。同一の母集団を用いてその

中で条件設定をしたり，相関分析をする場合と異なり，国際比較調査では母集団の違いそのものが比較対象となるからである。年齢や所属集団，社会階層など属性要因はできるかぎり等しくする必要がある。

　私たちの調査のように会社などの組織に対する態度を比較する場合には，当然職場環境が影響してくることが考えられる。文化の違いだけではなく，大企業か中小企業か，ホワイトカラーかブルーカラーか，製造業かサービス業か，などによって人の態度は変わってくるだろう。また，日本企業とイギリスの企業では企業の方針が異なると考えられる。日本企業は終身雇用，年功序列，手厚い福利厚生などの日本独特の雇用システムをもつことで知られている。一方，イギリスでは同じ企業で一生働くことは珍しく，短期契約が普通である。

　そこで私たちは，企業内の文化をできるだけ均一にするために，日英のどちらも日系の企業を対象とすることにした。企業の性質をできるだけ統一するため，サービス部門で，100人以上の社員がいることを条件とした。両方とも日系の企業なら，企業の方針や企業内の文化は比較的均一であると考えられる。また，同じ企業ならば，業種や規模の違いなどの問題は避けることができるだろう。ただしこれにはトレードオフとなる問題もあって，イギリスの日系企業は，イギリスの中で一般的な例ではなく，日系企業で働く人は特殊な人であると見ることもできる。

　おそらく国際比較調査を行う中で最も難関なのは質問紙の依頼だろう。企業を選定する段階で私たちが懸念したのは，第1に日系企業がイギリスでも日本と同じ経営方針をもっているとはかぎらないことである。たとえば，現地採用のイギリス人に対しては終身雇用をとっていない可能性がある。また，サービス部門の日系企業は規模が小さいものが多く，十分なサンプルが集まらないのではないかということ，日系企業では日本人が管理職を占めているという階層構造があるのではないか，といった問題が懸念された。

　しかも，今回の調査では退職意図について直接尋ねているので，引き受けてくれる企業を探すことは非常に困難だった。会社の経営側が「あなたはこの会社を2，3年以内に辞めるつもりはありますか」などといった質問の入った調査をすることは，それをリストラの資料にするつもりだと社員からとられかねない。労働組合との摩擦を起こす危険性をおかすことになり，会社としては引き受けない方が無難だということになってしまう。

　運のよいことに，私たちは条件にあったイギリスの日系企業で引き受けてくれるところを探し出すことができた。この企業は，イギリス在住の日本人のためのメーリングリストで知り合った人が紹介してくれた所で，日系企業には珍しく，日本人管理職は企業の立ち上げの時にのみ関わって，現在はイギリス人のみで運営されて

いた。会社自体は日本の方針をそのまま受け継いでおり、長期雇用制で、「会社にとって最も大事なのは人だ」という方針をもっていた。この企業の社員を対象に質問紙を配布させてもらうことをお願いし、さらに厚意に甘えて日本の本社に連絡してもらい、同じ企業の本社でも調査を行うことができるようになった。

このようにして日英の企業を対象に調査を行うことはできたわけだが、そこで得られた結果が他の組織にも一般化できるかさらに確証を得るため、大学・短大の教員を対象とした調査も行うことにした。先述のように、日本企業は皆勤の奨励、会社による福利厚生制度など、独自のシステムをもっている。一方大学では、このようなシステムについて、日英でそれほどの差はみられない。また、企業では仕事の内容や、対象企業の社会の中での地位が異なるということが考えられるが、大学の教員に関しては仕事の内容や地位はかなり類似しているといえる。よって、日英で差がみられた場合に、その原因は特定の組織の性質によるものではなく、文化の差であると考えやすい。

会社と大学では職場環境が異なるため、帰属意識や退職意図などの平均値は違ってくるだろう。しかし、平均値が異なっていても変数間の関連が一定であれば、変数間のパターンが特定の組織に限定されるものではなく、頑健であることを確認することができる。

大学についても、できるかぎり日本とイギリスで大学の相対的な地位が似ている必要がある。イギリスでは総合大学(1)と2年制のカレッジを対象にしたので、日本でも国公立の大学と、短大の両方を対象とした。大学での調査は教員名簿をもとに、個人に直接学内便で質問紙を郵送するという方法をとった。大学での調査に関しては、意外な落とし穴もあった。というのは、もともとは文化間の比較に加えて、性別の要因も検討する予定だったのだが、日本の大学教員の女性の絶対数が少なすぎたのである。女性からの回収率はかなり高かったにもかかわらず、150配布した質問紙のうち女性の回答者は8名であった。

結果的に、企業と大学でそれぞれ100名以上の回答が得られた。国籍の異なる人は分析から除き、イギリスではイギリス人のみ、日本では日本人の回答者のみについて分析を行うこととした。

## 4．結果を解釈する

まず図4-4-1, 4-4-2の平均値のちがいについて見てみよう。会社ではイギリス

---

(1) イギリスの大学（University）はすべて国立である。カレッジ（College）は2年制で、職業に関連した学問を教えることが多い。

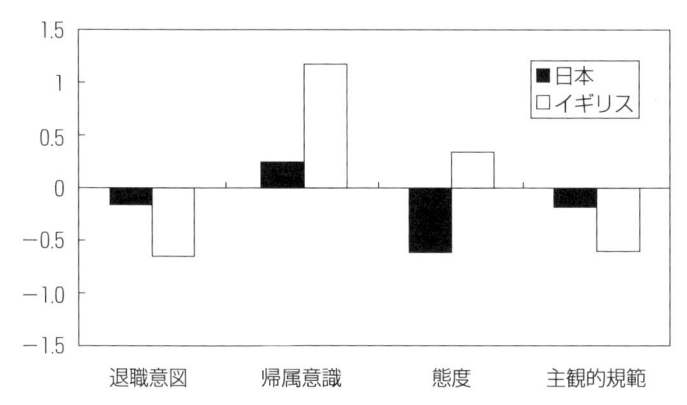

**図 4-4-1　退職に関する変数の平均値：会社**

注：退職意図は，値が大きいほど退職したい，帰属意識は値が大きいほど帰属意識が強いことを示す。態度は値が大きいほど退職によって状況がよくなると考えている。主観的規範は，値が大きいほど周りの人が退職に賛成であると認知している。

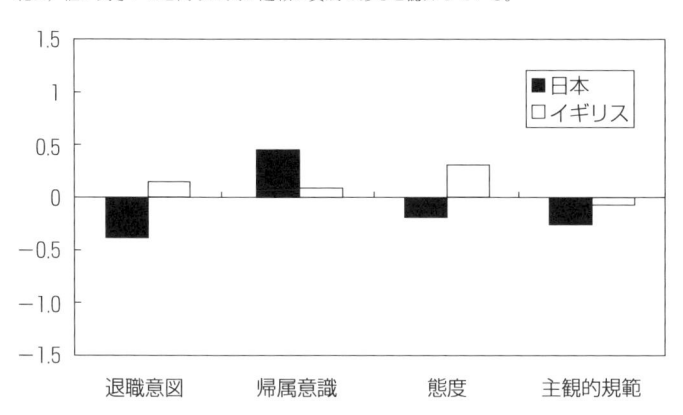

**図 4-4-2　退職に関する変数の平均値：大学**

注：退職意図は，値が大きいほど退職したい，帰属意識は値が大きいほど帰属意識が強いことを示す。態度は値が大きいほど退職によって状況がよくなると考えている。主観的規範は，値が大きいほど周りの人が退職に賛成であると認知している。

人の方が組織への帰属意識が高く，退職意図は低かったが，イギリス人の方が退職に肯定的な態度をもっていた。また，イギリス人の方が周りの人は退職に反対するだろうと考えていた。大学のデータでは，日本人の方が組織への帰属意識が高く，退職意図が低かった。イギリス人の方が退職に肯定的な態度をもっており，日本人の方が周りの人は退職に反対すると考えていた。

　先行研究では，日本人よりもアメリカ人の方が会社へのコミットメントが高いと

180　第Ⅳ章　「社会」を探る

日本　　　　　　　　　　　　　　　イギリス

```
[帰属意識] ──→ ┐                    [帰属意識] ──→ ┐
              ├→ [退職意図]                      ├→ [退職意図]
[態度]   ---→ ┤                    [態度]   ---→ ┤
              │                                  │
[主観的規範] →┘                    [主観的規範] ---┘
```

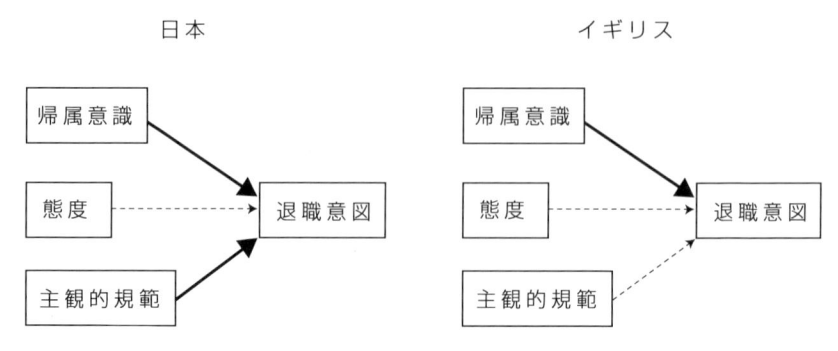

図 4-4-3　日英での退職意図の規定図

いうことが報告されていた。今回の調査では日本人とイギリス人の帰属意識を比較したところ，会社のデータについては，先行研究と同じ結果であった。しかし，大学では平均値の差が逆転していたことから，必ずしもその傾向は一貫していなかった。会社のデータについては，イギリスで対象とした会社は日系企業であり，比較的経営がうまくいっているという点にも注意する必要がある。退職に関する態度はイギリス人の方が常に肯定的だった。転職する人が多く，比較的転職がしやすいというイギリスの労働市場の状況を反映していると考えられる。

　変数間の関連はどうだっただろうか。重回帰分析の会社での結果を見ると（図4-4-3），日英の両方で組織への帰属意識が高い人ほど，退職意図が低かった。日本では周囲からの期待（主観的規範）も有意な影響を及ぼしていた。組織への帰属意識が高く，周りの人が退職に反対だと感じる人ほど，退職意図が低かった。大学についても，会社の場合とほとんど同じパターンがみられた。イギリスでは組織への帰属意識のみが，日本では，組織への帰属意識と主観的規範が退職意図に影響を及ぼしていた。

　日本では，周りの人が退職に反対かどうか，ということが本人の退職の意図に影響を及ぼしていた。一方，イギリスでは，周りの人が反対するかどうか，ということは退職意図に影響を及ぼしていなかった。ベッサーは日本では家族や社会からの期待が行動に影響を及ぼしていると考えたが，本研究の結果はそれを支持するものだった。つまり，実際には会社に対して強い帰属意識をもっているわけではなくても，家族や周りの人々からの期待によって，退職を思いとどまったり，会社に対して強くコミットしているかのような行動をとってしまうと考えられる。日本では「会社人間」と呼ばれているが，会社人間は周りからの「そうあるべきだ」という期待によって作られているのかもしれない。

組織に対する帰属意識は，日本とイギリスの両方で退職意図と強い関連がみられた。会社（大学）をやめたら給料や昇進の機会は良くなるか悪くなるかという，実際の利益について尋ねた退職に対する態度よりも，会社に対して強い結びつきを感じているかどうかという，心理的な側面が退職の決定に影響を及ぼしていたというのは興味深い点である。

会社と大学ではそれぞれの変数の平均値には差がみられたが，変数間の関連はかなり一貫していた。このことは，変数間の関連のパターンがかなり強固なものであるということを示しているといえる。前述のように，文化間の比較では平均値のちがいは文化間の様々なバイアスの影響を受けやすい。しかし，変数間の関連については比較的そういったバイアスの影響を受けにくいと考えられる。

## 5．人間の心理は普遍的なのか

リンカーンとカールバーグは文化によって回答バイアスがあるので，文化間の比較で平均値をそのまま比較することは意味がないと論じた。それに対し，ベッサーは統計的な操作を加えて結果を変えるよりもそのままの平均値の差を信じるべきだと論じている。文化間で平均値を比較することは不可能なのだろうか。国が違えば，社会状況も当然違う。そこで行動が違ったとして，それは文化が違うからなのか，社会構造が違うからなのかを見極めるのはむずかしい問題である。

一つの解決方法として，同じ文化の中で，たとえば日本に在住する日本人大学生とアメリカ人留学生の比較をする，ということもできる。この場合，住んでいる場所は同じなので社会構造の違いによる影響は少ないと考えられる。しかし，留学生は日本に長期間住むことによってすでに日本文化の影響を受けている，留学しようとするアメリカ人はアメリカ人学生の中でも異文化に興味があるなど，特殊なサンプルであるともいえる。同じ日本でも日本人をとりまく環境と留学生をとりまく環境は同じでない，などの問題はある。

文化の問題は「人間に関する理論は普遍的になりうるのか」という問題と関連がある。現在までの社会心理学の理論のほとんどは北アメリカやヨーロッパを起源として行われている（Amir & Sharon, 1987）。しかし，一部の国で確認された現象について，他のすべての文化でもあてはまるとはかぎらない。たとえば，西洋の研究では頻繁に観察される自己高揚バイアスが，日本の被験者を対象とした場合にはほとんどみられないという報告がある（Kitayama & Karasawa, 1997）。

これまで述べてきたように，文化と共に様々な要因が影響を及ぼしているため，文化の影響だけをピックアップするのはむずかしい。けれど，だからといってギブ

アップしてしまうには文化はあまりにも魅力的な題材である。文化間で違いがある，という事実だけに着目すると，母集団の違いなどの問題に左右されやすい。なぜその行動の違いが生まれたのか，という原因にさかのぼって探求していくことができれば，状況にとらわれず，普遍的な説明を行うことができる。その方がはるかに建設的なアプローチになるだろう。

　冒頭で書いたように，日本人は○○だ，式の議論に出会って疑問を感じた時，心理学の技法を知っていれば自分で調査をして疑問を解決することもできる。国際比較調査というとコネもないしむずかしい，と思うかも知れないが，日本国内で調査をすることもできる。人間は，安心できるから断言されることが好きだ。でも，日本人は○○だ，というのを感心して聞いているばかりでなく，「そうかな？」と思うところから心理学の調査は始まる。

（安藤香織）

# 第5節
# 社会心理学における野外実験
―擬似実験によるリサイクル普及プロセスの解明―

## 1．実験室実験と野外実験

　行動を制御する無数の要因の中から研究者が特定の要因を統制・配置し,「実験室」で厳密に行動の要因を探る。実験社会心理学の醍醐味である。一方で,現実場面でいかなる要因の組み合わせによって人々がある行動をとるのか,まさにリアルな場面で検討することは,私にとって非常に本質的で興味深いことであった。

　厳密な理論・知見はとかく実験室で生まれるかのごとく語られたりもするが,社会行動に関する理論というものは現実社会から生み出されるはずのものであり,実験室実験はあくまで理論を構築するための仮説を検証するために行われるのである。そういった意味でも,現象に迫って仮説を探索・設定し,同時にその仮説が成り立つのかを検討することができれば,より社会的現実に対応する実践的な理論が構築できる。しかしながら,実験室実験と比較して,野外実験には方法論的蓄積が手薄なようである。野外実験と一口に言っても扱う範囲は膨大で,対象によって制約も異なることから方法論的な統一がむずかしいこと,研究に適切なフィールドの発見が必要なことなどが理由として考えられる。

　この節では,現実場面における野外実験の一つとして,社会調査法による擬似実験（quasi-experiment）の研究方法を,環境関連の研究事例によって紹介する。擬似実験は,独立変数の操作が困難であったり倫理的に不適切な場合でも,調べたい事柄に対応した条件が少しずつ異なる対象について,従属変数を適切に測定することによって,実験とみなすことができるものである。

## 2．実験場面としての生活空間と要因統制

　実験室が最低限の設定だけ用意された空間であるのに対し,野外実験では様々な社会的文脈が存在し行動に影響を与えている。私たちが日々生活を送っている現実の場面では,ある行動を説明したり予測するにはあまりに多くの要因が作用しており,特定の要因が当該行動にどのような影響を及ぼしているのかを厳密に検討する

のはむずかしいことが多い。また，実験による因果関係の分析には独立変数を設定することが必要となるが，現実場面で社会的影響を及ぼす操作を研究者が行おうとすれば，倫理的な問題も生じてくる。

とはいえ，現実場面においても，比較的大きく作用する要因について，その効果を検討することは可能である。独立変数を私たちが操作できない場合であっても，たとえば，ある地域に社会的に何らかの操作が加えられた状態が存在すれば，操作が加えられる前の状態と比較したり，その他の要因が比較的類似している別の地域と比較することで，ある程度独立変数の効果を検出することが可能である。以下に，環境関連の事例として地域社会における資源リサイクルを取り上げ，その普及に及ぼす諸要因の効果の検討方法について，生活環境調査会（名古屋大学文学部心理学研究室内）のプロジェクトの一環で行われた二つの野外実験としての社会調査から検討していくことにしよう。

## 3．環境ボランティアの活動が住民に与える効果

地域ぐるみでリサイクルが進んでいるところもあれば，そうでないところもある。地域全体でリサイクル活動が活発なところは，リサイクルに熱心な人が集まっているのだろうか。それとも何か別の要因が作用しているのだろうか。私たち研究グループは，環境ボランティアの活動が，その地域の住民の資源リサイクルに対する認知や行動に及ぼす効果に関する事例を取り上げ，こうしたテーマについて，どのような実験的アプローチが可能か検討してみた（杉浦ら，1998）。

（1）　**ボランティアの活動水準を操作できるか**　　少数のアクティブな住民によって環境ボランティアの活動がスタートし，地域住民を少しずつ巻き込みながら，地域全体にリサイクルの仕組みを普及させていく。そうしたプロセスの各段階において，個々の地域住民は資源リサイクルに対してどのように考え，行動するのだろうか。運良く環境ボランティアの活動が開始される場面に出会えれば，環境ボランティア団体が結成され，地域での活動に対する住民の反応を追うこともできるが，必ずしもそうはいかない。環境ボランティアの活動については研究者側で操作するわけにはいかないのである。そこで私たちは，既存の環境ボランティアについて，様々な活動水準を調べ，その団体の活動がどの程度地域の住民に影響を及ぼしているかを推測するという方法を考えた。同じような条件をもった地域に限定し，活動が無い地域，活動が部分的にはじまった地域，地域全体にリサイクルを普及させた地域を抽出し，その地域住民の意識と行動を調べることにより，環境ボランティアの活動の効果を推測するのである。

## （2） 活動の多様性を独立変数として扱う

フィールドとしては，名古屋市に隣接する愛知県N市の新興住宅地を選定した。ここでは，資源リサイクルを目的としている団体が複数存在しているが，活動水準については，地域全体で行っている団体をはじめ，地域の一部において可能な範囲で活動を行っている団体など，様々である。活動する団体が無い地域もある。実験の手順としては，はじめにボランティア団体のリサイクル活動の実態を調査することにより，それぞれの地域における環境ボランティアの活動水準の多様性を明らかにし，環境ボランティアの活動水準の異なる地点を選定する（表4-5-1参照）。ボランティアの活動水準に関しては，地域全体を部分的にカバーしている地域（F～K），地域全体をカバーしている地域（L～M）に着目した。この作業が実験における独立変数の設定ということになる。また，調査対象地域を特定する際には，ボランティアが存在しない地域も含め，社会的属性が同質な地域を選ぶことが必要である。ここでは，新興住宅地の一戸建てが中心の地域を選定した。これが，剰余変数の統制である。このように考慮した結果，活動水準が低い地点としてF団体が活動する地域とJ団体が活動する地域，活動水準が高い地点にはN団体が活動を行う地域を選定した。実際には，コミュニティにはそれぞれに独自の特徴をもっていることは否定できず，厳密に要因を統制す

表 4-5-1 独立変数設定のためのボランティア活動実態の把握

| 団体[1] | 対象世帯数 | 地域世帯数 | 対象世帯数／地域世帯数[2] | ボランティアの人数 | 主な住居形態 |
|---|---|---|---|---|---|
| A | 15 | 286 | 5 % | 2 | 集合住宅 |
| B | 30 | 485 | 6 % | 5 | 一戸建て |
| C | 40 | 908 | 4 % | 2 | 一戸/集合 |
| D | 70 | 908 | 8 % | 5 | 一戸/集合 |
| E | 108 | 263 | 41 % | 2 | 集合住宅 |
| F | 110 | 127 | 87 % | 2 | 一戸建て |
| G | 150 | 908 | 17 % | 10 | 一戸/集合 |
| H | 150 | 908 | 17 % | 5 | 一戸/集合 |
| I | 170 | 908 | 19 % | 3 | 一戸/集合 |
| J | 200 | 351 | 57 % | 1 | 一戸建て |
| K | 200 | 630 | 32 % | 3 | 一戸建て |
| L | 300 | 295 | 102 % | 3 | 集合住宅 |
| M | 880 | 988 | 89 % | 25 | 集合住宅 |
| N | 1200 | 1178 | 102 % | 50 | 一戸建て |

[1] C, D, G, H, I の団体は，境界のはっきりしない同一地域内（世帯数908）でそれぞれ独立に活動を行っている。
[2] 100 %を超える団体は，調査回答者による数値と，統計資料による地域世帯数の値とが若干異なることによる。

表 4-5-2 ボランティア活動水準を独立変数とした認知変数の平均値

| 質問項目（例） | | ボランティアの活動水準（独立変数） | | |
|---|---|---|---|---|
| | | 無活動地点 | 低水準地点 | 高水準地点 |
| 社会的利益 | 空きビン・空き缶を不燃ごみで出すと，ごみが増えて処理が大変になるだろう | 4.42 [a] | 4.46 [a] | 4.53 [a] |
| 個人的コスト | 空きビン・空き缶をリサイクルに出すまで保管しておくのは大変だ | 3.11 [a] | 2.90 [a] | 2.71 [a] |
| 社会的規範 | 自分の近所の人は，空きビン・空き缶のリサイクルに積極的だと思う | 2.56 [a] | 2.76 [a] | 3.38 [b] |
| 実行可能性 | リサイクルに参加できないのは，近所にボランティアの団体がないからだ | 2.84 [a] | 2.41 [ab] | 2.02 [b] |

5段階評定で数値が大きいほど項目に対して肯定的
同一行の記号が異なるのは5％レベルで有意

ることは困難であるが，調査しようとしている認知・行動に影響を及ぼすと考えられる人口統計学的要因をおおよそ等しくなるように設定することがここでは可能となった。

以上より，活動の有無，あるいは活動水準について①環境ボランティア団体が存在していない「無活動」地点（住民がリサイクルをするには地域外にある行政のステーションに直接資源ゴミを搬入する必要がある），②少数であるが環境ボランティアが存在し，地域内の一部においてリサイクルが実施されている「低水準」地点（地域全体としての回収システムは作ってはいない），③環境ボランティアが地域の全世帯を対象として活動している「高水準」地点とした。そして①〜③それぞれの地点について，各60世帯を抽出し，質問紙調査を行った（項目については表4-5-2を参照）。

（3）　地点間の違いをどう解釈するか　抽出された3地点は，人口統計学的にはどの程度類似しているのだろうか。住民のリサイクルに関する認知・行動の違いを比較することで，環境ボランティアの活動の効果を推測するには，この前提条件を明確にしておく必要がある。新興住宅地として開発された一戸建て中心の地域から選出した3地点は，回答者の年齢，性別，専業主婦/夫率など，リサイクル行動に影響を与えると考えられる要因については，統計的な差はみられなかった。

さて，3地点間で認知項目の平均値を比較した結果が表4-5-2である。まず，社会的利益および個人的コストに関する態度について分散分析を行ったが，その差は認められなかった。ところが，実行可能性評価，および社会的規範評価において，無活動地点と高水準地点との間で差がみられた。そして，リサイクルへの協力行動はというと，ボランティアの活動水準が高いほど，行動を実行する住民の割合は高くなっていたのである。住民の基本属性や態度は3地点で差がみられず，社会的規

範評価や実行可能性評価が高水準地点で高かったことから、高水準地点では環境ボランティアの活動が地域住民の規範意識や実行可能性評価に影響を及ぼし、リサイクル行動が実行されるようになったと考えられる。

以上の結果から私たちは次のようなプロセスを想定してみた。まず、環境ボランティアが存在しない段階では、マスメディア等による情報により、リサイクル行動への態度は肯定的となるが、行政は資源ゴミの回収に取り組んでおらず、近隣に回収システムがないためにリサイクル行動には至らない。次に、資源リサイクルの必要性を感じる住民がボランティアとして資源ゴミの回収に乗り出すようになるが、活動人数や回収ボックスの数などは小規模であるため、地域全体としてみると認知度は低い。地域で部分的に回収が始まり、一部の住民がリサイクルに協力している状態である。最終的に地域全体に資源ゴミの回収システムができあがると、地域住民は資源リサイクルへの参加が可能となり実行可能性評価が高くなる。さらに、多数の住民の運動参加により近隣のリサイクルは顕在的になり、リサイクルが近隣地域において望ましい行動であるとの社会規範が意識されるようになる。そして、マスメディアによる情報提供をもとに形成された態度と一致した行動がとりやすくなったのである。

## 4. 制度導入に対する住民評価の時間的変化

少数の活動的なボランティアが徐々に活動を広げながら少しずつ住民の認知や行動を変えていくこともあれば、地域における制度が変わって突然行動様式の変化が求められることもある。こうした事態で住民はいかなる反応をみせるのだろうか。次に私たちが取り上げたのは、行政によるゴミ減量のための徹底した分別制度の導入の事例である（杉浦ら、1999）。行政による情報提供や住民の分別行動の実行が制度評価に及ぼす効果を実験的に検討する方法を紹介しよう。

**(1) 新制度導入との遭遇**　愛知県H市では、ゴミを可燃・不燃の2分別でいつでも出せる方式を採用していた。住民にとっては便利な方式であったが、一部の地域をモデル地区として、資源化を含む26種類に分別し、月2回の回収日には住民が交代で立ち当番をするという新制度が導入されることになった。そこで、私は居住地区でもあるモデル地区において参与観察を実施することにした（杉浦、2000）。さらには行政担当者への聞き取りを通じて、容器包装リサイクル法の制定やゴミの散乱等の問題があり実施に踏み切ったこと、モデル地区に続き近々市内の残りの地区に順次導入する予定である、といった情報が入手できた。ゴミ分別の新制度が住民に受容されていくプロセスの検討を計画していた私たちにとって、それ

188　第Ⅳ章　「社会」を探る

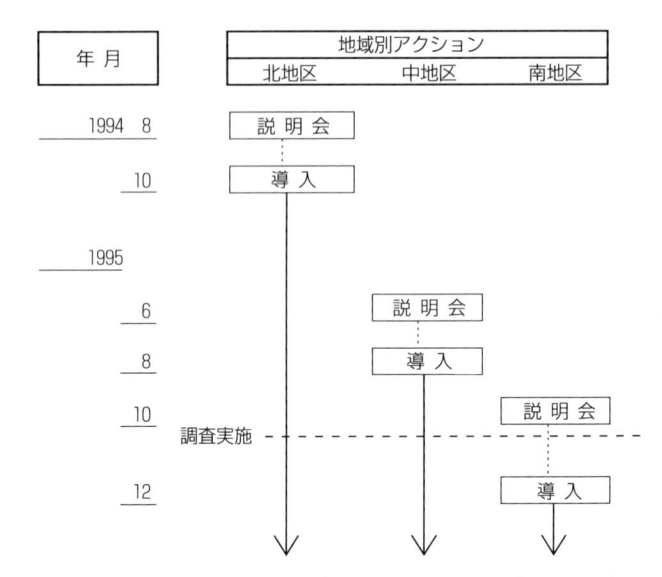

**図 4-5-1　行政による分別回収導入へのアクションと調査時期の設定**

| 年 月 | 地域別アクション ||| 
| --- | --- | --- | --- |
|  | 北地区 | 中地区 | 南地区 |
| 1994　8 | 説明会 | | |
| 10 | 導入 | | |
| 1995 | | | |
| 6 | | 説明会 | |
| 8 | | 導入 | |
| 10　調査実施 | | | 説明会 |
| 12 | | | 導入 |

は絶好のチャンスであった。

　導入直前の町内会主催による説明会には7割ほどの住民が参加し，そこでは行政担当者による説明が2時間に及んだ。急激な行動様式の変化をともなう制度導入後は，資源分別ステーションでの観察結果からは，分別は円滑に行われているように見えた。資源の有効利用といった観点（社会的利益）からは必要な制度といえるかもしれないが，住民に多大な負担を強いるといった観点（個人的コスト）とあわせ，実際に住民はこの制度を全体としてはどのように評価したのだろうか。それは，時間とともに変化するものだろうか。

　**（2）　調査時点をピンポイントで設定**　　新制度は，モデル地区を含めて3段階で市内全域に導入されることとなった。ということは，ある時点においては，導入されて一定期間が経過した地区，導入直後の地区，導入前の地区が存在することになる（図4-5-1）。調査は，モデル地区に導入されて1年，北地区に導入された直後，南地区の導入直前となる1995年10月を計画した。南地区については，町内会単位で順次行われる説明会の最中に調査が実施できれば，説明会に参加した住民とそうでない住民との違いが確認できるとのアイディアもあったが，調査時点においてすべての町内会で説明会が行われた直後であった。このようにして，市内全域に順次導入される一時期において，制度導入前，導入直後，制度導入後1年の3地区について，各210世帯を対象とする社会調査を実施した。

表 4-5-3 実施期間を独立変数とした新制度評価の平均値

|  |  | 南地区<br>(実施前) | 中地区<br>(実施3ヶ月) | 北地区<br>(実施1年) |
| --- | --- | --- | --- | --- |
| 総合評価 |  | 3.32 [a] | 3.50 [ab] | 3.62 [b] |
| 個別評価 | 社会的利益 | 4.09 [a] | 4.14 [b] | 4.31 [b] |
|  | 個人的コスト | 1.80 [a] | 1.98 [ab] | 2.07 [b] |

5段階評定で数値が高いほど，新方式に肯定的
同一行の記号が異なるのは5%レベルで有意

**（3） 地区間の差を時間的変化として解釈**　導入時期の異なる3地区を同時に調査し，新しい分別回収制度の社会的利益・個人的コストの個別評価，新制度の総合評価を比較したところ，3地区で違いがみられた（表4-5-3）。3地区の違いは，その地区特性を考慮すれば，新制度のもとで分別行動を実行しているかどうかの効果と読み替える事が可能である。さらに従属変数に影響を与えると考えられる居住年数に地区間で違いがみられたことから，居住年数を共変量とした共分散分析を実施した。その結果，社会的利益に関しては，居住年数の影響を受けず，実施期間による効果が確認された。また，個人的コストに関しては，居住年数が長いほど新制度への評価は肯定的になるという効果を取り除いても，実施期間による効果が確認された。つまり，新制度のもとで新しい分別行動を経験している住民ほど，新制度のもたらす社会的利益をより高く評価するとともに，新しい制度にともなう個人的コストは小さいと評価していることになる。また，新制度の総合評価は，導入前の地区よりも，導入からの時間が経過した地区ほど，肯定的に変化していた。

続いて，説明会への参加の有無によって住民を振り分け，社会的利益および個人的コストの違いを検討した。その結果，社会的利益に関する評価では，説明会へ参加した住民の方が新制度を肯定的に評価していたが，個人的コストではその違いは確認されなかった。また，社会的利益に関しては，時間が経過した地区ほど，説明会への参加の有無の違いはなくなることが示唆された。

以上から，私たちは次のような解釈が可能と判断した。ゴミ処理に関する個別評価では，行政からの情報への接触により社会的利益の側面による新制度支持が肯定的に変化した。一方，制度導入から一定期間が経過する事で，行動実行のコミットメントおよび行動の習慣化により，社会的利益の側面に加え，個人的コストの側面からも新制度を支持するように変化していたといえる。

## 5．野外実験の効用と問題点

以上二つの事例における野外実験から，社会における何らかの変化に対して，そ

の変化をもたらす要因が地域社会の構成員である住民にどのような影響を及ぼしていたのかを検討する方法を紹介した。たとえば，ある地域に何らかの社会的な制度が導入された後，地域の住民の心理的特性に何らかの変化が生じたとしよう。心理的特性に影響を及ぼす他の要因を考慮すれば，地域住民のこうした変化は制度が導入された結果とみなすことができる。しかし，サンプリングを行い実験を設計する際に，人口統計学的要因がどれほど統制できるのか，統制できない分については，その効果をどうやって取り除くのか等，うまく工夫しておかないと，結局その場所やその地域はそうだったのだろう，といわれたときに反論ができない。擬似実験の効用と限界をよく理解した上で，現実社会における生のデータを扱い，社会にとって意味のある知見を導き出すことが必要だろう。

　最後に，野外実験における研究者の倫理的問題について触れておく。実験室における実験は，冒頭で述べたように，独立変数の操作や剰余変数の統制など，実験者が組み立てるわけだが，野外実験ではそうはいかない。仮に研究者が操作できるような状況であったとしても，その社会に与える影響を十分に考慮すべきであるし，擬似実験のように操作しない場合も含めて，実社会で活動する方々の協力なしではこのような研究は成り立たない。フィールドで出会った方々との信頼関係を築き上げることも大切なことだし，そこで得られた知見が社会的に有意義な方向で活用されることが必要となるだろう。単なる研究者の興味本位に終わることなく，フィールドを実験の場にすることの重大さを私たちは認識しなくてはならない。

（杉浦淳吉）

# 第6節
# 統制された日常
── 実験室における要因操作 ──

## 1.「実験」とは？「実験室」とは？

　私は，環境に配慮して行動する少数者が周囲の人々にどんな影響を及ぼすのか，これを実験室実験で調べている。環境問題は，複雑な要因が錯綜するテーマである。ごみ問題ひとつとっても，それに対する考え方は人ごとにまったく違うのだ。このテーマを社会心理学の実験室実験で検討する場合，多様な要因を包含する環境問題を，「実験室」という小さな空間へいかに移植するかが，最初の難関となる。

　環境問題という大きな課題を，狭苦しい大学の研究室へ移植する……これに対する率直な問いは，おそらく「そんなことができるのか」「そんなことに意味があるのか」という二つに集約されるのだろう。ここでは，私自身が実験室実験の手法で環境問題を分析してきた過程をなぞりながら，これらの問いに答えてみよう。その前にまず，そもそも「実験」とはどんな手法なのか，「実験室」とはいかなる空間なのか，これを説明しておきたい。

　たとえば，画期的な治療効果を上げる新薬が開発されたとしよう。その薬効を証明するには，病気のマウスに薬を投与すればよい。しかし実は，これだけでは証明にならない。マウスは薬がなくとも自然に治ったかもしれず，また，従来の薬でも治ったかもしれない。つまり，新薬を投与しない自然治癒より効果があり，また従来の薬よりも効果がある，という二つの条件をクリアしなければ，新薬の効果は証明できないのである。したがって，新薬を与えるマウス，従来の薬を与えるマウス，何も薬を与えないマウスという3グループを用意しなければならない。さらにこのとき，エサや気温などの飼育環境，マウスの健康状態などを統制することが重要である。エサが違っていては薬の効果に差が出るかもしれず，軽症のマウスと重症のマウスを比較したのでは意味がない。要するに，"新薬の投与"という1点を除いて他の要素をすべて統制したマウスを比較しなければ，"新薬の効果"は正確に検討できないのである。

　AとBとの因果関係を把握するため，その因果関係に影響を及ぼす余計な要因を除外し，A・A'・A"……と，いくつかの操作を比較した上で，Bを導くのはAの

操作のみと証明する手続き，これが「実験」である。このとき，Aを独立変数，Bを従属変数といい，ABの因果関係に余計な影響を及ぼす要因を誤差という。そして，独立変数と従属変数のみを設定し，誤差を統制した純粋な空間（上の例なら，エサや気温をすべて統制した飼育室）が，「実験室」なのだ。

実験室実験とは，このように統制された空間で，物事の因果関係を分析する手続きなのである。

## 2．社会心理の実験室＝統制された日常

医学などの自然科学では，実験は当たり前の手法である。しかし，文系の学問である社会心理学での「実験」とは，どんなものなのか。

日常よく目にする社会心理学的な現象として，同調という問題を取り上げてみよう。教室でどの意見に賛同するか，洋服の色をどう決めるか，これらの状況であなたは，他人の意見や雑誌の記事を見て，「みんなが手を挙げているから」「どの雑誌も載せているから」と，周囲の趨勢を判断基準にして，自分の行動を決めたことがあるかもしれない。

個人に同調行動を起こさせる影響力は，どこから発生するのだろう。たとえば，周囲の人数が多ければ多いほど，同調は頻繁に起こるのだろうか。これについて，アッシュ（Asch, 1955）が有名な実験を行っている。彼の実験に参加した被験者は，画用紙に描かれた直線の長さを直感で判断するという単純な課題を，いくつか遂行することになった。部屋には自分のほかに8人ばかり同年輩の学生たちがいて，1番から順に各自の判断を口頭で発表していく。自分は終わりの方で，7番目に答えることになっていた。ところが，次々と発表される先の6人の答が，どうもおかしい。課題は一目瞭然，実に簡単で，自分なりの答は頭の中にできているのだが，6人は全員，自分とまったく違う答を一致して発表している。自分はBという答ができているのに，他はみんなAと言っているのだ。とうとう自分の番になった。あなたがこの被験者だったら，あくまで自分の答を変えずに発表できるだろうか。

同調は日常広くみられる現象だが，たとえば教室での意見や洋服の色には，個人の主観や好みといった要因が入り込む。アッシュの実験は，直線の長さの判断という単純明快な課題を用意してこれらの誤差を取り除き，被験者の周囲で意見を述べる他者の人数という要因のみによる，同調への影響を検討したのである。その結果，他者が1人だけの場合には被験者に同調はほとんど起こらないが，2人になると同調が生じ，3人で被験者の同調がほぼピークに達することが明らかになった。

日常社会で個人に同調を生じさせる要因は，周囲の人数のほかにも，自分自身の

判断に対する自信，個人にとっての課題の重要性，保守的か革新的かといった文化差まで，様々である（Deutsch & Gerard, 1955；木下, 1964；Milgram, 1961）。こうした多様な要因の影響を全部ひとまとめに検討することは不可能で，検討したい要因だけを独立変数として設定し，その他の要因を統制した実験室において，同調行動という従属変数との因果関係を測定しなければならない。社会心理学における実験室実験とは，日常を統制して必要な要因のみを設定した空間＝実験室において，個々の人間が日常の中で何気なくとっている行動の規定要因を，一つひとつ洗い出す作業なのである。

ところで，アッシュの実験には，実施する上で意外にむずかしい条件が一つある。サクラ（実験協力者）を用意することの困難である。

社会心理学における実験は，日常を厳密に統制した状況を実験室に再現することから始まる。その際，誤差は厳に回避しなければならないのだが，さりとて日常からかけ離れ過ぎてリアリティのない状況になるのも良くない。要因の統制と実験状況のリアリティ，このバランスは社会心理学の実験を行う者にとって，常に頭の痛い問題である。これを打開するため，サクラを配置する方法がよく用いられる。

アッシュの実験の場合，実験室に集まった学生のうち，本物の被験者は1人だけで，あとはすべて，決まった答だけを述べるように訓練された者たちだった。彼らはサクラとして，被験者の前ではいかにも実験室へ初めてやってきたような演技をし，実験の真の目的である同調の検証から被験者の目をそらしながら，実験室の雰囲気を日常の場面に近づけ，実験状況のリアリティを高めたのである。

実は，全員が明らかに間違った答を述べる状況など，少し冷静に考える被験者は「仕組まれたな」と簡単に看破してしまう。私は学生時代に実習でこの実験を追試し，実習仲間とともにサクラを演じたことがあるが，私たちの演技が下手なせいで被験者が実験を見破ってしまい，データが使い物にならない事態を何度も経験した。サクラの演技次第でアッシュの実験は非常にリアリティが高まるのだが，そのためにはサクラに相当な訓練が必要となる。訓練から実験まで，多大な時間を割いてくれるサクラを用意することは，被験者を集めるよりもむずかしい。欧米の大学ではサクラも被験者も，アルバイトとして参加するか，もしくは実験者である教授の講義でポイントをもらうことを報酬に参加する例が多いが，日本の大学ではなかなか困難である。学生が実験を行う場合はなおさらだろう。

アッシュの実験が内包するこの欠点から，実際にサクラを使うのではなく，意見を表明するボタンとランプのあるブースへ被験者一人一人を入れ，ランプの点滅を実験者が操作するという方法が，その後，考案された（Crutchfield, 1955）。そして現在では，パソコンを使うことで，非常に複雑な状況をサクラなしで実験室に再

現することが可能になっている。

## 3．環境問題を実験室に再現する

　リサイクルや分別など，環境に配慮したボランティア活動を行う人々が存在する。その行動が周囲に普及すれば，おのずと環境問題は解決の方向に向かうだろう。では，どうすれば普及させることができるのか。私の研究はこんな疑問からスタートし，やがて「少数者が自らコストを負担しつつ，一貫して環境に配慮した行動を続けていれば，その行動は周囲に普及する」「コストを負担しない少数者の行動は，普及しない」という仮説を実験で検証する必要が出てきた。一貫した行動を続ける少数者が周囲の人々に影響を及ぼすことは，モスコビシとペルソナッツ（Moscovici & Personnaz, 1980）やアレン（Allen, 1975）などが指摘していたが，私はこれを環境問題の中で検証しようと思ったのである。

　ここで困ったのは，環境問題をどうやって実験室に再現するかだった。この実験では，環境へ配慮して持続的に行動する人・しない人，そのためのコストが大きい場合・小さい場合を設定しなければならず，その反面，コストを費用か時間か手間ひまかの何に定義するか，環境問題はどれだけ深刻かという危急性など，誤差となる要因は統制しておかなければならなかった。また，環境に配慮した行動といっても，実社会ではリサイクル，分別，マイカー自粛……と，多種多様な選択肢がある。実社会でのこうした行動には，事前の知識や関心といった個人差が出るため，そのままでは実験で採用できない。個人差の少ない，統制された行動でなければ，社会心理学の実験では従属変数にならないのである。アッシュの実験で，同調という日常ありふれた多様な行動が，直線の長さの判断という単純な行動のみに置きかえられて従属変数と定義されたように。

　統制された環境問題の設定と，その中でコントロールされた行動を持続的に取り続けるサクラの確保……前者も後者も，その頃学生だった私にはむずかし過ぎた。とくに前者の問題は，冒頭で述べたように環境問題に関わる要因が多岐であるだけ，統制しなければならない誤差も多く，どこから手をつけてよいのか途方に暮れてしまった。

　私は最初，研究のセオリーどおりに，文献を読む作業から始めた。まったく乱読で，社会心理学も社会学も関係なく，専門の論文も通俗本も区別せず，とにかく環境問題に関係のありそうな本や論文を手当たり次第に読みまくった。そのうち，環境問題には大きく二つの型が存在することがわかってきた。一つは，自動車の排気ガス汚染のように加害者＝被害者となる環境問題で，社会的ジレンマと呼ばれる

(Dawes, 1980；山岸, 1990)。もう一つは水俣病のように加害者と被害者が明確に区別できる公害問題で，私はこれを社会的コンフリクトと呼んだ（梶田，1979)。つまり，加害者と被害者の区別を設定するか否かで，環境問題のおおまかな枠組みが決定できそうだと気づいたのである。

同じ頃，やはり環境問題をテーマとしていた研究室の先輩が，パソコンを使ったロールプレイング・ゲームを開発した。4人の被験者がゲームに参加し，各自の資産（得点）の増大を目指す投資と，環境保護を目指す寄金の額を決めていく。むやみに自分の資産を増やそうとすると環境汚染が起き，自分のみならず他の3人まで資産を失って共倒れになる。四つのパラメータ——投資による資産の増加率，環境保護寄金による環境汚染の改善率，投資額と寄金額から算出される環境汚染の進行度，環境汚染による資産への影響度——の設定で，見事に社会的ジレンマ型の環境問題が画面へ再現されていた。面白いのは，実験室には確かにモニターが4台並び，4人の被験者が参加するのだが，画面上に現れる4人のプレーヤーのうち本物は本人だけで，あとの3人の行動はあらかじめプログラミングされているという実験方法だった。4人はそれぞれ，同室の者と実際にゲームを行っているように錯覚しながら，実はパソコンが3人分のサクラを演じていたのである。

パソコンによるゲーム実験というこの方法なら，人間のサクラを手配する手間も費用もいらない。環境問題の危急性や環境配慮行動のコストは，ゲームの進行度合い，あるいはプレーヤーの資産などをプログラムで統制すればよい。被験者の行動も，プレーヤーとしての投資と寄金の意思決定のみに限定し，このうち寄金が実験における環境配慮行動となり，従属変数として定義できる。

私はこの方法に飛びついた。ただ先輩と違い，私は社会的コンフリクト型の環境問題を扱った。社会的ジレンマ型の環境問題では，環境保護の寄金がプレーヤー自身の資産を守る自助的な行動となるが，社会的コンフリクト型なら，被害者（他者）を救済する援助行動になる。したがって，自らコストを負担する少数者の行動が，周囲のプレーヤーへ印象づけられやすい。また，汚染の被害が一部にとどまっている社会的コンフリクトの段階で環境問題を解決すれば，その後汚染の拡大が防止され，社会的ジレンマ型の大規模な環境問題の発生を抑止できると考えたからである。

社会的コンフリクトをシミュレートした私のゲームでは，先輩のゲームが内包していた上記四つのパラメータのうち，投資による環境汚染の進行度，環境汚染による資産への影響という二つの設定を，大筋で変えていた。すなわち，投資によって環境汚染をまねくのはプレーヤー全員ではなくその一部であること，また環境汚染の被害はこれらのプレーヤーには及ばず，別の一部のプレーヤーにのみ及ぶ，とし

第IV章 「社会」を探る

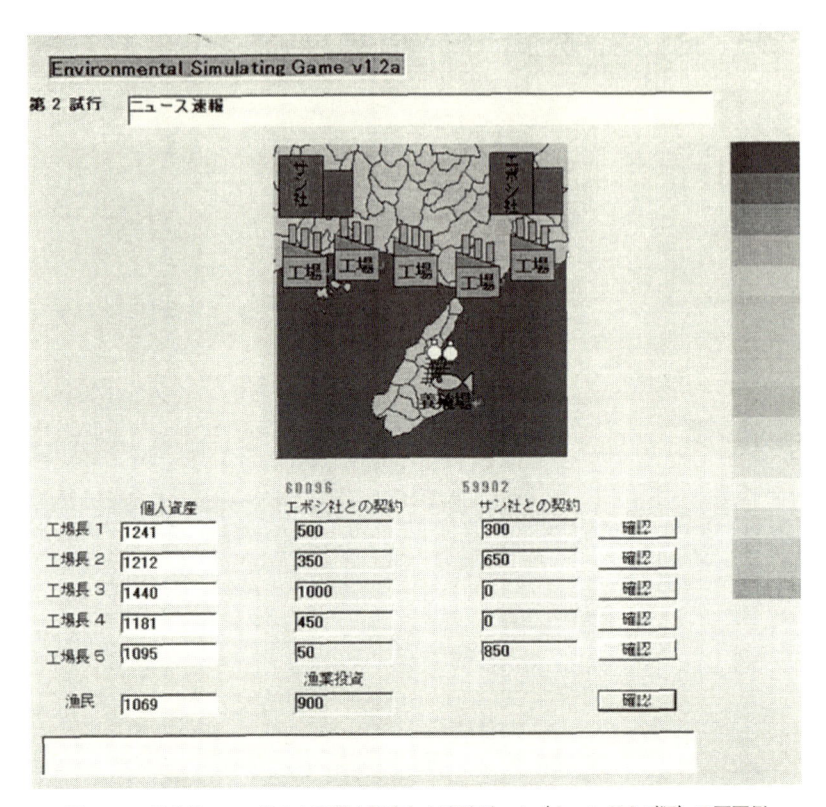

図 4-6-1 社会的コンフリクト事態を設定した実験ゲーム（ウィンドウズ版）の画面例

たのである。社会的ジレンマからコンフリクトへのゲームの変換は，基本的にこの二つのパラメータの設定を変えるだけで可能である。ゲームの中で環境問題をシミュレートするとき，上記四つのパラメータの設定いかんで多種多様な状況を作り出すことができるということであろう。

この当時は5インチフロッピィがまだ主流で，ウィンドウズなどの便利なOSもなく，先輩も私も Basic 88 という古めかしいマシン言語でプログラムを組んでいた。図 4-6-1 は，当時のプログラムをもとに，ウィンドウズに対応するため Visual Basic というマシン言語で作られた，新バージョンのゲームである。ゲームの基本的な設定は当時も今も次のとおり。被験者はクジ引きで工場長プレーヤーか漁民プレーヤーに分けられることになっているが，実際には全員が工場長となり，各自ブースの中でコンピュータを相手にゲームを演じる。工場長となった被験者は，利益は大きいがゲーム上で海の汚染を招くエボシ社との契約（生産投資）と，海を

浄化できるが利益の小さいサン社との契約（環境寄金）に，自分の資産を振り向けていく。ただし，海がいくら汚れても，工場長自身の利益にはまったく影響せず，漁民プレーヤーの利益のみが減る事態になっている。海を汚すか浄化するかの決定権は工場長にあるが，汚染の被害者は漁民のみという社会的コンフリクト事態なのである。

以上のように，パソコンを使ったゲーム実験とすることで，実験室における環境問題の再現には成功した。さて，このゲームを用いた実験の結果はどうなっただろうか。

## 4．実験室の結果は日常場面にあてはまるのか

現在の日本では，大多数の人が「環境を守らなければならない」という認識をもっていると言えるだろう。ただ，実際に行動するとなると，面倒な分別やリサイクル，あるいは割高で手間のかかるエコ商品の購入などは避けるのが実状である。

私の実験に参加した被験者も，この点は同じだった。ゲームの中で彼らは，資産の7割以上を投資に向け，環境保護への寄金は2割から4割程度にとどまった。「環境に配慮すべき」という意見の学生たちだったにもかかわらず，彼らはやはり自己利益を優先して，環境への配慮を後回しにしたのである。ただしこれは，本人以外のプレーヤー全員が自己利益を優先し，かつ，環境保護のコストが高い場合であった（図4-6-2参照）。同じくコストが高くても，プレーヤーの中に1人だけ，そのコストを自発的に負担して環境保護の寄金を続ける者が存在すると，被験者もまた，最終的に資産の8割を寄金へ振り向けた。つまり，周囲の多数者が自己利益を優先しても，自己犠牲的な少数者が1人いれば，被験者も自己犠牲的に環境保護のコストを負担し，自分の利益を抑制したのである。環境保護のコストが低い場合だと，もちろん被験者は自発的に寄金を行う。しかしこれも，周囲のプレーヤー全員が自己利益を優先する中では抑制され，5割から6割程度であった。そしてこの場合，率先して環境保護の寄金を続ける1名が存在しても，被験者の寄金は6割以上にならなかった。少数者の行動に伴うコストが低いとき，つまり少数者の行動が自己犠牲的でないときには，被験者の行動に及ぼす影響が小さかったのである。また，「資産が惜しいから環境保護の寄金を抑制する」といった，コスト意識によるネガティブな影響も，少数者の存在で低下した（Nonami, 1996）。

この結果から，「自己犠牲的な少数者の環境配慮行動は普及する」という当初の仮説は支持され，実験は大成功だった。以後私は，環境問題における少数者の影響について，ゲーム実験の手法で検証していくことになるのだが，それはさておき，

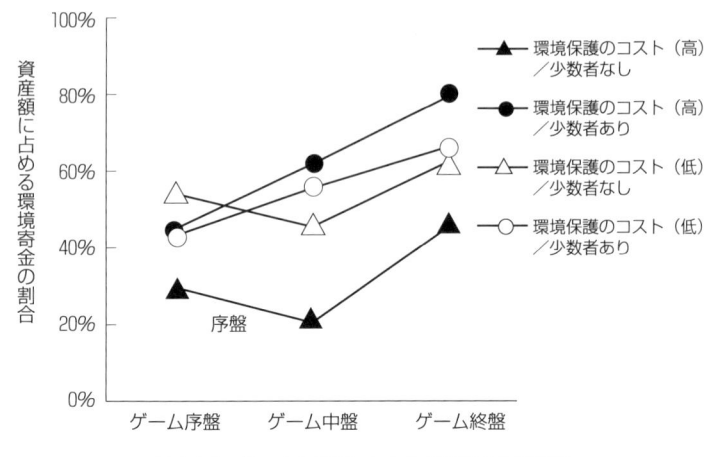

図 4-6-2　ゲームの進行にともなう環境寄金の推移

　ここで別の問題を考えてみよう。それは，この実験が学問的には成功としても，その結果が現実の日常社会へどれだけ適用できるかということである。

　日常の場面から誤差を除去し，必要な要因のみを独立変数・従属変数として対応させることは，実験の精度を高めるために不可欠である。しかし，誤差をきれいに取り払った実験室は，日常では決してありえない真空の状況とも言える。その状況での実験結果が，真空でない日常の場面へあてはまるものなのか，疑問もわくだろう。実験室の結果を日常へどれだけ適用できるか，この可能性を外部妥当性というが，ゲームを使った私の実験には，どれだけの外部妥当性があるのだろうか。

　もちろん，私の実験の結果は，そのまま日常社会へ適用できるものではない。この結果はあくまでゲーム上のものであり，1人が環境配慮行動を取り続ければ，それと同じコストを負担してまで周囲も同様の行動をとるのか，現実の社会はそれほど単純ではない。誤差としてゲームへ入れなかった多くの要因が現実の環境問題には介在し，そうした要因を一つひとつクリアしなければ，少数者が影響を及ぼすことはないだろう。それどころか，クリアの仕方が悪ければ，自己犠牲的な少数者はむしろ変人扱いをされて，周りから疎外される場合すらあるかもしれない。

　自己犠牲的な少数者が人々に影響を及ぼし得る状況はいくつもあるが，私の実験は，そのうちの一つを示したものなのである。もちろん，少数者の影響が及ばない状況も無数にあり，その場合，少数者の影響を阻害した要因に関する検証が重要に

なる。ただゲームでは，阻害要因を極力，誤差として除去していたのだ。多くの誤差を取り去った，限定された状況下での結果という意味では，私の実験の外部妥当性は低いかもしれない。しかし一方で，個人差などの誤差を取り去った状況だからこそ，広く人間一般に適用できる基本的な行動原理とみなすことも可能なのであり，この意味では高い外部妥当性をみることもできる。少なくとも，環境問題の改善に関して，相応の手間や費用を払いながら地域社会で活動する少数の人々が着実に支持を集めていく事例の中に，少数者の影響が存在することは確かであろう。意外とあなたの身近でも，こうした事例が見つかるかもしれない。

（野波　寛）

# 第7節
# ゲームシミュレーションによる集団研究
## ―模擬世界のなかのリーダーシップ―

### 1．はじまりとしてのサマーキャンプ実験

　社会心理学でも古典を読むことから，アイデアやテーマを思いつくことがある。ここでは，シェリフら（Sherif *et al.*, 1961）の「泥棒洞窟実験」から刺激をうけ，ゲームシミュレーションという方法で行った集団間関係のもとでのリーダーシップについての研究を紹介しよう。

　風変わりなタイトルのかれらの本は長く絶版だったが，復刻版が出版されたのを機会に読んでみると，グループダイナミックスについての興味深い事例が数多く見つかった。その一つが，集団間関係のもとでのリーダーシップである。その本には，1950年代の懐かしい格好をした12歳の子どもたちが，泥棒洞窟という自然公園で，丸裸で泳いだり，旗を奪い合ったり，一緒に給水タンクを調べたりしているところを撮った沢山の白黒写真も掲載されている。オクラホマシティのあちこちの小学校に通っていた22人の子どもたちは，二つのグループに分かれて3週間におよぶサマーキャンプに実験とは知らされずに参加したのだが，キャンプ場の掃除夫などになりすましたシェリフらは，そのときにおきたさまざまな出来事を観察している。たとえば，少年グループの関係が変化するのに応じて，それぞれのグループ内では異なる個性をもつ少年が次々にリーダーとなったと報告している。どんなリーダーが現れたのかを，キャンプ生活の前半，中盤，後半の1週間ごとに見ていこう。

　最初の1週間は，二つの少年グループはお互いの存在を知らされずに，広い公園の別々の場所でキャンプをはじめた。自分たちをイーグルスと名づけたグループでは，他の子どもたちの面倒を見る穏やかでやさしいクレイグがリーダーとしての評価を得た。顔見知りがいないグループの中で，早く友達をつくり，長いキャンプ生活を楽しく過ごしたいと考えている子どもたちの人望を集めたのである。ラトラーズと名づけられたもう一つのグループでも，子どもたちをまとめようと気を配ったミルズがリーダーとなった。かれらは，いずれも集団維持のリーダーシップ機能を果たしたといえよう。

　真ん中の1週間では，お互いに相手のグループを発見したのをきっかけに，集団

間での競争関係が生まれていく。キャンプの引率者があらかじめ用意しておいたトロフィーとメダルの賞品をめぐって、二つのグループは毎日のように野球や綱引きなどの対抗試合を行った。一方が勝ち他方が負ける競争的な関係が実験条件として導入されたために、少年たちの間に次第に相手についての偏見や内集団ひいきの認知や感情が生まれ、さらには喧嘩や相手の宿舎の襲撃にまでエスカレートしていった。そのなかで、イーグルスのリーダーは腕力のある喧嘩の強いメイソンに交代した。初めの1週間は他の子どもをいじめることもあり仲間の評価ももうひとつであった彼は、相手との競技で力を発揮し、戦うことに最も貢献したために、リーダーと認められたのである。一方負けてしまったラトラーズでは、意外にもミルズがリーダーの地位にとどまった。彼はそれまでの集団維持的な行動から、一転して相手との競争に勝つという目標達成的な行動を多くとるようになっていた。グループが競技で勝つためのアイデアを数多く出したことを、グループの少年たちが評価したのである。

　ところが、最後の1週間でグループの関係は少年たちがまったく予想できない方向へと変化してしまう。大人たちが仕組んだ様々な事故が起きたために、二つのグループは否応なく協力せざるを得なくなる。少年たちは、断水の原因を手分けして見つけだして一緒に修理したり、みんなで乗り合わせてきた自動車の故障に対して力を合わせて引っ張ってエンジンを動かすことに成功したりする。このような共通の目標を一緒に達成することで、徐々に相手への敵意は消え、信頼感が増していった。その中で、イーグルスのリーダーは三たび交代する。ラトラーズとの協力を渋ったメイソンに替わり、相手との協調的な行動を率先したウィルソンがリーダーと皆から認知された。一方イーグルスのミルズは新しい事態を敏感に察知して、ラトラーズとの協力を呼びかけることから、メンバーの信頼をつなぎとめた。

　リーダーの少年たちは、その時々の集団がおかれた環境、とりわけ他集団との関係のもとで、メンバーの欲求を満たすために最も適した行動をとったと解釈できる。異なる個性と技能をもつ少年たちが、自分の得意な行動によって、リーダーシップをとろうと競争していたのだが、たまたまそれぞれの時期にその集団が必要としていた行動をとっていた少年がリーダーとして認められたのだろう。一つの定型的な行動スタイルがいかなる集団状況でも効果的なリーダーシップではないこと、さらには、外部の集団との競争あるいは協同関係に応じて、リーダーシップが変化することを、シェリフらは例示したのである。

## 2. リーダーシップ研究の残された課題を考える

　シェリフらの本を読みながら，かれらの知見をその後のリーダーシップ研究は見過ごしてきたのではという疑問がわいてきた。集団間関係のもとでのリーダーシップは解明されていないのではないか，変動する外部環境のもとで異なるタイプのリーダーが発生してくるプロセスも研究されていないのではないかと思うようになった。

　これまで行われたリーダーシップの研究を振り返ってみると，現場の組織についての社会調査や，一時的に集められた大学生による実験室実験がほとんどであることがわかる。そこでは，リーダーシップは集団内の機能としての集団維持と集団目標遂行の二つに限定して議論されてきた（三隅，1984）。たとえば，調査研究では，ある部署の役職に任命されたリーダーが，職務によって定められたその部署の仕事をどれだけ効率的に遂行するか，あるいは，その部署の人間関係を調整したり部下への配慮をどれほどしているかを質問紙で測定している。ところが，同一組織の他部局や外部の組織との関係についてのリーダーシップ機能は取り挙げられていない。集団内の目標遂行と集団維持だけでなく，集団外でのリーダーシップとして，他集団との良好な関係を維持したり葛藤を解決する集団間調整の機能と，他集団との交渉で自集団の利益を主張する集団利益主張の機能の二つにも注目した研究が必要だと思うようになった。

　集団間関係が変化していくプロセスでのリーダーシップを分析することは，短い時間で実施される人工的な集団による実験ではむずかしい。多くの実験室実験では，被験者である学生のグループは実験者によって与えられた課題を議論して答えを出すという形式的で限られた反応だけをするような受け身の状況におかれてきた。また，架空の他集団からのメッセージが与えられるというかたちで，集団間の関係が実験に導入されるために，他集団との実際の相互作用を行う機会も用意されていない。そんな状況では，集団内および集団間におけるメンバーの創意に満ちた能動的で自発的なリーダーシップは現われにくい。

　シェリフたちが30年以上も前に行ったのと同様な実験をするのは現在ではかなり困難であることも，この分野の研究が進んでいない理由であろう。社会調査や実験室実験でない，何かあたらしい研究方法を用いて，集団間関係のもとでのリーダー発生というダイナミックな問題を扱えないだろうか。そんなことを考えていたときに，私たちは「模擬社会ゲーム」に出会った。ギャムソン（Gamson, 1991）によって社会学の教育ゲームとして開発されたこのゲームシミュレーションは，グル

ープダイナミックスの研究法として使えるのではと思いついた。

## 3．リーダーシップの新しい研究法をつくりだす

　ゲームシミュレーションとは，リアリティのある仮想的な社会状況のもとで，自分の役割に強くコミットした複数のプレーヤーが個人目標を達成するために，それぞれの自発的な判断に基づいて競争あるいは協同することである。模擬社会ゲームでも，現実の社会さながらに，40名ほどのプレーヤーが，四つの地域集団に分かれ，企業，政党，農園主，労働者などの多様な役割を演じる。それぞれは，生存，資産，権力，人望などの個人目標を達成するために，食糧，通貨，投票，労働力などの資源を個人あるいは集団単位で交換したり，生産したりする。さらに，現実の社会階層に対応する地域格差もあり，食糧や生産手段をもつ豊かな地域と資源をもたない貧しい地域に分かれてもいる。

　模擬社会ゲームを実施してみると，ゲームが終了するまでに1日半と長い時間がかかるにもかかわらず，プレーヤーである大学生は，自分の役割や集団に強く同一化して，個人や集団の利益のために創意あふれる行動を様々な相手と最後まで飽きずにとりつづけていた。プレーヤー間の自由な相互作用を観察していて，このゲームの中でも，シェリフが行ったサマーキャンプと同様に，異なる集団にそれぞれ特有のリーダーが発生あるいは交代したり，集団間に競争的あるいは協同的な関係が作られたりするはずだと確信した。そこで，わたしたちは，このゲームシミュレーションを改良した模擬世界ゲーム（広瀬，1990）を作り，そのなかでシェリフが見出した集団間関係のもとでのリーダーシップの知見を検討することにした（Lwin & Hirose, 1997）。

　はじめに，シェリフのサマーキャンプでみられた集団間関係と同じ状況を再現できるように，ゲームの状況設定に関するルールを修正した。全部で6セッション行うゲームが三つのフェーズ，つまりそれぞれの地域が集団として組織化される前半，集団間で資源分配をめぐって競争する中盤，共通目標に協同で対処する後半に分かれるようにした。ただし，シェリフたちのように，実験者が外から事件を導入して，集団間関係を強引に変えるのでなく，一人ひとりのプレーヤーがそれぞれの時期に最も重要だと考える課題を解決するためにとる自発的な行動の結果として，ゲームの中で自然に関係が推移していくように工夫した。前半では，同じ地域のプレーヤーが互いに利害を調整するために，あるいは集団単位でまとまることの有利さのために，地域を組織化することが課題となる。中盤では希少な資源（食糧，労働力，資金）の生産や分配の地域間競争が避け難くなる。後半では，資源生産のために汚

染が蓄積して環境問題が起き，4地域全体でその解決を迫られることになる。

　模擬世界ゲームの中で以上のような集団間関係の推移が見られれば，それぞれの時期に特有なリーダーシップが出現するかどうかを調べることができるだろう。とくに，集団間競争が顕著となる中盤では，集団目標の遂行というリーダーシップがメンバーから求められるのにたいし，集団間協同が必要となる後半では，集団間の利害調整を率先するリーダーシップが求められるので，それぞれの時期に違ったタイプのリーダーが出現すると予想できる。

　つぎに，集団内部の状況の違いに対応して異なるタイプのリーダーシップが現れるかどうかを確かめるために，ゲームの中で対照的な特徴をもつ2種類の地域集団を設定できるように，ゲームのルールを修正した。資源豊かな地域では，プレーヤーの利害が異なり互いに自立的になるように，それぞれに異なる役割や資源を割り振るようにした。資源の乏しい地域では，プレーヤーの利害が同じで互いに相互依存的になるように，同じ役割や資源を全員にもたせた。

　以上のような異なる集団特性を設定することで，それぞれに異なるリーダーシップが現れることも確かめることにした。たとえば，異質で自立的な集団では，集団内のリーダーシップの機能としてメンバーがもっとも求めるのは，メンバー間の利害を調整して集団をまとめることであるので，集団目標の遂行よりも集団維持に貢献するメンバーをリーダーと認知するであろう。また，同質で相互依存的な集団では，集団維持のためにはとくにリーダーシップを必要としないが，メンバー共通の利害のために集団目標を遂行したり外集団との交渉によって資源を獲得するのに貢献するメンバーをリーダーと認知することが予想できる。

　さらに，それぞれの集団間関係のもとで，それぞれの集団の中で，多くのメンバーが望む行動を効果的に遂行するリーダーが出現すれば，そのリーダーシップによってもたらされる物質的なあるいは心理的な報酬によって，メンバーの満足度が強まったりすると予想できる。そこで，模擬世界ゲームの中で，誰が地域のリーダーかを尋ねたうえで，そのメンバーによるリーダーシップの遂行度を評定し，あわせて，プレーヤー自身の目標達成についての満足度を評定するようにプレーヤーに求める必要がある。ゲームの中で四つのリーダーシップ機能に該当する行動は何かを確定するために，予備的に実施したゲームの中で観察された行動項目や，ゲーム後に行った聴き取りのなかでプレーヤーがリーダーに果たしてほしいと回答した行動項目を整理して，四つの機能ごとに三つの項目を選び出し，全部で12の評定項目にまとめた。さらに，ゲームにおけるプレーヤーの目標達成の満足度を測定する項目も用意した。表4-7-1はそれらを示したものである。

表 4-7-1　模擬世界ゲームにおけるリーダーシップ項目と目標
　　　　　達成の満足度項目

集団目標達成機能
・メンバーに自分たちの状況をわかるように説明する
・皆の不満や要求をとりまとめて，目標や戦略を提案する
・メンバーに興味のもてる仕事や目標を与える
集団維持機能
・冗談をいったりして雰囲気がよくなるよう配慮する
・団結を強め，メンバーの士気を高める
・不満が出ないように，資源を公平に分配する
集団利益主張機能
・食糧の売買交渉で自地域の利害を主張する
・労働条件の交渉で他地域に要求をのませる
・環境浄化の費用負担で自地域の利害を主張する
集団間調整機能
・他地域との関係が険悪にならないよう対応する
・孤立しないように他地域に自分たちの現状を説明する
・誤解や偏見を解くために他地域に説明する
メンバーの目標達成の満足度
・自分たちの地域で得てきた成果を評価できる
・自分の個人目標の達成について満足できる
・資源獲得で地域全体として成果をあげている

## 4．模擬世界ゲームでリーダーシップを観察する

　以上のような集団間関係と集団内特性を盛り込んだ模擬世界ゲームを，240名ほどの学生に参加してもらい，全部で6回実施した。1回あたり40名のプレーヤーが約6時間をかけてゲームを行った。なお，リーダーシップの遂行度と，プレーヤー自身の満足度についての質問は，ゲーム中盤と後半の2回行った。ゲーム中のプレーヤー間の相互作用を妨げないように，セッションの間の休憩時間に回答してもらった。図4-7-1は，ゲームの中でのプレーヤーによる集団間交渉を写したものである。

　はじめに，ゲームの中で予想したとおりの集団間関係が生じたかどうかを確認しておく必要がある。そこで，ゲームの観察やプレーヤーのレポートに基づいて，ゲームの展開を整理してみると，六つのゲームにおいて，それぞれにユニークな個人や集団の行動や関係が見られはしたが，各集団の組織化，集団間競争，集団間協同という三つの集団間関係のフェーズが共通に見出された。前半では，四つの地域に割り振られたプレーヤーは最初のうちはバラバラであったが，徐々に地域単位でま

図 4-7-1　模擬世界ゲームにおけるプレーヤーの集団間交渉

とまりはじめた。貧しい地域の多くは，すぐに通貨を共同で管理し，食糧売買の交渉も地域単位で行うようになったが，豊かな地域では，企業，農園主，政党など異なる役割のプレーヤーは単独で行動し，全体でまとまることは少なかった。中盤では，豊かな地域と貧しい地域との間，あるいは豊かな地域どうしの集団間競争が顕著になった。貧しい地域のプレーヤーは豊かな地域の保有する資源をより多く要求し，暴動やストなどの集合行動をとるようになった。また，それまでまとまっていなかった豊かな地域も，ライバルのもう一つの豊かな地域よりも多くの資源を生産

するために，あるいは，貧しい地域に対抗するために，各プレーヤーがもつ資源を全体で管理するようになった。後半では，それまでの資源生産による環境汚染が蓄積していった結果，すべてのゲームで環境問題が発生した。四つの地域は環境問題を解決するための浄化費用の分担を決めるために，全体で交渉せざるをえなくなった。負担額をめぐっての対立もみられたが，多くのゲームでは，それぞれの地域の責任と資産の大きさにほぼ見合った割合の負担に合意して，協力して課題を解決した。それによって地域間の対立は解決されはしなかったが，緩和されたところでゲームが終了した。

そこで，集団間競争の中盤と，集団間協同の後半のそれぞれにおいて，同質な集団と異質な集団において，ゲーム前に予想したとおりに，リーダーシップの遂行度とメンバーの満足度との間に関連がみられたのかを，プレーヤーの回答結果からみていくことにしよう。図4-7-2aと図4-7-2bは，メンバーの満足度とリーダーシップ遂行度との相関結果を簡略に図示したものである。なお，集団目標遂行と集団利益主張の二つの機能を一つにまとめているのは，プレーヤーにとって，集団利害のためにリーダーが集団の内と外でそれぞれ遂行する二つのリーダーシップを一つのまとまった機能として認知していたことが，因子分析の結果わかったからである。

集団間での利害対立が顕著な中盤では，ほぼ予想どおりの結果がみられた。他地域から資源を獲得することをめざす貧しい地域では，メンバーの満足度に影響をおよぼしていたのは，地域をまとめる集団維持機能ではなく，集団目標遂行・集団利益主張のリーダーシップであった。それに対して，地域の統合がもとめられる豊かな地域では集団維持のリーダーシップが，メンバーの満足度を高めていたのに対し，集団目標遂行・集団利害主張の行動をとってもメンバーの満足度を高めることはなかった。

集団間での協同が必要となる後半になると，リーダーシップとメンバーの満足度との関連に変化がみられるだろうか。豊かな地域では，メンバーの満足度に関連があるのは集団間調整の機能のみである。中盤から後半になると，メンバーがリーダーに期待するのは，地域の集団維持ではなく，環境問題の費用分担について他地域との利害調整のリーダーシップであり，他集団との協同関係をもとめていることがうかがえる。それにたいして，貧しい地域では，中盤から後半へと集団の状況が変化しても，メンバーがリーダーに求める行動に変わりがないようである。豊かな地域に対して環境問題の責任を追及し，費用負担を要求するという集団利益主張のリーダーシップがメンバーの満足度を高めている。環境問題への全地域での対処という状況を，豊かな地域とは違って，貧しい地域のメンバーは依然として集団間競争の事態だとうけとめていることがうかがえる。

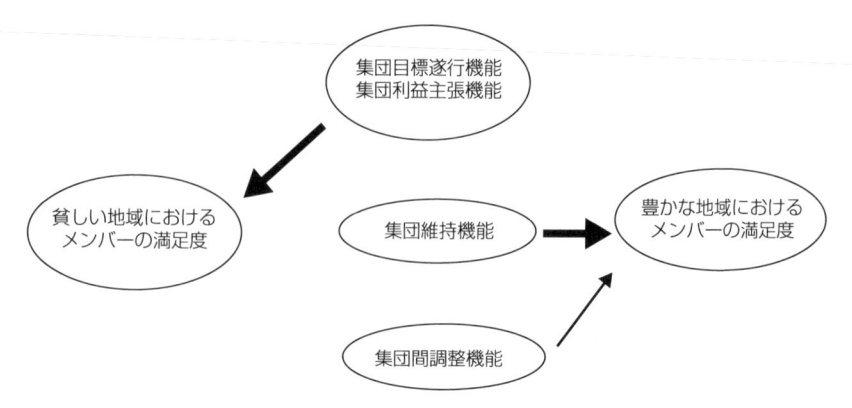

図 4-7-2 a　集団間競争のフェーズにおけるリーダーシップとメンバーの満足度との関連

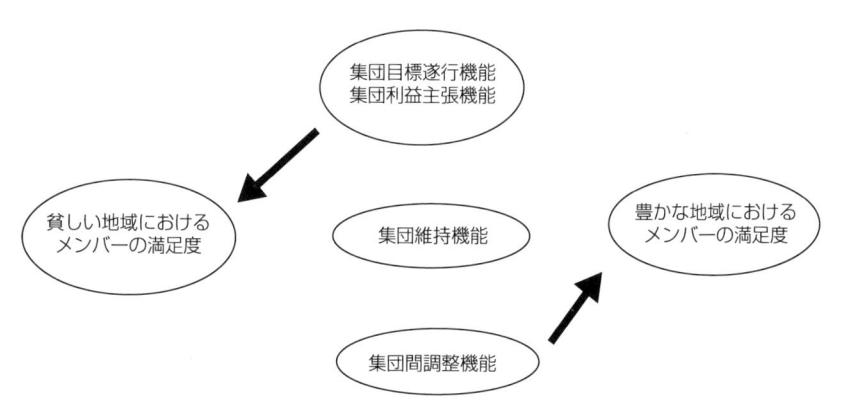

図 4-7-2 b　集団間協同のフェーズにおけるリーダーシップとメンバーの満足度との関連

　以上の結果より，集団内外の状況の変化に応じて，それぞれの状況に集団全体として適応するために最も望ましいリーダーシップ行動をとるメンバーが，リーダーと認知されることが確かめられた。集団間関係が変化すると，それまでとは異なるタイプのリーダシップが求められること，さらに，異なる特性をもつ集団ではそれぞれに特有のリーダーが発生するという仮説は，一部予想と食い違ってはいたが，おおむね支持されたといえよう。

## 5．おわりに

　ここまで模擬世界ゲームの展開とそこであらわれてくる集団間関係のもとでのリ

ーダーシップについて説明してきたが，このゲームシミュレーションの構造やゲームの中でのプレーヤーのふるまいについて理解していただけただろうか。ゲーム前にルールを説明しても，多くのプレーヤーはゲームがどのように動いていくのかを予想することはできなかった。それでも，実際に役割にしたがってゲームをはじめると，少しずつゲームの世界にとけこみ，自分自身や自分の集団や外の集団や，さらには世界全体の動きがリアルな体験となっていったことが，ゲーム後のレポートから読み取れた。

　たとえば，こんなレポートがある。「このゲームを通して，自分がいろいろな問題に直面したときの意識をそのまま率直にあらわすことができたと思う。だから，現実を仮想したこのゲームは単純だけど，本当に現実に沿ったリアルなゲームだった」。「お互いにゲームのことを話していると，ゲームで自分たちが作り出した世界に愛着を感じていることに気がついた」。「ゲームの中盤から後半の動き，階級社会，環境問題，社会の安定による無気力化などはぞっとするほどリアルだった」。いずれも，仮想のゲーム事態とはいえ，プレーヤーはそれぞれにゲームでの自分の役割にコミットしており，それに基づいた体験が高いリアリティをもっていたことを報告している。そのことからも，ゲームシミュレーションがグループダイナミックスを研究する方法として可能性が大きいことがうかがえよう。このあたらしい方法は，社会調査や実験室実験とは違ったかたちで，リーダーシップの事象をあつかうこともできるということを，みなさんに理解してほしかった。なお，ゲームシミュレーションの詳しい内容については，広瀬（1990）や広瀬（1997）をみてほしい。

（広瀬幸雄）

# 第Ⅴ章
# 研究成果をどう活かすか

辻　敬一郎

## 第1節
## 新たな問題を提起する

　一つの研究で問題がすべて解決するということはほとんどない。科学は絶えず新たな問題を「再生産」する。その意味で，研究を通じてどれだけのことを知りえたかということと同時に，どれだけ多くの課題を新たに提起することができたのかということが重要である。

　実証という作業は，けっして完結することがない。一つの研究は，喩えてみればネックレスの一つの輪に相当する。次々に輪を繋げていって，はじめて見事なネックレスになるのである。自分が作った輪がどういうものであったかということと同時に，次の輪をどう作ればよいかを明らかにしておくのもそれに劣らず重要なことである。

　したがって，自分の研究を通じて次なる課題を明らかにし，その課題を解決するための具体的な方途を指摘することにどの程度まで成功したか，ということが評価される。卒業研究の中には，新しい所見を得ておきながら，この段階のツメが甘いために，せっかくの成果をさらに展開する上に充分に貢献できないという例がある。惜しいことである。

　繰り返しになるが，新たに得られた所見，残された課題とその展開の方向性，これらをトータルしたものが，その研究の成果だということをいま一度強調しておきたい。

# 第2節
# 心理過程の統合的理解をめざす

## 1．心理過程への接近

　本来，生体は，環境から情報を取り込んでそれを意識化し，行動によって環境にはたらきかける。この心理過程には「意識系」と「行動系」が含まれる。さらに意識系には，感覚・知覚を含む広い意味の「認知系」と，行動を動機づけるはたらきをもつ「感情系」の二つの下位過程があるとされている。なお，行動系は運動器官によって環境にはたらきかける「表出系」である。

　それらの系は独立なものではなく，相互に関連して一つの連続体を構成している。だから，その全体がどう統合されているかということ，つまり，意識系と行動系，また意識系の下位にある認知過程と感情過程，の関連を明らかにすることが重要である。それが基礎心理学の基本的な課題だと言ってよい。

　しかしながら，過去，ともすればその点が見過ごされがちであり，研究者の間では個々の系を切り離して扱う傾向が強かった。そうなった背景には，意識研究が主としてヨーロッパにおける認識論哲学や感覚生理学の展開の中で進められたのに対し，行動研究が進化論の影響の下で誕生した比較心理学の歴史の中で主としてアメリカを舞台に行われた，という歴史的事情があるように思う。

　その傾向は時代とともに顕著になり，基礎研究の領域に限っても，知覚・感情・学習・行動・社会などなど，個々の事象を扱う心理学に細分化されてきた。多くの学問分野においてみられた領域分化の弊害が心理学においても起きているということなのであろう。

## 2．心理過程統合的理解の試み

　このような風潮を不満とし，意識系と行動系を統合し，心理過程を全体として理解しようとする気運もないわけではない。他ならぬ私自身，学生時代から，そういう気持ちを抱いていた。本書の性格から，この問題を詳しく扱うことは避けるが，ごく簡単にそのことにふれておこう。

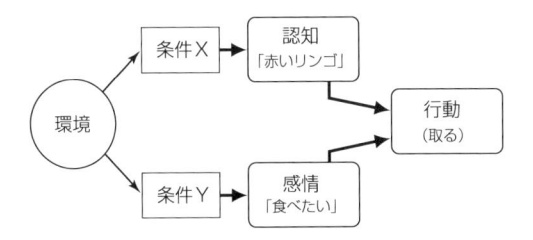

第 2 節　心理過程の統合的理解をめざす　213

（A）伝統的な考え方：認知系と感情系を別経路で生じる過程とみなす。

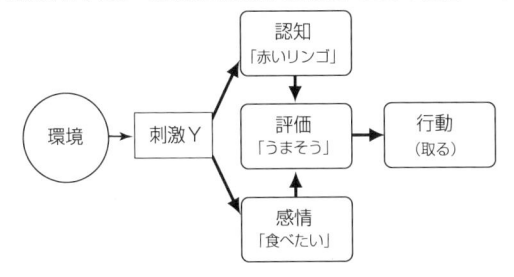

（B）別の可能な考え方：認知系と感情系を同一刺激によって生じる過程とみなす。

図 5-1　認知・感情・行動の関連性についての二つの見解

　伝統的な心理学においては，認知・感情・行動の系を次のようにとらえてきた。すなわち，感覚・知覚を含む広い意味の環境認知は，もっぱら外界からの入力（刺激）によって起きるもので，それは行動の舵取りの役割を担っている。それに対して感情は，生体内部から生じる刺激によって引き起こされ，行動を動機づけるはたらきをする。その結果，生体は，感情系によって喚起され，認知系によって方向づけられて，行動を表出する。一般には，このように認知系と感情系が並行的に作用する過程だとみなされてきた。図 5-1 の(A)がそれを示している。
　それに対して，意識のこの二つの下位系の相互関連を強調した考え方もできるように思われる。すなわち，同じ外部環境から認知系と感情系の二つの過程を始動させる刺激が与えられ，それらが相伴って起きることによって，前者が狭い意味の情報的（informational）な側面，後者が動機づけ的（motivational）な側面として，行動を発現させるという考え方もできる。それが図の(B)であり，私はむしろそう考えたい。
　そもそも環境の事象や事物は，多かれ少なかれその両過程に共通する刺激となりうる。いま赤いリンゴがあるとしよう。眼に入ったリンゴは「丸くて赤いリンゴ」と認知されるだけでなく，同時に「きれいだ」とか「食べたい」というような評価や動機づけの過程を引き起こし，その両者が絡み合って「手に取る」とか「齧る」

という行動が起こされる，というわけである。

　初学者の皆さんにはいくらか専門的な話になったが，将来の研究者をめざす方には，この種の問題について常日頃から自分なりの見解をもつように努めていただきたいという気持ちから，言及した次第である。

# 第3節
# 研究成果と現実的諸問題との接点を探る

## 1．心理学における「応用」

　工学や農学など主として物づくりに関わる技術の世界では，基礎研究の成果を眼に見える形で示すことができる。たとえば，橋梁の強度に関するシミュレーション実験から導かれた数値が実際の架橋工事に活かされる，といった具合である。

　それに比べて，人文科学や社会科学のほとんどの分野では，基礎研究の応用がいささか違う形をとる。私は，心理学の応用として社会に貢献できるのは，種々の問題に対して心理学の立場からの「評価」を試み，それに基づく提言を行うことだ，と考えている。環境設計にあたって，それを人間の知覚・感情・行動などの心理的側面から点検し，必要な改善提案を行うというように，いわば間接的に物づくりに関わることになるのである。

## 2．応用への道を拓く基礎

　近年，心理学に対する社会的関心は高い。それには，世紀の変わり目になって人間の心のありようの変化を反映するかのように多くの社会的問題が噴出してきたということが関係しているのであろう。学校カウンセラーなど専門的実務者の養成に対する期待もその一つである。

　最近ヨーロッパの心理学者によって刊行された『ヨーロピアン・サイコロジスト』という雑誌が，遠隔インタヴュー（tele-interview contributions from across Europe）と称する特集を試み，その中で欧州それぞれの国を代表する心理学者たちに，その人が心理学を専攻するようになったきっかけ，20世紀の心理学界における主要な成果，21世紀の心理学展望，心理学の社会的貢献の在り方，アメリカ心理学の影響の具体例，の諸項目について回答を求め，その結果を掲載している。

　その中で，多くの回答者が共通に指摘しているのは21世紀に心理学への社会的要請がますます高まるという予想であり，それに応えるために心理学における学術的（研究的）役割と応用的（職能的）役割の調和を挙げた人たちが少なくなかった。

しかし，このような動向にあって心しておくべきなのは，クローズアップの心理学だけが現実の諸問題と関わりをもつわけではない，ということである。ロングショットの立場からみた心理的特性を手がかりとして問題解決に参画する途もあることを忘れてはならない。たとえば，環境の快適性を追求するという課題について，知覚や感情の特性に照らして積極的な提言ができる。要は，対象に対するスタンスをいかに自在に取るかという，柔軟さが求められるということだろうと思う。
　「応用の噴水は基礎の水位以上には上がらない」という昔の賢人の言葉を，この機会にいま一度じっくり嚙みしめてみよう。

# 文　献

**第 I 章**

フロイト, S.　安田一郎（訳）　1955　精神分析入門　岩波書店.
ハル, C. L.　能見義博（訳）　1968　行動の原理　誠信書房.
ポルトマン, A.　高正孝（訳）　1952　人間はどこまで動物か　岩波書店.
辻敬一郎　1991　研究ノート：意識心理学および行動心理学におけるエコロジカルな立場の素描　名古屋大学文学部研究論集, 111, 87-101.
辻敬一郎　1995　知覚と機能　吉村浩一（編）　シンポジウム「柿崎知覚論が訴えかけること」第28回知覚コロキアム記録集, 15-19.

**第 II 章**

Averbach, E., & Coriell, A. S.　1961　Short-term memory in vision. *Bell System Technical Journal*, **40**, 302-328.
Bernstein, A. S.　1979　The orienting response as novelty and significance detector: Reply to O'Gorman. *Psychophysiology*, **16**, 263-273.
バウアー, T. G. R.　岡本夏木・野村庄吾・岩田純一・伊藤典子（訳）　1979　乳児の世界　ミネルヴァ書房　(Bower, T. G. R.　1974　*Development in infancy*. San Francisco: Freeman.)
Charpentier, A.　1886　Sur une illusion visuelle. *Comptes rendus*, **102**, 1155-1157.
Cherry, E. C.　1953　Some experiments on the recognition of speech, with one and with two ears. *Journal of the Acoustical Society of America*, **25**, 975-979.
Cohen, W.　1957　Spatial and texture characteristics of the Ganzfeld. *American Journal of Psychology*, **70**, 403-410.
Coltheart, M.　1980　Iconic memory and visible persistence. *Perception & Psychophysics*, **27**, 183-228.
Davis, G., & Driver, J.　1994　Parallel detection of Kanizsa subjective figures in the human visual system. *Nature*, **371**, 791-793.
Davis, G., & Driver, J.　1998　Kanizsa subjective figures can act as occluding surfaces

at parallel stages of visual search. *Journal of Experimental Psychology : Human Perception and Performance*, **24**, 169-184.

Dawson, M. E., Filion, D. L., & Schell, A. M. 1989 Is elicitation of the autonomic orienting response associated with allocation of processing resources? *Psychophysiology*, **26**, 560-572.

DeSchepper, B., & Treisman, A. 1996 Visual memory for novel shapes : Implicit coding without attention. *Journal of Experimental Psychology : Learning, Memory, & Cognition*, **22**, 27-47.

Edwards, W. 1954 Autokinetic movement in very large stimuli. *Journal of Experimental Psychology*, **48**, 493-495.

Edwards, W. 1959 Information and autokinetic movement. *Journal of Experimental Psychology*, **57**, 89-90.

Filion, D. L., Dawson, M. E., Schell, A. M., & Hazlett, E. A. 1991 The relationship between skin conductance orienting and the allocation of processing resources. *Psychophysiology*, **28**, 410-424.

Fox, E. 1995 Negative priming from ignored distractors in visual selection : A review. *Psychonomic Bulletin & Review*, **2**, 145-173.

Gellatly, A. R. H. 1980 Perception of an illusory triangle with masked inducing figure. *Perception*, **9**, 599-602.

Gibson, J. J., & Waddell, D. 1952 Homogeneous retinal stimulation and visual perception. *American Journal of Psychology*, **65**, 263-270.

Gilbert, G. M. 1941 Inter-sensory facilitation and inhibition. *Journal of General Psychology*, **24**, 381-407.

御領 謙 1982 感覚記憶 小谷津孝明（編） 現代基礎心理学4記憶 東京大学出版会 Pp. 23-44.

Gregory, R. L., & Zangwill, D. L. 1963 The origin of the autokinetic effect. *Quartary Journal of Experimental Psychology*, **15**, 252-261.

Guilford, J. P., & Dallenbach, K. M. 1928 A study of the autokinetic sensation. *American Journal of Psychology*, **40**, 401-417.

ギルフォード, J. P. 秋重義治（監訳）1959 精神測定法 培風館 (Guilford, J. P. 1954 *Psychometric methods*. New York : McGraw-Hill.)

Halpern, D. F. 1981 The determinants of illusory-contour perception. *Perception*, **10**, 199-213.

羽成隆司 1992 時間経過に伴う部分報告パフォーマンス減少の主要因 心理学研究, **63**, 163-169.

Hanari, T. 1996 Effects of stimulus duration, temporal delay, and complexity on the judgments of dot location. *Perceptual and Motor Skills*, **82**, 459-466.

Helmholtz, H. von 1925 *Handbuch der physiologischen Optik*. [English translation by J. P. C. Suthall (Ed.)] Menasha, NY : Optical Society of America.

Hochberg, J. E., Triebel, W., & Seaman, G. 1951 Color adaptation under conditions of homogeneous visual stimulation (Ganzfeld). *Journal of Experimental Psychology*, **41**, 153-159.

Holst, E. von 1954 Relations between the central nervous system and the peripheral organs. *The British Journal of Animal Behavior*, **2**, 89-94.

今井　章　1988　定位反応における刺激提示のモダリティと課題教示の効果　心理学研究, **59**, 30-36.

Imai, A. 1990 Effects of overt and covert task instructions and stimulus modality on orienting response recorded by electrodermal indices. *Japanese Psychological Research*, **32**, 192-199.

Imai, A. 1991 Effects of overt and covert tasks on orienting response under unimodal and bimodal stimulations. *Perceptual and Motor Skills*, **73**, 1203-1215.

今井　章　1992　定位反応に関する実験的研究　名古屋大学大学院文学研究科博士学位論文（未公刊）

今井　章　1999　定位反応と処理資源配分との関係—刺激提示モダリティの違いを手がかりとして—　信州大学人文学部人文科学論集〈人間情報学科編〉, **33**, 61-70.

今井　章　2000　定位反応と処理資源配分との関係(2)—複数モダリティにおける提示事態での検討—　信州大学人文学部人文科学論集〈人間情報学科編〉, **34**, 27-36.

今井省吾　1984　錯視図形—見え方の心理学—　サイエンス社

伊藤法瑞　1969　時間錯誤についての一考察　名古屋大学文学部20周年記念論集, 135-146

岩崎祥一　1986　アイコンをめぐる最近の動向　心理学評論, **29**, 123-149.

柿崎祐一　1993　心理学的知覚論序説　培風館

Kanizsa, G. 1955 Margini quasi-percettivi in campi con stimolazione omogenea. *Rivista di Psicologia*, **49**, 7-30. (Trs. by W. Gerbino) Quasi-perceptual margins in homogeneously stimulated fields. In S. Petry, & G. E. Meyer (Eds.), 1987 *The perception of illusory contours*. New York : Springer-Verlag. Pp. 40-49.

Katkin, E. S., & McCubbin, R. J. 1969 Habituation of the orienting response as a function of individual differences in anxiety and autonomic lability. *Journal of Abnormal Psychology*, **74**, 54-60.

川口　潤　1983　プライミング効果と意識的処理・無意識的処理　心理学評論, **26**, 109-128.

Kobari, H. 1998 Priming effect as related to difficulty in selection for overlapping stimuli manipulated by the relative line thickness of attended and unattended figures. *Perceptual & Motor Skills*, **86**, 1219-1230.

Koffka, K. 1935 *Principles of Gestalt Psychology*. New York : Harcourt Brace.

久世淳子　1992　明るさの継時比較における時間錯誤について　北海道教育大学紀要（第Ⅰ部C）, **42**, 141-145

Kuze, J. 1995 The effect of tone frequency on successive comparison of brightness.

*Psychologia*, **38**, 50-57.
Levy, J. 1972 A systematic review of theories, measures, and independent variables. *Psychological Bulletin*, **78**(6), 457-474.
London, I. D. 1954 Research on sensory interaction in the Soviet Union. *Psychological Bulletin*, **51**, 531-568.
Mack, A. 1986 Perceptual aspects of motion in the frontal plane. In K. R. Boff, L. Kaufman, & J. P. Thomas (Eds.), *Handbook of perception and human performance*. Vol. 1. Sensory process and perception. New York : Wiley. Pp. 15-16.
Maltzman, I. 1979 Orienting reflexes and significance : A reply to O'Gorman. *Psychophysiology*, **16**, 274-282.
Maltzman, I., & Raskin, D. C. 1979 Selective orienting and habituation of the GSR as a consequence of overt and covert activity. *Physiological Psychology*, **7**, 204 -207.
眞鍋圭子　2000　主観的輪郭知覚の微小生成過程―プライムマッチング課題を用いて―　基礎心理学研究, **18**, 195-196.
Maruyama, K. 1957 The effect of tone on the successive comparison of brightness. *Tohoku Psychologica folia*, **15**, 55-69.
丸山欣哉　1964　視感覚と聴感覚とに現れる異系感性相互作用　心理学研究, **35**, 204-216.
丸山欣哉　1969　感覚間相互作用　苧阪良二（編）　講座心理学3　感覚　東京大学出版会　Pp. 267-297.
丸山欣哉　1994　感覚間の相互関連と情報処理　大山　正・今井省吾・和気典二（編）　新編感覚・知覚心理学ハンドブック　誠信書房　Pp. 80-98.
Metzger, W. 1930 Optische Untersuchungen am Ganzfeld II. *Psychologische Forschung*, **13**, 6-29.
メッツガー, W.　盛永四郎（訳）　1968　視覚の法則　岩波書店　(Metzger, W. 1953 *Gesetze des Sehens*. Frankfurt am Main : Verlag von Waldemar Kramer.)
Mewhort, D. J. K., Campbell, A. J., Marchetti, F. M., & Campbell, J. I. D. 1981 Identification, localization, and " iconic memory " : An evaluation of the bar-probe task. *Memory & Cognition*, **9**, 50-67.
盛永四郎・野口　薫　1969　感性間の相互関連　和田陽平・大山　正・今井省吾（編）　感覚＋知覚心理学ハンドブック　誠信書房　Pp. 81-96.
ナイサー, U.　大羽　蓁（訳）　1981　認知心理学　誠信書房　(Neisser, U. 1967 *Cognitive psychology*. New York : Appelton-Century-Crofts.)
Neisser, U., & Becklen, R. 1974 Selective looking : Attending to visually specified events. *Cognitive Psychology*, **7**, 480-494.
Norman, D. A., & Bobrow, D. G. 1975 On data-limited and resource-limited processes. *Cognitive Psychology*, **7**, 44-64.
O'Gorman, J. G. 1979 The orienting reflex : Novelty or significance detector ?

*Psychophysiology*, **16**, 253-262.

小野 茂 1949 明るさの継時比較に於ける陽性時間錯誤に就いて 心理学研究，**20**, 6-15.

苧阪直行 1994 精神物理学的測定法 大山 正・今井省吾・和気典二（編）新編感覚・知覚心理学ハンドブック 誠信書房 Pp. 19-41.

Oyama, T., Kikuchi, T., & Ichihara, S. 1981 Span of attention, backward masking, and reaction time. *Perception & Psychophysics*, **29**, 106-112.

Ozeki, T., Takahashi, K., & Tsuji, K. 1991 Autokinetic illusion as affected by suggestions of experimenter and observer. *Perceptual and Motor Skills*, **72**, 515-526.

Parks, T. E. 1984 Illusory figures: A (mostly) atheoretical review. *Psychological Bulletin*, **95**, 282-300.

Pavlov, I. P. 1927 *Conditioned reflexes : An investigation of the physiological activity of the cerebral cortex*. G. V. Anrep (Trs. & Ed.), London : Oxford University Press.

Post, R. B., Leibowitz, H. W., & Shupert, C. H. 1982 Autokinesis and peripheral stimuli : Implications for fixational stability. *Perception*, **11**, 477-482.

Pritchard, W. S., & Warm, J. S. 1983 Attentional processing and the subjective contour illusion. *Journal of Experimental Psychology :* General, **112**, 145-175.

Reynolds, R. I. 1981 Perception of an illusory contour as a function of processing time. *Perception*, **10**, 107-115.

Rock, I., & Harris, C. S. 1967 Vision and touch. *Scientific American*, **216**, 96-104.

Rock, I., & Anson, R. 1979 Illusory contours as the solution to a problem. *Perception*, **8**, 665-681.

Ryan, T. A. 1940 Interrelations of the sensory systems in perception. *Psychological Bulletin*, **37**, 659-698.

Schiller, P. von & Wolff, W. 1933 Gegenseitige Beeinflussung der optischen und der akustischen Helligkeit. *Zeitschrift für Psychologie*, **129**, 135-148.

Sekuler, A. B., & Palmer, S. E. 1992 Perception of partly occluded objects : A microgenetic analysis. *Journal of Experimental Psychology :* General, **121**, 95-111.

嶋崎裕志・辻敬一郎 1998 「ガンツフェルト」事態における児童の言語報告の分析 椙山女学園大学研究論集，**29**, 1-19.

下條信輔 1997 視覚の冒険：イリュージョンから認知科学へ 産業図書。

椎名 健 1995 錯覚の心理学 講談社

Siddle, D. A. T. 1991 Orienting, habituation, and resource allocation : An associative analysis. *Psychophysiology*, **28**, 245-259.

Sokolov, E. N. 1963 *Perception and the conditioned reflex*. Oxford : Pergamon Press.

外林大作・辻 正三・島津一夫・能見義博（編） 1981 心理学辞典 誠信書房
Sperling, G. 1960 The information available in brief visual presentations. *Psychological Monographs*, **74**(No. 3)(Whole No. 498).
Stroop, J. R. 1935 Studies of interference in serial verbal reactions. *Journal of Experimental Psychology*, **18**, 643-662.
Takahashi, K. 1990 Effects of target-background luminance ratios upon the autokinetic illusion. *Perceptual and Motor Skills*, **71**, 435-445.
高橋啓介 1994 自動運動現象における背景要因の効果の検討：自動運動現象観察事態における背景の見えについて 愛知淑徳短期大学研究紀要, **33**, 129-140.
高橋晋也 1990 瞬間呈示法による主観的輪郭の微小生成過程の検討―誘導図形の見えを手掛かりとして― 電子情報通信学会技術研究報告, **89**(363), 7-12.
高橋晋也 1991 主観的輪郭の微小生成過程における図形手がかりの作用の検討 心理学研究, **62**, 212-215.
Takahashi, S. 1993 Microgenetic process of perception of subjective contour using "self-sufficient"-inducing pattern. *Perceptual and Motor Skills*, **77**, 179-185.
高橋晋也 1999 主観的輪郭知覚のメカニズム 名古屋大学文学部研究論集, **135**, 139-149.
竹市博臣 1994 主観的輪郭：計算論的解釈試論 基礎心理学研究, **13**, 17-44.
田中平八 1994 幾何学的錯視と残効 大山 正・今井省吾・和気典二（編） 新編感覚・知覚心理学ハンドブック 誠信書房 Pp. 681-736.
Tipper, S. P. 1985 The negative priming effect: Inhibitory priming by ignored object. *The Quarterly Journal of Experimental Psychology*, **37A**, 571-590.
鳥居直隆 1962 視覚と聴覚の感性間交互作用 日本リサーチセンター研究紀要, **1**, 26-37.
Townsend, V. M. 1973 Loss of spatial and identity information following a tachistoscopic exposure. *Journal of Experimental Psychology*, **98**, 113-118.
Tsuji, K., Hayashibe, K., & Hara, M. 1972 Chick's avoidance of visual pitfalls: A reexamination of the findings obtained by the visual cliff technique. *Japanese Psychological Research*, **14**, 145-150.
辻敬一郎 1977 視覚的深み 藤田 統・森 孝行・磯貝芳郎（編著） 心の実験室2 第3章 福村出版 Pp. 82-91.
辻敬一郎 1988 等質視野における「外界」と「自己」―ガンツフェルト実験の再吟味― 名古屋大学文学部研究論集, **102**, 75-88.
辻敬一郎 1995 知覚と機能 吉村浩一（編） シンポジウム『柿崎知覚論が訴えかけること』第28回知覚コロキアム記録集, 15-19.
辻敬一郎 1997 ガンツフェルトにおける「外界」と「自己」 基礎心理学研究, **16**, 33-37.
Tsuji, K., Hayashibe, K., Hara, M., & Matsuzawa, T. 2000 Visuo-motor development which causes detection of visual depth from motion and density cues.

Swiss Journal of Psychology, **59**, 108-114.

内山道明 1967 視覚場の時間変容に関する研究 名古屋大学文学部研究論集, **14**, 45-85.

和田陽平・大山 正・今井省吾（編） 1969 感覚＋知覚心理学ハンドブック 誠信書房

渡辺武郎・永瀬英司 1989 主観的輪郭形成のメカニズム 基礎心理学研究, **8**, 17-32.

Welch, R. B., & Warren, D. H. 1986 Intersensory interactions. In K. R. Boff, L. Kaufman, & J. P. Thomas (Eds.), *Handbook of perception and human performance.* New York : Wiley. Pp. 1-36.

Wertheim, A. H. 1981 On the relativity of perceived motion. *Acta Psychologica,* **48**, 97-110.

Wertheim, A. H. 1987 Retinal and extraretinal information in movement perception : How to invert the Filehne illusion. *Perception,* **16**, 299-308.

**第Ⅲ章**

Baettig, K., & Schlatter, J. 1979 Effects of sex and strain on exploratory locomotion and development of nonreinforced maze patrolling. *Animal Learning & Behavior,* **7**, 99-105.

Bakeman, R., & Gottman, J. M. 1997 *Observing interaction : An introduction to sequential analysis.* (2nd ed.) MA : Cambridge, Cambridge University Press.

Barnett, S. A. 1975 *The rat : A study in behavior* (Revised ed.) Chicago : The University of Chicago Press.

Barnett, S. A., & Cowan, P. E. 1976 Activity, exploration, curiosity, and fear : An ethological study. *Interdisciplinary Science Reviews,* **1**, 43-62.

Boakes, R. 1984 *From Darwin to behaviourism : Psychology and the minds of animals.* Cambridge, MA : Cambridge University Press.（宇津木保・宇津木成介訳 1990 動物心理学史―ダーウィンから行動主義まで― 誠信書房）

Bouton, M. E. 1993 Context, time, and memory retrieval in the interference paradigm of Pavlovian conditioning. *Psychological Bulletin,* **114**, 80-99.

Cowan, P. E. 1977 Systematic patrolling and orderly behavior of rats during recovery from deprivation. *Animal Behaviour,* **25**, 171-184.

Dawkins, M. S. *Through our eyes only？: The search for animal consciousness.* Stuttgart : W. H. Freeman/Spektrum.（長野 敬他訳 1995 動物たちの心の世界 青土社）

DeFries, J. C., Hegman, J. P., & Weir, M. W. 1966 Open-field behavior in mice : Evidence for a major gene effect mediated by visual system. *Science,* **194**, 1577-1579.

Dember, W. N. 1989 The search for cues and motives. In W. N. Dember, & C. L.

Richman (Eds.), *Spontaneous alternation behavior*. New York: Springer-Verlag. Pp. 19-38.

Eckerman, D. A. 1980 Monte Carlo estimation of chance performance for the radial arm maze. *Bulletin of the Psychonomic Society*, **15**, 93-95.

Fagen, R. 1981 *Animal play behavior*. New York: Oxford University Press.

藤田 統 1991 行動の適応と生態学的アプローチ 藤田統（編著） 動物の行動と心理学 教育出版 Pp. 156-163.

Galef, B. G. Jr. 1988 Imitation in animals: History, definition, and interpretation of data from the psychological laboratory. In T. R. Zentall, & B. G. Jr. Galef (Eds.), *Social learning : Psychological and biological perspectives*. Hillsdale, NJ: Lawrence Erlbaum.

Galef, B. G. Jr., McQuoid, L. M., & Whiskin, E. E. 1990 Further evidence that Norway rats do not socially transmit learned aversions to toxin baits. *Animal Learning & Behavior*, **18**, 199-205.

Galef, B. G. Jr., & Wigmore, S. W. 1983 Transfer of information concerning distant foods: A laboratory investigation of the 'information-centre' hypothesis. *Animal Behaviour*, **31**, 748-758.

Galef, B. G. Jr., Wigmore, S. W., & Kennett, D. J. 1983 A failure to find socially mediated taste aversion learning in Norway rats (*R. norvegicus*). *Journal of Comparative Psychology*, **97**, 358-363.

Haga, Y. 1995 Effects of food deprivation and food reward on the behavior of rats in the radial maze. *Japanese Psychological Research*, **37**, 252-257.

Heyes, C. M. 1994 Social learning in animals: Categories and mechanisms. *Biological Review*, **69**, 207-231.

Heyes, C. M., & Dawson, G. R. 1990 A demonstration of observational learning in rats using a bidirectional control. *The Quarterly Journal of Experimental Psychology*, **42**, 59-71.

Heyes, C. M., & Galef, B. G. Jr. (Eds.) 1996 *Social learning in animals : The roots of culture*. San Diego: Academic Press.

日上耕司 1990 ニホンザル母子間にみられた摂食行動の"社会的抑制"現象 そのII 日本心理学会第54回大会発表論文集, 624.

日上耕司 1992 まねる一模倣の比較心理学— 心理学評論, **35**, 434-454.

Hishimura, Y. 1998 Food choice in rats (*Rattus norvegicus*): The effect of exposure to a poisoned conspecific. *Japanese Psychological Research*, **40**, 172-177.

粕谷英一・藤田和幸 1984 動物行動学のための統計学 東海大学出版会

Kawano, K. 1992 Aggressive behavior of the domesticated house musk shrew (*Suncus murinus*) in inter-male, inter-female and heterosexed interactions. *Journal of Ethology*, **10**, 119-131.

河野和明 1994 群飼育・隔離飼育がスンクス（*Suncus murinus*）の個体間行動推移

に及ぼす効果 愛知学院大学文学部紀要, **24**, 15-20.

河野和明 1995 群飼育・隔離飼育がスンクス (*Suncus murinus*) の同性間行動と異性間行動に及ぼす効果—攻撃行動を中心として— 動物心理学研究, **45**, 13-20.

Kawano, K. 1996 Effects of isolation on aggression in the domesticated house musk shrew (*Suncus murinus*). *Journal of Ethology*, **14**, 77-81.

King, M. G., Pfister, H. P., & DiGiusto, E. L. 1975 Differential preference for and activation by the odoriferous compartment of a shuttlebox in fear-conditioned and naive rats. *Behavioral Biology*, **13**, 175-181.

Knutson, B., Burgdorf, J., & Panksepp, J. 1998 Anticipation of play elicits high-frequency ultrasonic vocalizations in young rats. *Journal of Comparative Psychology*, **112**, 65-73.

Kuan, L., & Colwill, R. M. 1997 Demonstration of a socially transmitted taste aversion in the rat. *Psychonomic Bulletin & Review*, **4**, 374-377.

Lewontin, R. C. 1979 Sociobiology as an adaptationist program. *Behavioral Science*, **24**, 5-14.

Levine, M. 1959 A model of hypothesis behavior in discrimination learning set. *Psychological Review*, **66**, 353-366.

Locard, B. L. 1962 Some effects of maintenance luminance and strain differences upon self-exposure to light by rats. *Journal of Comparative and Physiological Psychology*, **55**, 1118-1123.

Locard, B. L. 1963 Effects of light upon the behavior of rodents. *Psychological Bulletin*, **60**, 509-529.

Locard, B. L. 1964 Self-Regulated exposure to light by pigmented and albino littermates. *Journal of Comparative and Physiological Psychology*, **57**, 231-236.

Lore, R., & Flannelly, K. 1977 Rat societies. *Scientific American*, **236**, 106-116. (松村澄子訳 1983 ネズミの社会 別冊サイエンス「動物の行動と社会生物学」 Pp. 90-100.)

ルイス, D. B.・ゴッワ, D. M. 笹川滿廣・笹川平子(訳) 1984 動物たちの情報交換 理工学社 (Lewis, D. B., & Gower, D. M. 1980 *Biology of communication.* Glasgow & London : Blackie and Son.)

牧野順四郎・小川園子 1982 母性攻撃行動研究の動向 筑波大学心理学研究, **4**, 9-20.

Masserman, J. H., Wechkin, S., & Terris, W. 1964 " Altruistic " behavior in rhesus monkeys. *American Journal of Psychiatry*, **121**, 584-585.

Matuo, M., & Tsuji, K. Strain difference of the light-darkpreference in inbred rats. *Behavior Genetics*, 1989, **19**, 457-466.

McClearn, G. E. 1960 Strain differences in activity of mice : Influence of illumination. *Physiological Psychology*, **53**, 142-143.

Olton, D. S., & Schlosberg, P. 1978 Food-searching strategies in young rats : Win

-shift predominates over win-stay. *Journal of Comparative and Physiological Psychology*, **92**, 609-618.

Olton, D. S., Walker, J. A., Gage, F. H., & Johnson, C. 1977 Choice behavior of rats searching for food. *Learning and Motivation*, **8**, 315-331.

Panksepp, J. 1981 The ontogeny of play in rats. *Developmental Psychobiology*, **14**, 327-332.

Pavlov, I. p. 1927 *Conditioned Reflex*. Oxford : Oxford University Press.（日本では和訳本が「条件反射学」としてたとえば岩波文庫などから出版されている）

Pellis, S. M. 1993 Sex and evolution of play fighting : A review and model based on the behavior of muroid rodents. *Play Theory and Research*, **1**, 55-75.

Pellis, S. M., & Pellis, V. C. 1987 Play-fighting differs from serious fighting in both targets of attack and tactics of fighting in the laboratory rat *Rattus norvegicus*. *Aggressive Behavior*, **13**, 227-242.

Pellis, S. M., & Pellis, V. C. 1992 Juvenalized play fighting in subordinate male rats. *Aggressive Behavior*, **18**, 449-457.

Poole, T. B., & Fish, J. 1975 An investigation of playful behavior in *Rattus norvegicus* and *Mus musculus* (Mammalia). *Proceedings of Zoological Society of London*, **175**, 61-71.

Rescorla, R. A., & Wagner, A. R. 1972 A theory of Pavlovian conditioning : Variations in the effectiveness of reinforcement and nonreinforcement. In A. H. Black, and W. F. Prokasy (Eds.), *Classical conditioning II : Current research and theory*. New York : Appleton-Century-Crofts. Pp. 64-99.

Rogers, L. J. 1997 *Minds of their own : Thinking and awareness in animals.* London : Allen & Unwin.（長野 敬・赤松真紀訳 1999 意識する動物たち―判断するオウム，自覚するサル― 青土社）

Russo, J. E. D. 1975 Observational learning of discriminative avoidance in hooded rats. *Animal Learning & Behavior*, **3**, 76-80.

Thor, D. H., & Holloway, Jr., W. R. 1984 Social play in juvenile rats : A decade of methodological and experimental research. *Neuroscience and Biobehavioral Reviews*, **8**, 455-464.

ティンバーゲン，N. 永野為武（訳） 1975 本能の研究 三共出版（Tinbergen, N. 1951 *The Study of instinct*. Oxford : Oxford University Press.）

Timberlake, W., & White, W. 1990 Winning isn't everything : Rats need only food deprivation and not food reward to efficiently traverse a radial arm maze. *Learning and Motivation*, **21**, 153-163.

Toates, F. 1986 *Motivational systems*. Cambridge, MA : Cambridge University Press.

辻敬一郎 1981 実験室における動物行動研究の若干の問題―スンクス（*Suncus murinus*）の場合を例として― 名古屋大学文学部研究論集, **81**, 37-52.

Tsuji, K., & Ishikawa, T. 1984 Some observations of the caravaning behaviour in the musk shrew (*Suncus murinus*). *Behaviour*, **90**, 167-183.

Tsuji, K., Matsuo, T., & Ishikawa, T. 1986 Developmental changes in the caravaning behaviour of the house musk shrew (*Suncus murinus*). *Behaviour*, **99**, 117-138.

辻敬一郎 1989 ドメスティケーションに伴う初期行動ならびに生殖行動の変性についての解析 昭和63年度科学研究費補助金（一般研究B）研究成果報告書

辻敬一郎 1993 動物行動を演出する―役者・舞台・脚本― 心理学評論, **36**, 130-149.

辻敬一郎・成瀬一郎 1985 行動の諸特性 近藤恭司（監修）スンクス―実験動物としての食虫目トガリネズミ科動物の生物学― 学会出版センター Pp. 459-475.

Uster, H. J., Baettig, K., & Naegeli, H. H. 1976 Effects of maze geometry and experience on exploratory behavior in the rat. *Animal Learning & Behavior*, **4**, 84-88.

van der Staay, F. J., & Blokland, A. 1996 Behavioral differences between outbred Wistar, Inbred Fischer 344, Brown Norway, and Hybrid Fischer 344×Brown Norway rats. *Physiological Behavior*, **60**, 97-109.

Watanabe, S., & Ono, K. 1986 An experimental analysis of "empathic" response: Effects of pain reaction of pigeon upon other pigeon's operant behavior. *Behavioural Processes*, **13**, 269-277.

Whiten, A., & Ham, R. 1992 On the nature and evolution of information in the animal kingdom: Reappraisal of a century of research. *Advances in the Study of Behavior*, **21**, 239-283.

Wilcock, J. 1969 Gene action and behavior. *Psychological Bulletin*, **72**, 1-29.

古村圭子・栗木隆吉・太田克明・横山 昭 1985 スンクスの生殖 近藤恭司（監修）スンクス―実験動物としての食虫目トガリネズミ科動物の生物学― 学会出版センター Pp. 126-139.

Zentall, T. R., & Galef, B. G. Jr. (Eds.) 1988 *Social learning: Psychological and biological perspectives*. Hillsdale, NJ: Lawrence Erlbaum.

### 第Ⅳ章

Abrams, D., Ando, K., & Hinkle, S. 1998 Psychological attachment to the group: Cross-cultural differences in organizational identification and subjective norms as predictors of workers' turnover intentions. *Personality and Social Psychology Bulletin*, **24**, 1027-1039.

Allen, V. L. 1975 Social support for nonconformity. *Advances in Experimental Social Psychology*, **8**, 1-43.

Amir, Y., & Sharon, I. 1987 Are social psychological laws cross-culturally valid? *Journal of Cross-Cultural Psychology*, **18**, 383-470.

Ando, K. 1994 Identification with the organization as a determinant of turnover : A Japan‐Britain comparison. *MSc dissertation for the University of Kent*.

Asch, S. E. 1955 Opinions and social pressure. *Scientific American*, **1993**, 31-55.

Crutchfield, R. S. 1955 Conformity and character. *American Psychologist*, **10**, 191-198.

Bales, R. F. 1950 *Interaction process analysis*. Reading, MA : Addison Wesley.

Bales, R. F., & Cohen, S. P. 1979 *SYMLOG : A system for the multiple level observation of groups*. New York : Free Press.

Besser, T. L. 1993 The commitment of Japanese workers and U. S. workers : A reassessment of the literature. *American Sociological Review*, **58**, 873-881.

Cantril, H. 1940 *The invasion from Mars : A study in the psychology of panic*. Princeton University Press.（斎藤耕二・菊池章夫（訳） 1971 火星からの侵入 川島書店）

Dawes, M. R. 1980 Social dilemmas. *Annual Review of Psychology*, **31**, 169-193.

Deutsch, M., & Gerard, H. B. 1955 A study of normative and informational social influence upon individual judgment. *Journal of Abnormal and Social Psychology*, **51**, 629-636.

Festinger, L. 1954 *A theory of cognitive dissonance*. Stanford University Press.（末永俊郎監訳 認知的不協和理論 誠信書房）

Festinger, L., Riecken, H. W., & Schachter, S. 1957 *When prophecy fails*. The University of Minnesota Press.（水野博介訳 1995 予言がはずれるとき 勁草書房）

Gamson, W. A. 1978 *SIMSOC : Simulated society. Participant's Manual*（3rd ed.）, New York : Academic Press.

Gamson, W. A. 1990 *SIMSOC : Simulated society* 4th ed. New York : The Free Press.

Geerts, C. 1973 *The interpretation of cultures*. New York : Basic Books.（吉田禎吾他訳 1987 文化の解釈学 I・II 岩波書店）

広瀬幸雄 1987 相互作用分析 狩野素朗他（編） 現代社会心理学 有斐閣 Pp. 170-188.

広瀬幸雄 1990 模擬世界ゲーム 名古屋大学文学部研究論集, **108**, 133-164.

広瀬幸雄 1997 シミュレーション世界の社会心理学 ナカニシヤ出版

伊藤哲司 1997 "社会"のある社会心理学にするために やまだようこ（編著） 現場心理学の発想 新曜社

伊藤哲司 1999a ハノイの路地のエスノエッセイ──フィールドワークから人間関係を捉える 茨城大学人文学部紀要（人文学科論集）, **32**, 1-23.

ITO Tetsuji 1999b *V ề ngu'ờ'i dân sống ở' ngõ của Hà Nội—từ' một góc nhìn quan hệ con ngu'ờ'i qua thụ'c tế*.（邦訳題：ハノイの路地に住む人々について──フィールドワークによる観察による人間関係の視角から）*Tâm Lý Học*, **2**, 59-63.

(ベトナム語)

Janis, I. L. 1972 *Victims of GROUPTHINK*. Houghton Mifflin.
梶田孝通 1979 紛争の社会学—「受益圏」と「受苦圏」— 経済評論, **28**, 101-120.
木下稔子 1964 集団凝集性と課題の重要性の同調行動に及ぼす効果 心理学研究, **35**, 181-193.
Kitayama, S., & Karasawa, M. 1997 Implicit self-esteem in Japan : Name letters and birthday numbers. *Personality and Social Psychology Bulletin*, **23**, 736-742.
Lincoln, J. R., & Kalleberg, A. L. 1985 Work organization and workforce commitment : A study of plants and employees in the U. S. and Japan. *American Sociological Review*, **50**, 738-760.
Lwin., M., & Hirose, Y. 1997 The effect of intra- and intergroup leadership on group goal attainment in a north-south gaming simulation. *Japanese Psychological Research*, **39**, 109-118.
Milgram, S. 1961 Nationality and conformity. *Scientific American*, **205**, 45-51.
南 博文 1993 エスノ・環境・エコロジー――生活世界の発達科学をめざして 無藤 隆（編） 別冊発達・現代発達心理学入門 ミネルヴァ書房
箕浦康子（編） 1999 フィールドワークの技法と実際――マイクロ・エスノグラフィー入門 ミネルヴァ書房
三隅二不二 1984 リーダーシップ行動の科学 有斐閣
㈱三菱総合研究所環境研究部 1997 新たな下水道広報活動に向けた基本戦略―わかりやすく親しみやすい下水道事業を目指して― 東京都下水道局委託調査報告書
Moscovici, S. L., & Personnaz, B. 1980 Studies in social influence V : Minority influence and conversion behavior in a perceptual task. *Journal of Experimental Social Psychology*, **16**, 270-282.
中村雄二郎 1992 臨床の知とは何か 岩波書店
Nonami, H. 1996 The self-sacrificing minority and saving victims of environmental problems as a social conflict situation. *Psychologia*, **39**, 33-41.
野波 寛・大沼 進・杉浦淳吉・山川 肇・広瀬幸雄 1997 資源リサイクル行動の意志決定における多様なメディアの役割―パス解析モデルを用いた検討― 心理学研究, **68**, 264-261.
奥田達也・伊藤哲司 1989 集団構造理解のための評定項目作成の試み 日本グループ・ダイナミックス学会第37回大会発表論文集, 47-48.
奥田達也・伊藤哲司 1991 SYMLOGの日本語改良版―小集団構造把握のための簡便な評定項目の作成― 実験社会心理学研究, **31**, 167-174.
Polly, R. B. 1987 Exploring polarization in organizational groups. *Group & Organization Studies*, **12**, 424-444.
Schneider J. F., Schneider-Bueker, M., & Becker-Beck, U. 1988 Sex roles and social behavior : On the relation between the Bem sex role inventory and the SYMLOG behavior rating scales. *Journal of Social Psychology*, **129**, 471-480.

Sherif, M., Harvey, O. J., White, B. J., Hood, W. R., & Sherif, C. W. 1961 *The Robber's Cave experiment : Intergroup conflict and cooperation*. Norman, Ok : University of Oklahoma Press.
須藤健一（編） 1996 フィールドワークを歩く――文系研究者の知識と経験 嵯峨野書院
杉浦淳吉・大沼 進・野波 寛・広瀬幸雄 1998 環境ボランティアの活動が地域住民のリサイクルに関する認知・行動に及ぼす効果 社会心理学研究, **13**, 143-151.
杉浦淳吉・野波 寛・広瀬幸雄 1999 資源ゴミ分別制度への住民評価に及ぼす情報接触と分別行動の効果―環境社会心理学的アプローチによる検討― 廃棄物学会論文誌, **10**, 87-96.
杉浦淳吉 2000 行政による徹底された資源ゴミ分別制度の導入と住民の反応プロセス―参与観察による社会心理学的検討― 愛知教育大学研究報告（人文・社会科学編）, **49**, 205-211.
やまだようこ（編） 1997 現場（フィールド）心理学の発想 新曜社
山岸俊男 1990 社会的ジレンマのしくみ サイエンス社

## 第Ⅴ章

辻敬一郎 1984 行動論的知覚研究 内山道明（編） 知覚系-行動系の統一的理解への基礎的研究（科学研究費補助「一般研究A」成果報告書）, 67-94.

# 索引

## 人名索引

**A**
Abrams, D. 175
Allen, V. L. 194
Amir, Y. 181
Ando, K.（安藤香織） 175
Anson, R. 59
Averbach, E. 63

**B**
Baetting, K. 98
Bakeman, R. 119
Bales, R. F. 145
Barnett, S. A. 101
Becklen, R. 70
Bernstein, A. S. 78
Besser, T. L. 174
Bobrow, D. G. 82
Bouton, M. E. 138
Bower, T. G. R. 39

**C**
Cantril, H. 143
Charpentier, A. 32
Cherry, E. C. 70
Cohen, S. P. 145
Cohen, W. 25, 28
Coltheart, M. 64

Coriell, A. S. 63
Cowan, P. E. 101
Crutchfield, R. S. 193

**D**
Dallenbach, K. M. 33
Davis, G. 61
Dawes, M. R. 195
Dawson, M. E. 82
DeFries, J. C. 105
Dember, W. N. 101
DeSchepper, B. 73
DiGiusto, E. L. 129
Driver, J. 61

**E**
Eckerman, D. J. 99
Edwards, W. 33

**F**
Fagen, R. 117
Festinger, L. 143
Filion, D. L. 82
Fish, J. 118
Freud, S. 9
藤田和幸 112
古村圭子 116

231

232　索　引

**G**
Galef, B. G. Jr.　127, 128
Gamson, W. A.　202
Geerts, C.　161
Gellatly, A. R. H.　60
Gibson, J. J.　25
Gilbert, G. M.　39
Gottman, J. M.　119
Gower, D. M.　112
Gregory, R. L.　32, 33
Guilford, J. P.　33, 43

**H**
Ham, R.　127
Hanari, T.（羽成隆司）　65, 67
Harris, C. S.　39
Helmholtz, H. von　32
Heyes, C. M.　127
日上耕司　127, 128
Hinkle, S.　175
Hirose, Y.（広瀬幸雄）　203
Hishimura, Y.（菱村　豊）　129
Hochberg, J. E.　25
Holloway, Jr., W. R.　118
Holst, E. von　32
Hull, C. L.　9

**I**
Imai, A.（今井　章）　81, 82
今井省吾　53
伊藤法端　42
伊藤哲司　162

**J**
Janis, I. L.　143

**K**
梶田孝通　195
柿崎祐一　32
Kalleberg, A. L.　174
Kanizsa, G.　54
Karasawa, M.（唐沢　穣）　181
粕谷英一　112
Katkin, E. S.　78
川口　潤　71

Kawano, K.（河野和明）　110, 113
Kennett, D. J.　128
King, M. G.　129
Kitayama, S.（北山　忍）　181
Kobari, H.（小針弘之）　73, 74
Koffka, K.　33
久世淳子　42, 43

**L**
Levine, M.　95
Levy, J.　33
Lewis, D. B.　112
Lewontin, R. C.　102
Lincoln, J. R.　174
Lockard, B. L.　105
London, I. D.　39
Lwin, M.　203

**M**
Mack, A.　32, 33
牧野順四郎　116
Maltzman, I.　78
眞鍋圭子　61
Maruyama, K.（丸山欣哉）　39, 41, 42, 43, 45
Masserman, J. H.　129
Matsuo, M.（松尾美紀）　105
McClearn, G. E.　105
McCubbin, R. J.　78
McQuoid, L. M.　128
Metzger, W.　25
Mewhort, D. J. K.　64
南　博文　162
箕浦康子　162
三隅二不二　202
盛永四郎　39
Moscovici, S. L.　194

**N**
中村雄二郎　161
Neisser, U.　70
野口　薫　39
Nonami, H.（野波　寛）　197
Norman, D. A.　82

## O

小川園子　116
O'Gorman, J. G.　78
Olton, D. S.　96
Ono, K.　129
小野　茂　42
苧阪直行　43
Oyama, T.　66
Ozeki, T.　35

## P

Palmer, S. E.　61
Panksepp, J.　118
Pavlov, I. P.　76, 134
Pellis, S. M.　118
Pellis, V. C.　118
Personnaz, B.　194
Pfister, H. P.　129
Poole, T. B.　118
Post, R. B.　33

## R

Raskin, D. C.　78
Rescorla, R. A.　137
Reynolds, R. I.　55, 60
Rock, I.　39, 59
Ryan, T. A.　39

## S

Schiller, P. von　40
Schlatter, J.　98
Schlosberg, P.　96
Schneider, J. F.　146
Sekuler, A. B.　61
Sharon, I.　181
Sherif, M.　200
嶋崎裕志　26
下條信輔　32
椎名　健　53
Siddle, D. A. T.　82
Sokolov, E. N.　78
外林大作　42
Sperling, G.　62
Stroop, J. R.　70
須藤健一　162

杉浦淳吉　184, 187

## T

Takahashi, K.（高橋啓介）　34, 36
Takahashi, S.（高橋晋也）　56, 58, 59, 60
田中平八　53
Terris, W.　129
Thor, D. H.　118
Thorndike, E. L.　126
Timberlake, W.　97, 98
Tinbergen, N.　116
Tipper, S. P.　72
鳥居直隆　39
Townsend, V. M.　64
Treisman, A.　73
Tsuji, K.（辻　敬一郎）　24, 26, 32, 89, 94, 105, 114, 115

## U

内山道明　42
Uster, H. J.　98

## V

van der Staay, F. J.　105

## W

Waddell, D.　25
Wagner, A. R.　137
Watanabe, S.　129
Wechkin, S.　129
Wertheim, A. H.　33
Whiskin, E. E.　128
White, W.　97
Whiten, A.　127
Wigmore, S. W.　128
Wilcock, J.　105
Wolff, W.　40
Wundt, W.　21

## Y, Z

やまだようこ　162
山岸俊男　195
Zangwil, D. L.　32, 33
Zentall, T. R.　127

## 事項索引

### あ行
RLT　73
IPA　145
明るさの変容　54　→錯視
遊び行動　117
厚い記述　161
アルビノ　104
移行　160
意識　21, 212
意識されなかった情報の処理　70
意識的適応　4
意識の安定性　30
意識の情報的側面　213
意識の動機づけ的側面　213
位置情報の処理　65
位置の恒常性　32
一様な結果　53
遺伝子組成　103
遺伝的コントロール　103
遺伝的適応　4
意味の理解　9
印象の分析　23
win-shift 方略　95
win-stay 方略　95
運動視差　24
運動パターン　33
エスノグラフィー（民族誌）　158
エスノメソドロジー　162
エピソード検索説　73
オープンフィールド　14, 15, 16, 89
奥行きの変位　54　→錯視
おやなんだ？（What-is-it?）反射　76

### か行
外界印象　27　→印象　24
外界に構造が存在しない事態　24
会社人間　174
外部（的）妥当性　144, 198
カクテル・パーティー効果　69
隔離飼育　109
隔離飼育効果　109
過小評価バイアス　174

画像的手がかり　24
数え上げ（counting）　66
課題　211　→所見
カニッツァの三角形　54
感覚　212
感覚間の相互関連　39
感覚遮断　29
感覚モダリティ　78
眼球運動　62
眼球的手がかり　24
環境に配慮した行動　194
環境ボランティア　184
環境問題　191
感情　212
感情移入　117
ガンツフェルト（Ganzfeld）　23, 25
機構の解明　8
逆光学系　31
キャラバン行動　88
兄妹交配　103
鋸歯状波音　81
距離　23　→視空間の基本的特性
近交系　103
近交系動物　136
近代科学の知　161
空間印象　27　→印象　24
空間印象の時間的変化　28
空間的パタン（視覚刺激）　81
空間の外在性　23, 25
具体的な提言　168
グルーミング　111
クロス集計　167
警戒的 OR（定位反応）　82
警戒発声　111
系統発生　94
系統比較　103
系列分析　112, 117
けんか遊び　117
研究法
　エスノメソッド　157
　会話分析　162
　観察　17

事項索引　　235

　　行動観察　125
　　参与観察　161, 165
　　実験室観察法　144
　　逐次観察法　146
　　非定型的な観察法　154
　　フィールド観察法　144
記述式回答　168
技法　17
継時比較　42
ゲームシミュレーション法　144, 200
系列分析　112, 117
サンプリング　190
事象系列見本法　119
シミュレーション　15, 16
重回帰分析　176
資料分析法　144
調査　17
　　アンケート調査　166
　　社会調査法　144, 163, 183
評定法　146
分散分析　140
変化（反応）計測　7
方法　17
　　リダクション　8, 15, 16, 24, 25
検索干渉説　138
現場　162
現場の言葉　159
高架式放射状迷路　98
攻撃行動　109
交雑第1代　107
拘束条件　31
行動　212
行動パターン　112
行動頻度　110
心　2
　　動物の心　133
心の科学　2
心の仕組み　53
心の世界　48
誤差　192
個人差　50, 60
個人的コスト　186
コスト　194
古典的条件付け　134
個別の問題解決　163

コミットメント　174, 189
混合文字刺激　64

**さ行**

採餌行動　95
最終的知覚対象　56
再生描画法　35
錯視　2, 46, 54
　　エビングハウスの大きさ錯視　52
　　頑健な錯視実験　49
　　幾何学的錯視　47
　　ミュラーリエル錯視　47
錯視量％　49
サクラ（実験協力者）　193
視覚的枠組み　33
時間錯誤　42
時間的パタン（視覚刺激）　81
色聴　38
視空間の外在性　23, 25
視空間の基本的特性　23
視空間の成立　25　→手がかり要因　24
刺激　3
　　前呈示　138, 140
刺激飢餓　30
刺激縮減事態　67
刺激の制限　30
資源リサイクル　184
自己印象　27　→印象　24
自己充足図形　56
視差　24
　　運動視差　24
　　両眼視差　24
視差的手がかり　24
事象の再現　15
実験　191
実験室　14, 191
実験室における環境問題の再現　197
実験動物　87
**実験法**
　　違背実験　162
　　擬似実験　183
　　ゲーム　195
　　実験室実験　144, 183
　　2要因配置の実験　139
　　フィールド実験法　144

野外実験　183
実行可能性評価　186
実態（現象の）　16
自動運動（autokinetic illusion）　32
自と他の未分化　29
シミュレーション　15,16
SIMSOC　148
SYMLOG　145
社会的遊び　117
社会的学習　126
社会的規範評価　186
社会的コンフリクト　195
社会的相互作用　119
社会的利益　186
自由記述　168
集団維持機能　205
集団間関係　200
集団間競争　207
集団間協同　207
集団間調整機能　205
集団構造の3次元記述　149
集団構造の3次元ダイアグラム　146,152
集団構造の分析　146
集団目標達成機能　205
集団利益主張機能　205
習得不全　140
習得不全説　138
主観的規範　175
主観的等価点（PSE）　41,49,61
主観的輪郭　54
主効果（前呈示の）　140
馴化（habituation）　78
瞬間露出器　55
条件刺激（conditioned stimulus；CS）　134,137,138,140
条件づけ　76,138,140,141
小集団　145
少数者　194
情報処理装置　62
情報提供　187
食餌制限　98
職場環境　177
職務満足　174
所見　211　→課題
処理資源　82

処理資源配分（allocation of processing resources）　82
人為的統制のない場所　21
進化　94
進化・発達の追跡　9
新奇性（novelty）（刺激の）　76
身体的経験　161
**心理学研究**
　因果関係　191
　応用的役割（心理学の）　215
　学術的研究　163
　学術的役割（心理学の）　215
　仮説　17,80
　仮説検証型研究　16
　可能性（現象の）　16
　還元（リダクション）　8,15,16,24,25
　機構論　8,9,32
　機能論的検討　9,22,32
　客観的な基準　117
　「クローズアップ」の心理学　6,216
　系統比較研究　103
　研究ステップ　7
　研究的役割（心理学の）　215
　現実吟味　29
　現象の定性的な記述　33
　現象論　8,32
　現場　14
　公共的客観性　3
　行動主義　21
　「個別性」の理解　6
　視空間の心理学　24
　事象特性の記述　8
　自然場面　21
　実験群　79
　実験室研究　22
　実験心理学　7
　実践的研究　163
　従属変数　77,192
　条件（刺激）操作　7
　条件分析　22
　職能的役割（心理学の）　215
　心理モデル　8
　精神物理学的測定法　61
　生態学的アプローチ　102
　定性的データ　17

事項索引　237

定量的データ　17
データを読む　17, 18
統制　191
統制群　79
特性記述型研究　16
独立変数　77, 192
内的妥当性　144
認知心理学　21, 22
発生論　8, 9, 32
標準化　176
フィールドワーク　154
「法則性」の定立　7
マグニチュード推定法　41
目的論　10
臨床心理　6
「ロングショット」の心理学　6, 14, 216
心理的適応　5
推論系　31
ストループ効果　70
スンクス　87
生活世界　154
性行動　122
精神物理学　21
性成熟　119
生態学　141
世間　158
接近　111
摂食動因　98
潜在制止　137, 138, 140
全体野　25
選択的OR（定位反応）　81
選択的抑制説　73
前呈示（刺激の）　138, 140
戦略策定プロセス　173
相互主観　161
相対的に入り込みやすい話題　168
即座の把握（subitizing）　66
測定　17
組織への帰属意識　175

**た行**
ターゲット　72
対象の選定　176
退職意図　175
退職率　174

対人的な結びつき　175
態度　175
タキストスコープ（瞬間露出器）　62
他者からの期待　175
単一文字刺激　64
探索動因　101
短時間呈示　55, 62
単純集計　167
知覚　212
知覚と感情の未分化　29
注意　70, 82
忠誠心　174
通様相性　39
対連合学習　135
定位　23　→視空間の基本的特性
D％　43
定位反射（orienting reflex ; OR）　76
定位反応（OR）　78
呈示時間　55
ディストラクター　72
データのクリーニング　167
適応　4, 9
　　意識的――　4
　　遺伝的――　4
　　心理的――　5
適応水準　4
適応論者の誤謬　102
展開　211
統制　191
闘争行動　117
逃避　111
動物行動学（エソロジー）　94
動物の心　133
ドメスティケーション　88
泥棒洞窟実験　200

**な行**
ナイーヴな被験者　35
馴染み　157
なりゆき　160
人間関係　154
認知　212
ネガティブ・プライミング（NP）　71
脳の科学　2

238　索　引

**は行**

場　23, 25
背景　33
背景の面性　36
背景の面性の希薄化　37
パヴロフ型条件付け　134, 137
場所の誤答　64
バック・トランスレーション　176
パトロール行動　101
反応　3
反応時間　61
反応時間の増大　75
比較相殺過程　32
微小生成過程　55
非注意　70
ひと目で読める文字数　65
皮膚電気反応（galvanic skin response；GSR）　78
ファインディング　18
フィールド　14
フィールドワークの知　161
不完全性（図形の）　58
普通の言葉　159
物理の世界　48
部分再認　66
部分報告　62
プライミング　71
　　負のプライミング　71
プライム・マッチング課題　61
プライム段階　72
ブラックアウト　28
ブランクアウト　29
プローブ段階　72
文化の基準　158
分別制度　187
放射状迷路　96
母性攻撃　116
哺乳類　117

**ま行**

マーキング　111
マウント　111

マスク刺激　66
味覚嫌悪学習　128, 137
味覚嫌悪条件付け　136, 137, 138, 140
無視　70
無条件刺激（unconditioned stimulus；US）　134, 137, 138, 140
面形成　54　→錯視
メンバーの満足感　207
毛色遺伝子　104
模擬社会ゲーム　202
模擬世界ゲーム　203
モデル構築　22
モデル地区　187

**や行**

野外放飼場　15, 16
有意性（significance）（刺激の）　76
宥和発声　111
幼体期　118
抑制処理　71
抑制メカニズム　74
予備調査　164
読むことができた文字数　63

**ら行**

ラット　96, 118, 127, 136, 140, 141
リアリング　111
リーダーシップ　200
リダクション　8, 15, 16, 24, 25
リッターメイト　119
リバウンド効果　119
輪郭の形成　54　→錯視
臨床の知　161
倫理的構成体　3
倫理的問題　190
連合　137, 140
連合学習　134, 140, 141
連合強度　137, 138
連続性（図形の）　58
"連続性"手がかり先行作用仮説　58
廊下式放射状迷路　99

執筆者一覧

**第Ⅰ章** 辻　敬一郎*（中京大学心理学部教授）

**第Ⅱ章**
第1節　辻　敬一郎*（中京大学心理学部教授）
第2節　高橋　啓介（愛知淑徳大学文化創造学部教授）
第3節　久世　淳子（日本福祉大学情報社会科学部助教授）
第4節　大屋　和夫（名古屋大学大学院環境学研究科助手）
第5節　高橋　晋也**（名古屋大学大学院環境学研究科助教授）
第6節　羽成　隆司（東海学園大学人文学部助教授）
第7節　小針　弘之（財団法人日本自動車研究所研究員）
第8節　今井　章（信州大学人文学部助教授）

**第Ⅲ章**
第1節　松尾　貴司（愛知淑徳大学コミュニケーション学部助教授）
第2節　芳賀　康朗（人間環境大学人間環境学部助教授）
第3節　松尾　美紀（日本福祉大学大学院情報・経営開発研究科研究生）
第4節　河野　和明（東海学園大学人文学部助教授）
第5節　山田　裕子（名古屋大学大学院文学研究科後期課程）
第6節　菱村　豊（広島国際大学人間環境学部講師）
第7節　石井　澄**（名古屋大学大学院環境学研究科教授）

**第Ⅳ章**
第1節　奥田　達也（東海学園大学人文学部助教授）
第2節　伊藤　哲司（茨城大学人文学部助教授）
第3節　大沼　進（富士常葉大学流通経済学部講師）
第4節　安藤　香織（奈良女子大学生活環境学部講師）
第5節　杉浦　淳吉（愛知教育大学教育学部助教授）
第6節　野波　寛（関西学院大学社会学部助教授）
第7節　広瀬　幸雄**（名古屋大学環境学研究科教授）

**第Ⅴ章** 辻　敬一郎*（中京大学心理学部教授）

（　*　編者　）
（　**　章の責任編集担当者　）

**編者紹介**

辻　敬一郎（つじ　けいいちろう）
名古屋大学大学院教育学研究科博士課程教育心理学専攻（1964年3月単位取得退学）
文学博士（名古屋大学）
中京大学心理学部教授，名古屋大学名誉教授
主要著訳書：
教材心理学　ナカニシヤ出版　1975年［共編著］
発達Ⅰ：系統発生―現代基礎心理学9―　東京大学出版会　1983年［分担執筆］
スンクス―トガリネズミ科の生物学―　学会出版センター　1985年［分担執筆］
心理学入門（新版）　有斐閣　1990年［共著］
生態学的視覚論―ヒトの知覚世界を探る―（J. J. Gibson）　サイエンス社　1985年［共訳］

## 心理学ラボの内外
### 課題研究のためのガイドブック

2001年3月20日　初版第1刷発行　　定価はカヴァーに表示してあります
2003年5月20日　初版第2刷発行

編　者　辻敬一郎
発行者　中西健夫
発行所　株式会社ナカニシヤ出版
〒606-8316　京都市左京区吉田二本松町2番地
Telephone　075-751-1211
Facsimile　075-751-2655
URL　http://www.nakanishiya.co.jp/
Email　iihon-ippai@nakanishiya.co.jp
郵便振替　01030-0-13128

装幀・松味利郎　印刷・創栄図書印刷　製本・兼文堂
Printed in Japan
Copyright©2001 by K. Tsuji
ISBN 4-88848-582-8